VIDAS PASADAS
EN TIERRAS ANCESTRALES
Y OTROS MUNDOS

VIDAS
PASADAS

EN TIERRAS ANCESTRALES
Y OTROS MUNDOS

SHELLEY
A. KAEHR

KEPLER

Argentina – Chile – Colombia – España
Estados Unidos – México – Perú – Uruguay

Título original: *Past Lives in Ancient Lands & Other Worlds*
Editor original: Llewellyn Publications Woodbury,
MN 55125 USA
www.llewellyn.com
Traducción: Yuliss M. Priego y Tamara Arteaga

1.ª edición Mayo 2023

ISBN: 978-84-16344-80-2
E-ISBN: 978-84-19497-34-5
Depósito legal: B-4.458-2023

Fotocomposición: Ediciones Urano, S.A.U.

Impreso por: Rodesa, S.A. – Polígono Industrial San Miguel – Parcelas E7-E8
31132 Villatuerta (Navarra)

Impreso en España – *Printed in Spain*

Índice

Parte 1
Prepárate para visitar tierras ancestrales y otros mundos

Parte 2
Civilizaciones antiguas

Parte 3
Más allá del mundo conocido

Parte 4
Ahonda en la práctica

Lista de ejercicios

4: Mesopotamia, Babilonia y el Imperio persa

5: Egipto

6: Grecia y las civilizaciones del Egeo

7: Europa

8: América

9: El Imperio romano

Nota de la autora

Este libro no pretende ser el sustituto de ninguna consulta médica con un profesional de la salud mental. El lector debería visitar a un médico o un profesional de la salud mental para cuestiones relacionadas con esta, y particularmente con respecto a cualquier síntoma que pueda requerir un diagnóstico o atención médica. El contenido de este libro trata sobre temas educativos, médicos y psicológicos. Dicho lo cual, el uso de este libro implica su acuerdo con este aviso.

Se han cambiado los nombres y los detalles personales para proteger la privacidad de los individuos.

Agradecimientos

Este libro no existiría de no ser por el fantástico equipo de Llevellyn Worldwide. Ha sido una maravilla trabajar con Llewellyn en varios libros. Me gustaría dar las gracias a Angela Wix, Kat Neff, Bill Krause, Terry Lohmann, Anna Levine, Sami Sherratt, Markus Ironwood, Lauryn Heineman, Aundrea Foster, Shannon McKuhen, Alisha Bjorklund, Kevin Brown, Leah Madsen y Sammy Penn. Tengo algunos amigos de toda la vida que prefieren mantenerse en el anonimato, pero hago todo lo posible para recordarles a diario que no sería capaz de hacer lo que hago sin su cariño y apoyo. Como siempre, también me gustaría mandar algo de esa gratitud y cariño a mi familia y a mis amigos, incluyendo a Jim Merideth, Pat Moon y Paula Wagner, que significan mucho para mí. Me gustaría dar las gracias especialmente a las personas que han querido patrocinar este y otros proyectos de Llewellyn, incluyendo a George Noory, Linda Howe, la doctora Kac Young, Cyndi Dale, Natalie Fowler, el doctor Jim Case, Ken Doka, Neale Lundgren, Peter Smith y Bryn Blankinship. También quiero dar las gracias a mis nuevos y maravillosos amigos y alumnos: Janine, Damaris, Maya, Theresa, Bob, Maria, Lori y Lynn. Y, sobre todo, gracias a mis clientes, que han confiado en mí durante estos años. Por último, ¡gracias a mis lectores por leer mis libros!

Introducción

Te doy la bienvenida a VIDAS PASADAS EN TIERRAS ANCESTRALES Y OTROS MUNDOS. Estás a punto de embarcarte en un viaje de autodescubrimiento y de comprensión de tu alma mediante el acceso a recuerdos olvidados de tierras ancestrales y otros mundos. Al empezar nuestra aventura juntos, siento una gran gratitud hacia mi increíble profesor de Historia de secundaria, que fue el primero que me generó interés en torno a las tierras ancestrales. Su narrativa hipnotizante sobre la gente que se afanaba por sobrevivir en situaciones difíciles causó un gran impacto en mi vida. Por aquel entonces, no sabía lo importante que se iba a convertir la historia en mi futuro, y ahora aquí estamos, dedicándome durante más de dos décadas a una profesión interesante en la que tengo el honor de escuchar sucesos sobre tiempos pasados y ayudar a la gente a entender su pasado para fortalecer su futuro. Ha sido todo un honor, sí.

La gente trata de llevar a cabo regresiones a vidas pasadas para encontrar respuesta a las preguntas más importantes de la vida: ¿Por qué estoy aquí? ¿Cuál es mi objetivo? ¿Cómo puedo tener mejor salud, relaciones positivas y mayor felicidad y paz? Para dar con las respuestas, los clientes viajan mediante hipnosis a eventos de sus antiguas vidas, esas que sucedieron hace cientos o incluso miles de años. Allí, hallan pistas sobre cómo aquellos incidentes han influido en su vida actual. Así, tienen la posibilidad de aceptar sus habilidades, talentos y fortalezas y de deshacerse de aquello que ya no les sirve para avanzar felizmente en su vida actual libres de lo que yo denomino «influencias indeseadas».

A lo largo de los años, he desarrollado un gran interés por la investigación histórica de los lugares y sucesos que se describen durante las sesiones. Siempre me surge la curiosidad sobre si las historias que me cuentan son plausibles históricamente hablando. A veces lo son y otras, no. Por otro lado, ¿quién sabe lo que es cierto o no? Los humanos no tenemos todas las respuestas sobre los misterios de la vida. Aprendemos más y más sobre nuestro planeta cada día. Nuestro conocimiento histórico cambia constantemente gracias a los avances tecnológicos, tales como el radar de penetración terrestre; el sónar, que gracias a la propagación del sonido *ve* el fondo marino; la tecnología de los drones, y más; todo lo anterior ayuda a los científicos a descubrir elementos nuevos en la arqueología prácticamente a diario. ¡Vivimos en un periodo tan emocionante!

La otra área que ha tenido un profundo efecto en mi vida, puesto que está conectada a mi trabajo en el campo de la regresión a vidas pasadas, son los viajes internacionales. Cuando mis amigos, e incluso desconocidos, me describían sus vacaciones de verano, escuchaba unas campanitas tintineando en mi cabeza. En esos momentos caía en adónde quería ir. Redacté en mi diario listas de los lugares que quería visitar y en qué orden, y empecé a tacharlos. Cuanto más viajaba por el mundo, más empezaba a percatarme de que el alma ansía vincularse con sucesos familiares del pasado: personas, lugares y objetos. Podemos vincular a nuestro yo actual y rescatar recuerdos latentes viajando, relacionándonos con otras almas o a través de la regresión a vidas pasadas.

Tras vivir mis propias aventuras extrañas y los recuerdos de otras vidas que emergieron a causa de los viajes, los artefactos u objetos, las gemas o las interacciones sociales, descubrí que tal rareza nos afecta a todos, ya sea de manera consciente o no. Acuñé el término «supretrovia», que lo defino como un recuerdo de una vida pasada que se induce de manera espontánea. Sucede de cuatro maneras diferentes: viajando a lugares que nos resultan familiares; estando en presencia de artefactos, objetos o antigüedades que nos devuelven recuerdos de una vida pasada; tocando gemas o piedras, o hallando a personas que nos resultan familiares por haberlas conocido en una vida anterior. He llevado a cabo sondeos y me he percatado de que le pasa a todo el mundo. La gente no siempre necesita estar bajo hipnosis para recordar sus encarnaciones pasadas. En lugar de utilizarse como herramientas para recordar, los procesos de regresión se usan para ayudar a sanar las influencias indeseadas de su pasado y para fortalecer la comprensión del alma de sus fortalezas, talentos singulares y atributos positivos y así poder acceder fácilmente a esos dones espirituales con el fin de mejorar su vida actual.

El otro fin de mis libros es ayudar a la gente a ponerse en contacto con sus almas de la manera más significativa posible. En cuanto me di cuenta de lo predominante que es la supretrovia, empecé a dedicar casi todo mi tiempo a hallar formas distintas de ayudar a la gente a superar esas experiencias extrañas y sentirse más en paz. Aprenderás a acceder a la comprensión de tu alma mediante anotaciones en tu diario, y los ejercicios detallados que aparecen en cada capítulo te ayudarán a descubrir más cosas de tus vidas pasadas con el fin de que, para cuando experimentes la regresión a vidas pasadas al final de este libro, logres conseguir información valiosa y sanar con el viaje.

Breve resumen de una regresión

Antes de explicar cómo vamos a conseguir todo eso, permíteme que te describa una sesión típica de regresión a vidas pasadas. Para empezar, no creo que el tiempo sea lineal; no obstante, si pretendemos viajar al «pasado», debemos crear un constructo que permita a tu mente subconsciente reconocer dónde están ubicados el pasado, el presente y el futuro. En cuando lo establezcamos, el objetivo durante la regresión es lograr que visites el momento más remoto en el que un suceso se tornó problemático. Lo hago porque debemos tener acceso al quid del problema o la causa original. Si no descubrimos el evento que puso todo en marcha y no realizamos una sanación al inicio de todo, el problema resurgirá en algún otro momento del futuro. Los hierbajos del jardín son una analogía perfecta. Cuando vemos un hierbajo en el jardín, lo segamos y no lo volvemos a ver hasta después de un tiempo. En cuanto el jardín crece, el hierbajo reaparece una y otra vez a menos que lo arranquemos de raíz. Tiene sentido, ¿verdad?

Para asegurarnos de que estás reviviendo el suceso original que causó la reacción en cadena que ha provocado los problemas que sufres en esta vida, te hago una serie de preguntas sobre qué implican esos sucesos actualmente. En cuanto percibes y reconoces la enseñanza, avanzarás en el tiempo a otro suceso relacionado y así hasta llegar a las situaciones en las que se necesite recibir sanación. Al final volverás al presente. Durante el proceso, mis clientes normalmente visitan dos o tres vidas pasadas.

Reconocer la energía curativa y las «formideas»

Otra manera en que mi trabajo dista del de otros profesionales en el campo es que yo combino energía curativa y el proceso de imaginación guiada, puesto que hay campos de energía tanto en el interior como en el exterior de nuestro cuerpo. Los recuerdos del pasado ocupan un espacio físico en tus campos de energía y, en el caso de los sucesos complejos, estos recuerdos pueden manifestarse como bloqueos que deben eliminarse para que seas capaz de transformarte por completo. Yo llamo a estos bloqueos «formideas». A pesar de que algunas formideas pueden ser positivas, otras se manifiestan como energía estancada o pesada que tal vez estén previniendo que tu luz brille lo máximo posible.

Cómo usar este libro

A través de Vidas pasadas en tierras ancestrales y otros mundos te ayudaré a deshacerte de esas influencias indeseadas desde el principio de los tiempos en la crónica de tu alma. En estas páginas visitaremos las antiguas civilizaciones que más aparecen en las sesiones de regresiones y exploraremos otros mundos, seres extraterrestres y planetas remotos. Por lo menos, espero que te diviertas con el libro. Aparte, mi objetivo es ayudarte a localizar los lugares en que tu alma existió para que puedas encontrar las respuestas a aquellas preguntas que tengas mientras conoces mejor que nunca a tu verdadero yo. Este es un pequeño resumen de lo que abordaremos:

Establecerás un espacio sacro: Recibirás consejos para ayudarte a establecer un espacio sacro en el que puedas viajar, conectar con tus guías y ayudantes invisibles, y establecer una rutina con la que aproveches tus experiencias al máximo.

Crearás un diario: Te guiaré a la hora de crear un documento que usarás específicamente para este libro y trabajaremos tus anotaciones de cara al autodescubrimiento. Tu diario será esencial para descubrir a tu verdadero yo en los ejercicios que hay que hacer, así que te enseñaré cómo empezar. También te daré apuntes y preguntas a lo largo del libro que te ayudarán en el proceso.

Leerás casos de vidas pasadas: Leerás partes de casos de gente como tú, que querían aprender más acerca del viaje del alma en el tiempo. Tal vez estas historias te inspiren sobre en qué áreas buscar y para ver si tú también has tenido vidas pasadas en esas tierras ancestrales u otros mundos.

Te prepararás para tu regresión: En cada capítulo te guiaré a través de procesos y ejercicios de sanación para prepararte para tu regresión. Puede que algunos te recuerden cosas que ya sabes, mientras que otros te brindarán cosas nuevas. Conseguiremos prepararte para que lleves a cabo la mejor regresión posible.

Realizarás una regresión a vidas pasadas: Tras leer todos los casos y descripciones de los lugares a los que nos dirigiremos en el libro, contarás con la oportunidad de visitar dichos sitios en una regresión a vidas pasadas. A través de la imaginación guiada, viajarás al pasado con información esencial que te ayudará a descubrir detalles sobre tus vidas pasadas.

Encontrarás respuestas a través de ejercicios curativos: Descubrirás las respuestas a las preguntas que te hayas hecho sobre ti mismo y aprenderás a desplazar la energía y sanar influencias indeseadas por el camino con la ayuda de ejercicios sencillos.

Procesarás tu viaje: Tras la regresión, te guiaré a través de las anotaciones en tu diario para ayudarte a procesar lo que has recibido, entender la información y desarrollar un plan de acciones futuras de ser necesario.

Conclusión

En resumen, podrás usar este libro para dos cosas distintas: la primera, para entretenerte y leer algo que te abrirá la mente; y la segunda, como herramienta para ayudarte a acceder a tus vidas pasadas mediante una regresión. Para cuando llegues al final del libro, avanzarás hacia el mejor de tus futuros provisto de una conciencia, una sabiduría y una felicidad mayores. ¡Empecemos!

PARTE 1

Prepárate para visitar tierras ancestrales y otros mundos

Para prepararte a sumergirte en tierras ancestrales y otros mundos de la mejor manera posible, la primera sección te ayudará a establecer unos parámetros para saber qué debes trabajar, a acceder a las distintas áreas que exploraremos y a mantener un seguimiento de la información pertinente que, con suerte, resultará invaluable en el futuro.

Todos los procesos que aparecen en mis libros se basan en las prácticas que considero más útiles tanto para mis clientes como para mí misma. Juntos, aprenderemos a crear un espacio sacro, a trabajar con guías y ayudantes y, una de mis actividades favoritas, a llevar un diario.

Si esta es la primera vez que exploras tus vidas pasadas, tranquilo. Todos hemos empezado alguna vez. Acceder a ellas no me resultó fácil cuando comencé mi andadura, razón por la cual he incluido ejercicios que espero que te resulten útiles. Asimismo, si ya tienes práctica, tal vez veas que la primera parte es un resumen de cosas que ya sabes. Revisar lo básico cada cierto tiempo nos puede venir extremadamente bien. Sin embargo, quizá tus propios ejercicios te sirvan más o encuentres una ligera variación de lo que ya has estado haciendo que puedes adaptar para facilitar las regresiones o que te resulten más provechosas. También puedes elegir mantener la rutina que has estado siguiendo, no pasa nada.

En lo que respecta a los viajes espirituales, no hay decisiones correctas o incorrectas; la práctica mejora con el tiempo, así que estés en el punto que estés del camino, acéptalo y verás la información que se muestra ante ti.

Mediante una secuencia constante y consistente de preguntas que te haré a lo largo del camino, e independientemente de en qué parte estés de tu viaje espiritual, aprenderás cosas nuevas sobre ti mismo. Así es la vida: una evolución constante del pensamiento y las percepciones mientras proseguimos nuestro camino. Te llevaré a lugares y te formularé preguntas que jamás nadie te ha hecho. Ahondarás en problemas que tal vez no hayas abordado o que no supieses que tenías, y mediante las respuestas a mis preguntas expandirás tu conciencia sobre quién eres en realidad, lo cual me parece maravilloso.

Puede que estos ejercicios te ayuden en otras áreas de tu vida que no tengan nada que ver con este libro. Eso es lo que quiero: ayudarte a que seas más feliz en tu vida presente. Dicho esto, ¡comencemos!

1

Documenta tu viaje

Tu vida es como un viaje épico. Ocurren tantísimas cosas increíbles durante el transcurso de tus vidas que, si eres como yo, querrás llevar un registro de las más importantes. A lo largo de este libro, te iré formulando preguntas y haré que consideres todo tipo de información en la que, quizás, no hayas pensado nunca. Mi esperanza es que se te ocurran pensamientos y perspectivas nuevos que te ayuden más adelante en el camino de tu vida y que crees momentos memorables de los que quieras acordarte en un futuro. Con ese fin, quiero compartir algunas ideas sobre cómo registrar estos descubrimientos para que, más tarde, puedas referirte a ellos sin dificultad.

Tu alma te da pistas constantemente sobre quién fuiste en tiempos pasados. La mejor forma de acceder a esas ideas es seguir tus intereses e intuición naturales para ver qué se desarrolla. Este libro consta de muchos temas distintos aunados en uno solo, por lo que parte de tu trabajo consistirá en que sintonices tus sentimientos y consideres qué áreas te llaman la atención y hacen que quieras saber más. De igual forma, podrías encontrar otras áreas que te repelen y que no te interesan para nada. Según mi propio camino de sanación y después de haber trabajado con otras personas durante muchos años, he llegado a entender que los altibajos de nuestra vida nos dan pistas sobre en qué centrarnos para hallar la información más valiosa sobre nosotros mismos. Si te encanta un sitio, hay una razón para ello. Igual que, si algo te resulta desagradable, ese sentimiento te da una pista sobre en qué centrarte.

Hoy en día, el mundo está muy animado. A menudo, dividimos nuestra atención entre distintas energías que resultan tremendamente exigentes. La mejor forma de recordar información valiosa es apuntar esas ideas en alguna especie de diario. A mí me encanta llevar diarios. Los tengo asignados a distintos proyectos en los que estoy trabajando, a viajes, clases... lo que sea. Me he dado cuenta de que, a veces, años después de haber escrito algo, esa información me vuelve por otro lado y siempre me resulta muy útil.

Para ayudarte a aprovechar nuestro tiempo juntos al máximo, yo recomiendo que empieces un diario especial que uses específicamente para este libro. Así podrás anotar destellos de recuerdos o de intuición que te vengan de pronto mientras te mueves a través de historias sobre antiguas civilizaciones y otras galaxias. Apuntar cosas en él puede servir como mensaje en una botella en el que compartirás sabiduría con tu futuro yo a lo largo de tu vida. Para proporcionarte algunas ideas de por dónde empezar, echemos un vistazo a algunas de las muchas y variadas opciones de diarios que hay.

Tipos de diarios

Llevar un diario debería ser fácil y divertido, y eso se consigue eligiendo un tipo que te guste. En un mundo aparentemente lleno de infinitas posibilidades, podrías llegar a preguntarte qué tipo de diario es mejor usar. No hay una única respuesta válida a esa pregunta. Aquí tienes unas cuantas sugerencias:

Diario en papel: A mí siempre me ha gustado llevar diarios físicos; libretas preciosas que guardo en la estantería y que releo de vez en cuando. Siempre escribo mi nombre y la fecha en la parte interior de la cubierta junto con las áreas principales sobre las que voy a escribir en él. De esa forma, cuando saque el diario años después, sabré qué secciones mirar dependiendo del proyecto en el que esté trabajando en ese momento. Otra opción es escribir dentro de este libro, si tienes la versión en papel. Yo llevo años escribiendo en mis libros físicos, y también es una forma divertida de tener algo a lo que regresar a lo largo de tu vida, donde sabes que toda la información que necesitas está justo en ese mismo lugar.

Documento electrónico: Con toda la fantástica tecnología al alcance de la mano, a lo mejor prefieres llevar el diario de forma electrónica. A través de los años y de forma ocasional, he guardado mis ideas y pensamientos sobre los distintos proyectos en los que trabajaba en un sencillo documento de Word en el ordenador.

Apps: Se pueden tener los pensamientos mucho más a mano al usar cualquiera de las muchísimas aplicaciones que te ayudan a llevar el registro de las cosas desde la comodidad de tu teléfono.

Grabadoras de voz: Otra opción para llevar un registro de tus pensamientos sería grabándote. Yo siempre recomiendo a mis estudiantes y lectores que se graben leyendo los ejercicios que aparecen en mis libros para así poder llevar a cabo el proceso de imaginación guiada. Para algunas personas, grabarse hablando de ideas también les resulta útil, y con toda la fantástica tecnología disponible hoy en día, hay numerosas opciones. Podrías instalarte una aplicación en el móvil. La mayoría son gratis, así que de esa manera puedes grabar los viajes o cualquier idea que tengas y reproducir esas grabaciones cuando lo necesites. Si no tienes un *smartphone*, podrías usar una microcasete o una grabadora independiente. Una vez lleguemos a los viajes guiados, cualquier herramienta que uses a lo largo del libro te resultará valiosa. Me he dado cuenta de que, aunque pudiera leer los procesos de imaginación guiada del libro e intentar memorizarlos, se puede tener una experiencia mucho más significativa si nos tomamos unos minutos extra para grabarnos antes. Aunque a mucha gente, incluida yo, no nos gusta oír el sonido de nuestra propia voz, a nuestra mente subconsciente le encanta. Usar una de las mejores herramientas que tienes a tu disposición (tu voz) te ayudará a acceder a la sabiduría de tu alma.

EJERCICIO:
Encuentra tu diario

Espero que los ejercicios de este libro te resulten útiles y divertidos. Tu primera tarea será elegir un diario que usar a lo largo del libro. Por favor, ten presente que este es *tu* viaje, no el mío, así que no hay decisión correcta o incorrecta. El mejor diario es el que realmente vayas a utilizar. Y eso variará para todo el mundo. No tiene sentido meternos a todos en el mismo saco, así que haz lo que te resulte más cómodo: algo que te parezca fácil y divertido. Al fin y al cabo, ¡así debe ser la vida!

Apuntes de diario: Encuentra tu diario

Una vez hayas elegido tu nuevo diario, empieza a escribir.

1. ¿Qué tipo de diario has elegido? ¿Por qué?
2. Enumera cualquier otro pensamiento que se te venga a la mente.
3. Incluye la fecha de hoy.

Tu diario se convertirá en un muy buen amigo tuyo, así que ¡me alegro de que os hayáis conocido!

Encuentra y anota tus ideas

Una vez hayas seleccionado tu medio ideal, te preguntarás qué deberías escribir en tu diario para Vidas pasadas en tierras ancestrales y otros mundos. Hay tantas respuestas a esa pregunta como personas en la Tierra. Mi consejo es que anotes o grabes todo lo que se te venga a la mente mientras leas este libro. Puede que, mientras avances en la lectura, te surjan preguntas. Escríbelas. A lo mejor encuentras algo que te gustaría investigar luego por internet. Escríbelo. Algo que leas puede recordarte una experiencia que tuviste hace años. ¡Genial! Escribe eso también. No hay límite en lo que puedas anotar y apuntar en tu diario. Nunca se sabe qué información le resultará invaluable a la futura versión de ti mismo, la que volverá a echar un vistazo dentro de muchos años. La inspiración está en todas partes. Para las primeras páginas del diario, exploremos algunos de los muchos lugares donde hallarás información sobre tus vidas pasadas.

Aviva la curiosidad con conversaciones sobre viajes

El primer paso para descubrir los lugares donde tu alma vivió en el pasado es avivar tu curiosidad. Las influencias parentales, aprender de varios profesores y escuchar a amigos o incluso a extraños contar historias sobre lugares donde han viajado puede ser una gran fuente de información para el viaje de tu propia alma. Tal vez suene raro, pero escuchar una historia emocionante sobre las vacaciones de alguien puede resultar toda una revelación sobre quién fuiste en vidas pasadas. A mí me ha pasado muchísimas veces a lo largo de los años. Una de las historias más memorables que he oído fue la de la dueña de una galería de arte africano. Mientras examinaba atentamente las obras de arte tan magníficas que vendía, me contó historias sobre su infancia en Sudáfrica, lo que era vivir en cabañas en lo alto de los árboles de reservas naturales, y su desgarradora travesía por el río Zambeze cuando un hipopótamo volcó su canoa y ella y sus amigos apenas consiguieron salir vivos. Algo en su relato inició la chispa de mi larga obsesión por viajar a Sudáfrica, logro que finalmente cumplí en 2006. Las historias son útiles para el camino de tu alma, y por esa razón, compartiré en la medida de lo posible algunas experiencias personales de sitios que he visitado y, por supuesto, los casos prácticos también servirán para avivar tu curiosidad. No hay accidentes en el mundo. Si alguien te cuenta una historia sobre un lugar y a ti te interesa, es un dato magnífico que deberías anotar en tu diario.

EJERCICIO:
Recuerda conversaciones sobre viajes

Encuentra un lugar cómodo donde puedas sentarte en silencio durante unos minutos y cierra los ojos. Piensa en las veces en las que has oído a gente hablar sobre sitios a los que han viajado. Permite a tu mente subconsciente, a tu yo superior y a tu memoria recordar esas conversaciones. Mientras lo haces, recuerda cómo te sentiste sobre lo que te contaron. Cuando estés preparado, regresa a la habitación y al presente con esos recuerdos muy vívidos en tu mente.

Apuntes de diario: Recuerda conversaciones sobre viajes

Saca tu diario y escribe los siguientes puntos:

1. Anota la fecha de hoy. Me gusta la idea de incluir la fecha antes de empezar a escribir porque, de esa forma, tu futuro yo podrá ver cuándo lo hiciste. A mí siempre me sorprende ver cuándo escribí qué en mis diarios. Rara vez recuerdo haber escrito esas cosas, y siempre me sorprendo de cómo pensaba sobre ciertos temas hace tanto tiempo.

2. Piensa en la gente que has conocido y que te han contado sus vacaciones y anota las que te hayan resultado interesantes.

3. ¿Qué áreas te han picado más la curiosidad?

4. Mientras escuchabas las experiencias de otras personas, ¿te has fijado si has sentido emociones positivas o negativas? Si es así, ¿cuándo y sobre qué lugares?

Puedes seguir alimentando tu curiosidad escuchando a otros compartir sus historias. Como poco, expresar tu interés en los demás te ayudará a hacer nuevos amigos; ¿no te parece emocionante?

．．．．．．．．．．．．．

Vídeos y programas de televisión

Seamos francos, los tiempos han cambiado. Viajar no siempre entra en el plan de tu alma, ni tampoco debería serlo. Ahora más que nunca estoy convencida de que no es necesario abandonar la seguridad de tu propia casa para beneficiarte del conocimiento de tierras ancestrales y otros mundos. Antes tenía la costumbre de desaparecer y viajar a tierras lejanas durante un mes. Hoy en día, un viaje de más de una semana puede parecerme demasiado. En parte tiene que ver con el hecho de que muchas localizaciones alrededor del mundo ya no son accesibles como antes debido a los distintos cambios políticos y sociales, al cambio climático y demás, que es justo la razón por la que no recomiendo del todo hacer lo que yo hice en su día.

No cabe duda de que *no* hace falta aventurarse fuera del país, de tu ciudad, o incluso de casa para recibir información sobre tus encarnaciones anteriores. Gracias a la tecnología, existen muchísimos programas que hablan sobre toda clase de lugares extraordinarios alrededor del mundo y con efectos visuales impresionantes; ¡no será por lugares! Y si lo que más te interesa es salir de la Tierra, también hay infinidad de material sobre alienígenas, astronomía y ciencia, si es lo que más te llama. Es evidente que puedes beneficiarte de ver los programas y documentales que echan en los canales Historia, Discovery o Viajar, en Netflix o YouTube. Yo paso bastante tiempo viendo programas de todo tipo sobre lugares emblemáticos y nuevas teorías sobre las civilizaciones perdidas. Lo interesante es la de veces que siento un escalofrío o un mareo cuando veo un lugar que me resulta familiar. A eso es lo que me refiero con «supretrovia». Estás ocupado con tus cosas cuando, de repente, algo te asesta un golpe de intuición. Cuando a mí me pasa eso, lo anoto donde sea y luego llevo a cabo un viaje guiado como los que haremos en este libro para averiguar más sobre los motivos de dicha reacción. Todo el mundo reacciona constantemente a la información que recibimos minuto a minuto. La pregunta es: ¿estamos prestando atención? Para ponerlo a prueba, realicemos un pequeño ejercicio.

EJERCICIO:
Programas memorables

Toma asiento en tu espacio cómodo y cierra los ojos. Permite a tu mente regresar y recordar cualquier programa que hayas disfrutado de verdad o aquellos que tocaron temas que te repulsaban o que no querías explorar en absoluto. Permite que esas imágenes, pensamientos y sensaciones se acumulen en tu mente por un momento. Cuando estés listo, vuelve a tu espacio sintiéndote renovado y despierto.

Apuntes de diario: Programas memorables

Ahora que has pensado en esos recuerdos, tómate unos minutos para responder a las siguientes preguntas:

1. ¿Qué programas te gusta ver? Tómate tu tiempo y enumera los que te vengan a la mente.
2. Fíjate en los temas que tratan. ¿Cuáles disfrutas? Piensa en los programas que ves sobre distintas partes del mundo. Enuméralos.
3. ¿Disfrutas viendo programas sobre aficiones, intereses especiales y actividades? Si es así, anótalos.

4. Echa la vista atrás, ¿esos intereses vinieron a ti por tu propia experiencia o por influencia de otra persona?
5. ¿Hay aficiones o intereses con los que nacieras sin ningún estímulo externo?
6. Escribe la fecha de hoy.

Cualquier actividad que hagas durante tu tiempo libre puede ofrecer pistas a tu alma. Dicen que las cosas que hacemos cuando nadie nos mira pueden revelar lo que amamos realmente y lo que deberíamos hacer más en nuestro día a día. Las aficiones e intereses también revelan cosas que podríamos haber hecho en tiempos pasados, sobre todo cuando nacemos sabiendo ciertas cosas o gustándonos ciertas actividades. Presta atención y piensa en las cosas que te gustan y, cuando las recuerdes, escríbelas. De esa forma, podrás practicarlas de un modo más consciente en el futuro y ser más feliz en tu vida diaria.

....

Realidad virtual

Hablando de videotecnología, la realidad virtual es otra herramienta increíble que puedes usar para visitar indirectamente lugares en los que ya hayas estado sin salir de la comodidad de tu hogar. Las gafas de realidad virtual te permiten acercarte e interactuar de forma personal con las maravillas del mundo, saltarte las largas colas y ver los mejores detalles que nunca llegarías a ver de hacer el viaje en persona.

Hace un par de años, compré unas gafas de realidad virtual e hice un *tour* virtual por la fenomenal catedral de Notre Dame en París. ¡Qué fantástica experiencia! Como recordarás, la catedral se incendió en abril de 2019, horrorizando a gente de todo el mundo. Como muchos otros, lloré viendo arder esa fabulosa estructura, sobre todo cuando el antiguo chapitel se vino abajo. Esa respuesta emocional tan vívida que tuve me hizo creer que, aunque ya visité Notre Dame en los noventa, debí de haberla experimentado en otros tiempos, porque la pérdida que sentí cuando se derrumbó me pareció más personal que lo que podrían haber provocado unas vacaciones cortas en París.

Ver Notre Dame por realidad virtual sanó mi corazón y me proporcionó una experiencia más intensa e íntima para reparar en todos los impresionantes detalles en los que no me fijé cuando fui allí en persona. Recuerda que, según bastantes psicólogos, los seres humanos solo pueden albergar siete pedazos de información en el pensamiento consciente. Por esa razón, cuando estás allí en persona, no solo asimilas el sitio en sí, sino también toda la gente y su energía. Para una persona tan empática como yo, esa experiencia sensorial puede llegar a ser abrumadora a veces. Gracias a la realidad virtual, con solo la estructura frente a mí, pude «caminar» por todos los rincones de la catedral y mirar en cada recoveco o rendija; me tomé todo el tiempo del mundo para prestar atención a los detalles más minúsculos. ¡Qué fabulosa obra de arte es Notre Dame! Hacer el *tour* de esta forma consiguió que mi corazón cantara de felicidad y me conmoviera el alma. ¡Menudo viaje fue!

Otra ocasión en la que la realidad virtual resultó ser incluso más profunda fue cuando viajé a Dubái. Antes de partir, hice un *tour* virtual por allí. Me encontré sentada en mitad de la mayor intersección del centro de la ciudad y contemplé algunos de los edificios más altos del mundo. No le di la mayor importancia a ese viaje virtual hasta que aterricé físicamente en Dubái. Para mi auténtico asombro, en el tren del aeropuerto al hotel sentí un mareo cuando el tren se acercó a la intersección que aparecía en el vídeo. Aunque nunca había estado en la ciudad en persona, ver Dubái a través de la realidad virtual me hizo sentir como si estuviera accediendo a un *recuerdo* de algo que ya había sucedido más que como si estuviera experimentando el lugar por primera vez. Nunca olvidaré esa sensación de estupor cuando ocurrió.

Tómate un momento para documentar cualquier experiencia que hayas tenido con la realidad virtual en el siguiente ejercicio.

EJERCICIO:
3D y realidad virtual

Si corresponde, dirígete a tu espacio cómodo, siéntate y cierra los ojos. Accede a los recuerdos del pasado. ¿Has experimentado la realidad virtual alguna vez? Si es así, permite que los recuerdos de cualquier lugar que hayas visitado acudan a tu mente. Recuerda también las películas 3D o cualquier otro programa espectacular que hayas experimentado en 3D sobre distintos lugares alrededor del mundo. Cuando esos pensamientos se hayan reunido en tu mente, abre los ojos y prepárate para apuntarlos en tu diario.

Apuntes de diario: 3D y realidad virtual

Tómate un momento para escribir en tu diario sobre los siguientes puntos:

1. Si has usado la realidad virtual en el pasado, ¿qué experiencias tuviste con los lugares que viste? ¿Cómo te hicieron sentir? ¿Te inspiraron a querer viajar a algún sitio o a ahondar sobre un tema? Si es así, ¿qué lugares te inspiraron a hacerlo?
2. Si no has usado la realidad virtual, ¿has visto alguna película en 3D donde hayas tenido que usar unas gafas especiales y las imágenes salieran de la pantalla y flotaran justo delante de ti?
3. ¿Has vivido alguna vez una de esas experiencias Omni donde te sientas en mitad de un domo de varios pisos rodeado de imágenes? Si no, échale un vistazo a la sección de recursos al final del libro donde pongo el enlace para más información. La experiencia es verdaderamente inmersiva. En caso de haberla vivido, ¿cómo te afectó esa sensación de proximidad?
4. Escribe la fecha de hoy.

Si aún no has probado la realidad virtual ni ninguno de los otros medios, ¡te los recomiendo encarecidamente!

La importancia de los recuerdos para sanar

La historia de mi viaje a Dubái saca a relucir algunos puntos importantes de por qué es tan valioso para tu alma escribir sobre lo que ocurre en tu vida. El ejemplo demuestra cómo funcionan nuestros recuerdos. Hace años, cuando estudiaba hipnoterapia, hablamos de la idea de que todos los pensamientos podían volverse realidad en nuestra mente. Puede que también hayas oído hablar de la idea de la popular ley de la atracción que dice que los pensamientos son las cosas que crean nuestra realidad. Aunque yo antes tenía la sensación de que sabía un montón sobre cómo funcionan la mente y los recuerdos, mi viaje a Dubái me ayudó a descubrir por qué es tan importante monitorizar qué pensamos y también qué programas vemos.

La realidad virtual crea *experiencias reales* que evolucionan en nuestros recuerdos más recientes. Asimismo, yo me inclino a pensar en que incluso un programa de televisión puede crear un recuerdo al que podríamos acceder más adelante. Si lo piensas, sabes que es cierto. ¿Nunca has tenido un programa o serie favorita que te encantaba ver y de la que pudiste hablarle a un amigo años después con todo lujo de detalle? Estas cosas demuestran que, lo que hagas, ya sea virtualmente o en persona, se convierte en parte de los recuerdos de nuestra alma, que avanzan en el tiempo con nosotros a lo largo de nuestro viaje a través de la vida. Visitar Dubái en persona cambió mi punto de vista y me permitió acceder a un recuerdo de la ciudad que ya poseía basado en la experiencia virtual que había vivido previamente.

Este es un excelente ejemplo de una de las muchas razones de por qué la regresión a vidas pasadas funciona tan bien. Cuando viajas al pasado y visualizas sucesos que no has visto en tu vida actual, eres capaz de acceder a los recuerdos que almacena tu alma en tu mente subconsciente. Cuando lo haces con ayuda de una regresión, puedes ver esos acontecimientos desde una perspectiva completamente nueva. Desde ese nuevo punto de vista, los antiguos desafíos desaparecen y se crea una nueva comprensión. Los bloqueos energéticos asociados a traumas o dificultades del pasado se disipan y una nueva energía y luz permanecen. La nueva percepción se convierte en un suceso inédito y, solo de contemplarlo, te sientes mejor; además, la carga emocional en torno a dicho desafío desaparece al tiempo que el antiguo recuerdo se ve reemplazado por el nuevo.

Cuando visitas lugares dentro del ámbito del subconsciente, realizas cambios significativos o reparas en atributos positivos y en experiencias que tuviste en el pasado, esos recuerdos dejan una huella nueva en la encarnación actual y te ayudan a avanzar hacia un mañana mejor. Todas las imágenes, pensamientos y sentimientos que has visto y experimentado a lo largo de tu existencia se encuentran almacenados en tu mente inconsciente, esperando a que accedas a ellos estando consciente. El cerebro es como un ordenador. Si tienes un documento de Word guardado en el disco duro, solo necesitas seguir el rastro que deja el archivo para poder rescatarlo y visualizarlo. De ese mismo modo, todos los recuerdos que has tenido, no solo en esta vida, sino en otras también, se hallan almacenados dentro de tu subconsciente. Los ejercicios que aparecen en este libro te ayudarán a acceder y recuperar esos recuerdos para poder alcanzar un mayor grado de autoconocimiento, además de pasártelo bien haciéndolo. Para cuando llegues al final del libro, tras leer los casos prácticos y aprender más sobre los lugares descritos entre estas páginas, estarás preparado para embarcarte en un viaje a vidas pasadas en el que averiguarás más cosas sobre lugares de interés más específicos. Saber qué te inspira es invaluable, y merece la pena que lo apuntes en tu diario.

Listas de lugares interesantes

En los capítulos sobre tierras ancestrales y otros mundos leerás casos prácticos y responderás algunas preguntas conforme avanzas. Las preguntas están diseñadas para ayudarte a sacar a la luz esos recuerdos que todos llevamos incrustados en el alma. Mientras avanzas en este libro, usa tu diario especial para responder las preguntas que aparezcan en los distintos capítulos y apunta las cosas que te hayan resultado interesantes para poder comprender mejor qué lugares quieres explorar más en profundidad en la sección de la regresión a vidas pasadas. Por ahora, realicemos otro pequeño ejercicio de recuerdos para tu nuevo diario.

EJERCICIO:
Lugares interesantes

Siéntate en tu espacio cómodo, cierra los ojos y permite que tu mente piense en los lugares del mundo que te interesa explorar. Esto puede incluir países extranjeros que te hayan fascinado, ciudades que siempre hayas querido visitar o incluso lugares cerca de tu hogar. No tienen que ser necesariamente los lugares que vamos a tratar en este libro. Permítete recordar cualquier cosa que te venga a la mente. Tómate tu tiempo y, cuando estés listo, abre los ojos.

Apuntes de diario: Lugares interesantes

En esta ocasión, empezarás haciendo una lista y respondiendo unas cuantas preguntas en tu diario.

1. Crea una nueva entrada con fecha de hoy y escribe todo lo que se te ocurra relacionado con los lugares que te fascinan.
2. ¿Cómo te hace sentir cada sitio cuando piensas en él? Tus sentimientos y emociones ofrecen pistas importantes sobre tu alma, así que tómate un momento para pensar en ellos.
3. ¿Podrías explorar esos lugares a través de vídeos o de realidad virtual en vez de viajar allí físicamente?
4. ¿Oír hablar sobre las vacaciones de alguien te ha hecho querer viajar alguna vez? ¿Has visitado el sitio o puesto empeño en investigarlo o ver algo en televisión relacionado con ese lugar? Si es así, ¿cómo te sentiste después? ¿Con más curiosidad o menos?

5. ¿Qué programas has visto que te hayan inspirado interés en áreas o figuras históricas? Pueden ser dentro de tu propio país o en otras zonas del mundo. Apunta lo primero que te venga a la mente.

6. ¿Deseas explorar otros mundos? Si es así, ¿cómo desarrollaste esa curiosidad? Piensa en los programas que has visto o en las conversaciones que has tenido que te hayan picado la curiosidad y cuándo empezaste a sentirte así.

7. Al pensar en las antiguas civilizaciones, ¿cuál es la primera que te viene a la mente? ¿Por qué?

8. Al pensar en esa cultura antigua, ¿sueles tener una sensación positiva o más bien de inquietud?

9. Al considerar la posibilidad de vida extraterrestre, ¿te sientes incómodo o más bien te entusiasma la idea?

Sigue escribiendo cualquier cosa que se te ocurra.

....

Revisa tu diario asiduamente

La vida es de todo menos invariable, por eso recomiendo releer el diario con bastante asiduidad para refrescarte la memoria y para que veas lo lejos que has llegado. Incluso podrías querer volver a leer este libro dentro de un año o dos con el fin de ver si han aparecido nuevas áreas de interés.

Yo llevo varios años haciendo lo mismo. Tengo una libreta llena de cosas que quiero explorar. De vez en cuando, la saco y veo qué ha cambiado y qué no. Siempre me asombro, porque, cada vez que la vuelvo a leer, hay al menos una cosa que escribí en el pasado profundo que ya he explorado y que había olvidado de que tenía apuntada en el diario. Ver la prueba escrita de mi progreso me hace sentir como si hubiera logrado algo que realmente quería hacer a un nivel más profundo del alma. Creo que tú te sentirás igual cuando lo pongas en práctica.

Asimismo, repaso todo lo demás que sigue aún sin hacer y me pregunto a mí misma de forma periódica si me siguen interesando o si aún son importantes para mí. Si siento que merecen la pena, anoto esa decisión en el diario colocando la fecha actual al lado para que, en un futuro, pueda recordar cuándo fue la última vez que revisité el tema. Si, por el contrario, decido que ya no es algo que quiera hacer, lo tacho. Conservo esa libreta desde hace quince años ya y siempre me sorprende ver qué surge a continuación. Solo espero que el diario que estás escribiendo para este libro te aporte información igual de significativa que a mí.

Conclusión

A lo largo de nuestra vida, todos buscamos hallar información útil sobre nuestra alma que nos permita responder a preguntas como por qué estamos aquí, cómo podemos ayudar mejor al prójimo o cuál ha sido el propósito de nuestra alma a través de los tiempos. Escribir es una gran parte de ese empoderado proceso de autodescubrimiento. Tu diario te ayudará a darle sentido a las cosas; puede que no de manera inmediata, sino en algún momento en el futuro. No sabría decirte cuántas veces he releído diarios antiguos donde he encontrado algo que me ha cambiado la vida a mejor. Ahora doy gracias por haberme tomado el tiempo de anotarlo todo, y sé que tú te sentirás igual.

2

Prepárate para conectar con lo divino

Ahora que ya has empezado tu diario, tendrás la oportunidad de expandir tu mente gracias a los ejercicios que se incluyen en los siguientes capítulos acerca de tierras ancestrales y otros mundos y de embarcarte en viajes guiados de lo más divertidos. Antes de empezar, quiero repasar algunas de las mejores prácticas para crear un espacio sacro, conectar con lo divino y aprender a abrirse a la sabiduría innata para orientar a tu alma.

Abraza el poder de la imaginación

La imaginación es fundamental para sanar y primordial para llevar a cabo una regresión a vidas pasadas u otros viajes guiados. Tal vez te sorprenda, pero el poder de la imaginación y la percepción fantástica que generas proporcionan una información valiosísima sobre tu alma. Debido a eso, paso bastante tiempo enseñándole a la gente a abrirse y a recibir consejos divinos por medio de la imaginación. Durante ese periodo que pasemos juntos, te recordaré en varias ocasiones que te permitas ser creativo y que dejes que tu conciencia interior y el reino de lo que denominamos «imaginación» te guíen en estos viajes. Tal vez algunos de los recursos que tu subconsciente y tu yo superior te presenten te parezcan absurdos; puede que sientas que te estás inventando las cosas, pero te pido que te dejes llevar por esa percepción si es real. A veces es más fácil decirlo que hacerlo, pero sé que puedes. Cuando accedas a los recuerdos almacenados en lo más profundo de tu alma, tal vez halles pensamientos que vayan más allá de la realidad del presente, y eso está genial.

Piensa en tus sueños. Si eres como yo, tal vez te despiertes algunas mañanas preguntándote de dónde provienen e, incluso, no los deseches del todo, ¿verdad? Puede que lo consideres un poco raro y no entiendas qué significan, pero dado que están en tu mente y han emergido cuando estabas dormido, no puedes pretender cambiarlos ni esperar que desaparezcan.

Los viajes guiados son un poco más complejos, dado que al contrario que los sueños, tú decides conscientemente llevarlos a cabo, así que a veces es difícil aceptar lo que se nos presenta. En el capítulo 1 te pedí que valorases grabar los viajes para escucharlos luego. Al oír un viaje de esa forma, verás que te pediré la respuesta a preguntas que nadie te ha formulado antes. Cuando escuches esas preguntas, empezarás a recibir imágenes, pensamientos o sensaciones a modo de respuesta. Cuando una imagen extraña cruce tu mente o te acuerdes de algo, resultará fácil preguntarse de dónde ha salido, y te entrarán ganas de desecharla o de considerarla una tontería. ¡No lo hagas, por favor! Permite que tu mente se deje llevar. Ábrete al destino del camino y te prometo que a la larga te alegrarás de haberlo hecho.

Dicho esto, entiendo que para los adultos a veces no resulta tan fácil. De pequeños siempre usábamos la imaginación. Simulábamos con nuestros amigos, representábamos escenas con nuestros juguetes y no juzgábamos los problemas que pudieran surgir. Por desgracia, cuando éramos jóvenes, los adultos descartaban nuestras ideas originales y, poco a poco con el paso el tiempo, dejamos de abrirnos. Cuando nos convertimos en adultos, dejamos de tener acceso a la creatividad de nuestras almas. Por el camino empezamos a creer que la imaginación no es importante, ¡y nada más lejos de la realidad! La imaginación es un pozo de posibilidades y sorpresas que te generarán alegría y felicidad transformando los obstáculos a los que te enfrentas. Quiero ser tu guía y tu animadora y ayudarte a recordar cómo usar uno de tus mayores dones: la imaginación.

Durante las sesiones de regresiones a vidas pasadas, cuando les hago varias preguntas a los clientes, a veces les surgen ideas tan extrañas que la mayoría, yo misma incluida, piensan: «¿Dé dónde ha salido esto tan raro?» ¡Si parece que me lo estoy inventando! Si eso te pasa (y, créeme, lo hará), prométeme que tratarás de apartar la tentación de desechar lo que ha surgido. Déjate llevar y trata esas ideas como si fuesen reales. Al hacerlo, sentirás una gran transformación y sanación. Hay un aspecto que consigue que lo que emerge durante los viajes guiados y las regresiones parezca más válido: el hecho de que haya tantas ideas extrañas hace que cueste pensar que alguien se las haya sacado de la manga. Yo siempre digo que no tengo la suficiente imaginación como para inventarme esas cosas y que me sorprenden los resultados de las regresiones a las que me he sometido a lo largo de los años. Los viajes cortos que llevaremos a cabo en estos capítulos también podrán brindarte ideas y conceptos que no se te habrían ocurrido nunca, así que no te cierres y verás a dónde te conducen.

La imaginación: la clave para desarrollar la intuición

Lo creas o no, la imaginación es el vehículo para detonar tu intuición. A lo largo de los años, he coincidido con muchísimos estudiantes que quieren aprender a acceder a la intuición y a abrir su tercer ojo. Si quieres desarrollar tu mente, debes aprender a exponerte a la imaginación. Cuando te abres a pensamientos o ideas inusuales que jamás se te habían ocurrido o que las habías desechado como algo absurdo, el universo recibe la señal de que estás listo para más.

A veces, estas imágenes, pensamientos y sensaciones te brindan información útil sobre ti mismo o alguien a quien quieres, así que, en mi opinión, desarrollar esta capacidad es una de las mejores cosas que puedes hacer. Vamos a probar un ejercicio guiado rápido para demostrar que la imaginación obrará maravillas en tu vida. Recuerda grabarte antes y escucharte después.

EJERCICIO:
Abre tu imaginación

Toma asiento en un espacio cómodo en el que puedas cerrar los ojos y relajarte. Respira. Siente que el aire recorre tu cuerpo. Inhala paz y exhala tensiones. Muy bien. Imagina que, a medida que prosigues respirando, te relajas más y más. Siente la energía en la coronilla. Imagina que hay un haz de luz violeta moviéndose desde la coronilla hacia abajo. Permite que la luz ronde el centro de tu frente, sanando y relajándote durante un momento antes de descender por tus brazos y columna en dirección a tus piernas y pies. Deja que esta maravillosa energía de luz violeta viaje por tu cuerpo, relajándote y ayudándote a sentirte mejor que nunca.

Mientras disfrutas de la maravillosa energía de esta luz violeta, sigue respirando. Al tiempo que te relajas, quiero que te imagines un personaje ficticio. Puede ser un dibujo animado, alguien a quien has visto por televisión o una criatura mitológica, como un unicornio o un dragón. Permite que el personaje aparezca en tu mente. Recuerda que tal vez veas o escuches a tu yo interior hablándote sobre el personaje, o quizá sientas algo en especial sobre este. Fíjate en el personaje. Muy bien.

Ahora, tranquilo y relajado, cuando cuente desde tres, abrirás los ojos y te sentirás mejor que nunca. ¿Preparado? Tres, anclado, centrado y equilibrado; dos, relajado y revitalizado; y uno, ¡has vuelto!

Apuntes de diario: abre tu imaginación

Ahora que has vuelto, saca tu diario.

1. ¿Cómo te ha ido el viaje?
2. ¿Has sido capaz de pensar en un personaje?
3. Si es así, ¿con quién has estado?
4. Tómate un momento para reflexionar sobre la razón de que haya aparecido ese personaje en particular. Con suerte ha sido uno que te encante.
5. ¿Lo has visto, lo has escuchado o has sentido algo especial sobre él?
6. ¿Cómo te has sentido con respecto al personaje?
7. ¿Has recordado algo de tu infancia?

Dentro de poco hablaremos sobre cómo obtiene la gente la información instintiva, pero el caso es que no habrías pensado en ese personaje si yo no te lo hubiese propuesto, ¿verdad? Asimismo, los ejercicios que seguiremos realizando a lo largo del libro contarán con conceptos que seguramente jamás hayas tenido en cuenta. Si has sido capaz de recurrir a un personaje hoy, te irá genial con el material que se incluye en este libro. Otro aspecto importante es que te fijes en cómo has recibido la información y que recuerdes que no se hace ni bien ni mal. Tal vez hayas visualizado algo o hayas escuchado su voz interior o hayas sentido algo. Todas las opciones son igual de válidas.

• • • • • • • • • • • • •

Las ondas cerebrales

Es posible que durante el ejercicio anterior se te pasara un pensamiento o imagen por la cabeza acerca del personaje en el que te he pedido que pienses. La imaginación y los destellos de lo sucedido en vidas pasadas también aparecen de pronto y de la nada, por lo que es importante ver a dónde te conducen esos conceptos. Durante cualquier imaginación guiada, incluso el ejercicio rápido que acabamos de hacer, si te centras en ese momento, las ondas cerebrales se ralentizarán un poco, lo cual permite que los conceptos aparezcan más fácilmente. Aquí tienes un breve resumen de las ondas cerebrales:

Gamma 30-100 Hz: Concentración altamente enfocada.

Beta 13,5-30 Hz: Pleno estado de vigilia.

Alfa 7,5-13,5 Hz: El estado de sanación y aprendizaje al que accedemos a menudo durante la meditación.

Zeta 3-7,5: Sanación más profunda, relajación interna y fase de sueño REM.

Delta 1-3 Hz: Fase de sueño profundo[1].

En todos mis viajes guiados y regresiones, el objetivo es que entres relajado en fase alfa, porque en ese espacio accederás a las dimensiones internas y a la sanación mientras sigues siendo consciente del mundo exterior. Me gusta que la gente permanezca consciente de lo que sucede a su alrededor para que, cuando les pregunte acerca de sus lecciones de vida o cómo los obstáculos y la sanación se ponen en práctica en su vida actual, el cliente recuerde las lecciones. Aunque seguirás consciente durante los viajes guiados y las regresiones, la gente afirma que les parece como un sueño. Nuestros sueños están llenos de imágenes simbólicas y pensamientos que a menudo resultan de lo más extraños y cuya procedencia desconocemos. La imaginación regresiva parece un poco más conectada a la realidad que el simbolismo onírico, principalmente porque el cerebro pasa de la onda beta, de una frecuencia mayor, a la alfa, una fase más relajada que hemos descrito anteriormente y que permite que accedas a imágenes, pensamientos y sentimientos mucho más fácilmente que cuando estás plenamente consciente.

---

1. Goswami A. y Onisor, V. R. (2021). *The Quantum Brain: Understand, Rewire and Optimize Your Brain*, 194-195. Bluerose Publishers.

Imágenes, pensamientos, sensaciones y sonidos

Antes, he mencionado las ideas nuevas que aparecerán durante tu regresión y la importancia de usar la imaginación para aceptarlas. Estos conceptos pueden aparecer de maneras distintas: como imágenes, pensamientos o sensaciones. Todos son igual de válidos y tu preferencia dependerá de la mejor manera en la que obtengas y asimiles esa información. Puede que seas una persona altamente visual e imagines imágenes. Si es así, genial. Otra cosa a tener en cuenta y que ya hemos mencionado con anterioridad es que tal vez esas imágenes te resulten extrañas; que sean cosas que jamás has visto o pensado antes. Si es así, déjate llevar para descubrir adónde te conducen.

En segundo lugar, a lo mejor no recibes la información de forma visual, sino que eres una de esas personas especiales y empáticas dominadas por las sensaciones. Pueden tratarse de sentimientos o corazonadas sobre lo que te está pasando. Recuerda, por favor, que son extremadamente importantes y que deberías considerarlos igual de válidos que cualquier otro tipo de aporte. Tu guía especial te ayudará a discernir qué significan, por qué son importantes, etcétera, para que puedas obtener la información con el fin de descubrir tus vidas pasadas.

Otra opción podría ser que escuches una voz interior o que tu guía especial te cuente detalles acerca de los lugares en los que estuviste en el pasado y te explique cosas sobre las preguntas que tengas. Tal vez vivas una experiencia auditiva. Yo siempre he sido propensa a las aportaciones auditivas de lo divino, y te digo por experiencia que son muy reales, y que la información que se obtiene así es muy válida y profunda. Cuando obtengas información de manera auditiva, al igual que lo que oyes de vigilia, tómate un momento para escuchar lo que recibas y ver cómo te sientes acerca de ello. ¿Sientes que la información es correcta? Si es así, déjate llevar y recuerda que todo va bien.

Espacios sacros, guías, aserciones y plegarias

En el primer capítulo, que trata sobre los diarios, te pedí que te sentaras en un espacio cómodo. Ahora me gustaría que sopesases la idea de crear un espacio más permanente en el que llevar a cabo todo el camino espiritual y futuras exploraciones, incluyendo tomar notas en tu diario y los viajes guiados. Crear tu propio espacio especial establece lo denominado como «señales ambientales», que ayudan a tu mente subconsciente a abrirse a lo divino. Tras los usos repetidos del espacio sacro, siempre que entras a la sala o te sientas en tu espacio o asiento especial, tu yo superior comprende que estás a punto de abrirte a lo divino. Para sacarle el máximo provecho a tu nuevo espacio, deberás tener en cuenta lo siguiente:

Muebles y decoración: Elige un sillón o sofá y escoge una luz suave y agradable, como lámparas de sal o luces con opción de atenuarse para que puedas evitar distracciones.

Música: Selecciona la música que te haga sentir bien. Para cada persona es distinta. ¿Te gustan las flautas sagradas? ¿La música clásica o el jazz? Elige lo que prefieras.

Olores: El olfato es uno de los sentidos más potentes. Los olores mandan mensajes a tu cerebro que pueden ayudar a relajarte. Los aceites, como el de lavanda, relajan casi al instante, pero te recomiendo que uses uno que te guste de verdad, porque cuanto más feliz seas, más te abrirás a los impulsos divinos.

Guías y asistentes: En cuanto decidas la ubicación y la hayas configurado, podrás sentarte y llamar a cualquier guía especial que quieras que trabaje contigo y que te brinde apoyo y protección en el camino que te espera. En mi caso es el arcángel Miguel. Tal y como digo siempre, cada persona es diferente, así que invita a quien quieras. Yo lo hago diciendo:

Llamo a mis guías, a los maestros ascendidos y a todos los seres de amor y luz que deseen acompañarme en la sesión de hoy. ¡Que se haga la voluntad divina!

Ese llamamiento sirve como aserción de que solo invitas a acompañarte al amor y a la luz. También puedes llamarlo «plegaria». Tal vez tengas una propia que te guste usar, lo cual es magnífico. La anterior es la que uso yo porque me he dado cuenta de que pedir la obtención del mejor resultado siempre es sinónimo de éxito.

Establece una conexión segura

En cuanto estableces tu espacio, invitas a tu guía y pronuncias tu llamamiento, estás listo para comenzar el proceso de relajación.

Al igual que sucede cuando conectamos un ordenador a un servidor, cuando nos embarcamos en uno de los viajes de este libro, el guion te ayudará a embarcarte en un viaje seguro y tranquilo a estos reinos multidimensionales. Te pediré que arrojes un haz de luz curativa desde la coronilla hacia abajo a través del chakra de la corona. La luz viajará de la cabeza a los pies por todas las células, elevando la frecuencia vibratoria y relajándote antes del viaje. Te pediré que liberes las tensiones sobrantes cuando te abras para conectar con lo divino.

En cuanto esa luz inicial recorra tu cuerpo, te pediré que imagines (¡ahí está esa palabra otra vez!) una luz dorada protectora que te rodea. Ese escudo protector dorado solo permitirá que lo atraviese lo mejor y lo superior, y te brindará una sensación de gran fortaleza y de paz cuando comiences el viaje. La luz sirve de escudo protector, como una manta espiritual que te reconforta en el camino. Vamos a practicarlo.

EJERCICIO
Establece una conexión segura

Encuentra tu espacio cómodo y toma asiento. Llama a tus guías y pronuncia tu llamamiento. Cuando estés listo, cierra los ojos. Inhala paz, sanación y luz, y exhala las tensiones. Imagina que una luz pura y blanca desciende por tu coronilla. Esa luz acogedora recorre tu rostro, tu cuello, tus hombros, tus brazos y tus manos. Baja por tu columna y desciende por tus piernas hasta llegar a las suelas de los pies. Imagina que la luz proviene del núcleo de tu corazón y te rodea con una burbuja dorada de luz. Ten presente que en el interior de esta luz dorada estás a salvo, protegido, y solo la podrá atravesar aquello que te brinde lo mejor. Hoy llevarás esta luz contigo, y cuando cuente hasta tres, podrás abrir los ojos. ¿Preparado? Uno, dos, tres, ¡has vuelto!

Apuntes de diario: Establece una conexión segura

Saca tu diario. Escribe la fecha de hoy.

1. Anota cómo te has sentido rodeado de la luz dorada.
2. ¿Has sido capaz de permitir que tu imaginación cree ese escudo protector a tu alrededor?
3. ¿Te has sentido más tranquilo, relajado o seguro?
4. ¿Crees que podrías imaginarte acarreando esa luz durante todo el día?

Piensa en qué más te ha ocurrido durante el ejercicio y ten presente que volverás a sentir esa luz acogedora en bastantes ocasiones en las próximas páginas.

·············

Encuentra tu espacio sacro

En cuanto establezcas tu escudo, te pediré que te dirijas a un lugar seguro y sacro donde estarás protegido y en paz. Este será el punto de partida para muchos de los ejercicios y viajes que haremos juntos a lo largo de este libro. Si eres como la mayoría de mis clientes, lectores o alumnos, cuando te embarques en un viaje nuevo o lleves a cabo una regresión a vidas pasadas, empezarás esas sesiones siempre en el mismo lugar. Establecer este espacio sacro para ti mismo puede resultarte increíblemente útil y te permitirá ahondar en tus regresiones y en los viajes de tu alma conforme pase el tiempo gracias a esa familiaridad. Vamos a hacerlo ahora:

EJERCICIO:
Encuentra tu espacio sacro

Estando en tu espacio sacro y personal, llama a tus guías, respira y rodéate de luz. Imagina que hay una puerta delante de ti. Dentro de un momento, cuando cuente hasta tres, abre la puerta y camina o flota a tu lugar seguro y especial. ¿Preparado? Uno, dos y tres, estás abriendo la puerta. Ve allí, ya, entra en el lugar sacro y especial. Ten en cuenta que este es tu espacio especial, un refugio del mundo exterior. Siente el apoyo y la energía afectuosa de tu nuevo espacio mientras echas un vistazo a tu alrededor y fíjate en lo que ves, sientes u oyes. Puede que tu espacio sea interior o exterior. Recuerda que dentro de este espacio especial estás a salvo, seguro y totalmente tranquilo. Podrás volver siempre que quieras para cargar las pilas. Regresa por la puerta que has venido con esa sensación de seguridad. Cuando llegue al uno, volverás. Tres, dos, uno, ¡has vuelto!

Apuntes de diario: Encuentra tu espacio sacro

Escribe la fecha de hoy y anota los recuerdos sobre tu espacio sacro en tu diario.

1. ¿Cómo es?
2. ¿Es interior o exterior?
3. ¿Cómo te has sentido allí?
4. ¿Has visto a algún ser vivo, planta, árbol o animal?

Piensa en qué más has notado, aunque ten presente que visitarás este lugar en bastantes ocasiones a lo largo del libro. Cada vez que vayas, puede que te fijes en más cosas.

. . . .

Conoce a tu guía personal

Ahora que has dado con tu espacio sacro, antes de embarcarte en viajes guiados o de que eches un vistazo a tus vidas pasadas, te reunirás con un guía útil o un ángel que te acompañará en tus excursiones. Antes hemos mencionado al equipo de guías o maestros ascendidos a los que invitas para asegurar tu espacio. El guía con quien te reunirás es alguien al que le has sido especialmente asignado. Lo sabrá todo de ti y te proveerá de información valiosa y de claridad mientras viajas. Eso debería darte la sensación de tener a tu lado a un amigo verdadero y a un aliado que cuidará de ti durante todo el proceso. Tu guía puede ser alguien con quien ya hayas trabajado, o tal vez alguien nuevo que te haya sido asignado especialmente para ayudarte con este tipo de exploración. La mayoría de la gente descubre que el guía con el que te reúnes en tu espacio seguro estará contigo cada vez que accedas a tus vidas pasadas, y al igual que sucede al establecer tu espacio sacro y seguro, sentir la presencia de ese mismo amigo de forma consistente resulta increíblemente útil. Vamos a reunirnos con tu guía para que os conozcáis de cara a futuros viajes.

EJERCICIO:
Conoce a tu guía personal

Fija tus intenciones, llama a tu guía y, cuando estés listo, cierra los ojos. Siente la luz brillante y curativa desplazándose por tu coronilla y rodeándote de luz dorada y sanadora. Repara en la puerta que has cruzado antes. Entra en el espacio sacro que ya has visitado previamente. Sigues rodeado de esa luz dorada y sanadora, y mientras disfrutas de la sensación de esa energía relajante, te fijarás ahora en que hay un hermoso ángel, guía o ser de luz que desciende flotando desde arriba para acompañarte. Saluda a este guía especial y siente el cariño incondicional y la alta estima que te tiene. Ten en cuenta que este guía es uno de los guardianes personales que ha acompañado a tu alma desde el principio de los tiempos y que lo conoce todo sobre ti, sobre tu alma y sobre el propósito de tu alma. Recuerda que puedes ver a este guía, escucharlo o sentir su presencia. Repara en él ahora y siente el amor que te prodiga. Cuando lo hagas, tómate un momento para preguntarle aquello que quieras saber en este momento.

(Haz una pausa).

Recibe la información y agradece a tu cariñoso guía por ayudarte hoy. Recuerda que os volveréis a ver muy pronto. Despídete y observa que se va flotando. Cuando estés listo, date la vuelta y regresa por la puerta del punto de partida. Sigues rodeado de la luz dorada que tendrás siempre contigo. Cuando cuente desde tres, volverás sintiéndote mejor que nunca. ¿Preparado? Tres, anclado, centrado y equilibrado; dos, siente esa conexión agradable con tu guía ahora y siempre; y uno, ¡has vuelto!

Apuntes de diario: Conoce a tu guía personal

Escribe la fecha de hoy en tu diario y anota las respuestas a estas preguntas:

1. ¿Cómo te has sentido al conocer a tu nuevo guía?
2. ¿Cómo es tu nuevo guía?
3. ¿Sabes su nombre?
4. ¿Te ha desvelado detalles de algo con lo que te está ayudando ahora?
5. ¿Con qué te ayudará más adelante?
6. ¿Qué mensaje tenía para ti?

Si sientes que no has recibido mucha información durante esta primera toma de contacto, no te preocupes. Trabajarás con tu guía a lo largo del libro, así que tendrás tiempo de conocerlo mejor. Considera a tu guía un amigo leal del que aprenderás más cada vez que te reúnas con él.

•••••••••••••

Conclusión

Llevar a cabo la práctica de abrirte a tu imaginación y acoger los impulsos que recibes de lo divino puede generar un cambio duradero y positivo en tu vida. Al crear un espacio sacro que usar en tu andadura espiritual, establecerás un lugar seguro en el que nutrir a tu alma y que te beneficiará de cara al futuro. Seguiremos trabajando con estas herramientas a lo largo del libro. Por ahora, ¡preparémonos para visitar tierras ancestrales y otros mundos!

PARTE 2
Civilizaciones antiguas

En los más de veinte años que llevo haciendo regresiones a vidas pasadas a los demás, he tenido la oportunidad de ser testigo de recuerdos del alma increíblemente interesantes y, a menudo, dramáticos desde el mismísimo principio de los tiempos. Eso será lo que experimentes en esta sección mientras exploramos algunas de las civilizaciones más emblemáticas y mundialmente conocidas, junto con otras que no resulten tan familiares.

Cuando la gente experimenta regresiones, la información que obtienen de vidas pasadas se relaciona con los problemas que buscan solucionar en el presente. Regresamos hasta el primer suceso que provocó el problema en esta vida. Por ese motivo, compartiré fragmentos de regresiones largas en las que la conciencia del cliente ha viajado a esas épocas tan antiguas. Recuerda, por favor, que la mayoría accede a cuatro o cinco escenarios por sesión, así que tal vez haya multitud de experiencias vitales anteriores que puedan vincularse al problema que la persona en cuestión desea abordar.

Otro dato interesante y que sucede bastante es que el primer lugar al que acude la gente está temporalmente más cerca de la edad moderna. Por ejemplo, es probable que accedan a una vida en los siglos XVIII y XIX y, después de analizarla, sean capaces de regresar aún más en el tiempo.

Cuanto más atrás viajen, mejor resulta la regresión. Es como quitar hierbajos del jardín. Si simplemente cortas el césped con el cortacésped, volverán a aparecer hasta que los arranques de raíz. La regresión a vidas pasadas es igual. Hay «formideas», componentes energéticos de los recuerdos que permanecen en los campos de energía en torno a nuestros cuerpos. Para lograr una sanación más beneficiosa, debemos regresar en el tiempo tanto como podamos para arrancar el problema de raíz de manera permanente. Cuando me sucedió esto durante una regresión hace muchos años, me cambió la vida. Me sentía como si alguien me hubiese quitado un gran peso de encima que no sabía que tenía. Espero que los clientes consigan esa misma transformación, al igual que espero que lo consigas tú mediante este libro.

Antes de embarcarte en la regresión a vidas pasadas del final del libro, hablaremos sobre cómo fijar tus intenciones para descubrir durante el proceso lo que tú quieras sobre ti mismo. En cuanto las fijas, el alma siempre presenta información sobre esas vidas pasadas que tienen que ver con lo que pretendes abordar.

Antes hemos hablado de que puedes tomar consciencia de tus antiguas vidas explorando temas distintos y viendo qué te interesa o te disgusta. Te gusten o no las áreas que se tratan en esta sección, espero que al menos las ojees. Si lo haces, empezarás a abrir tu mente a los lugares que adoraste u odiaste en tus vidas pasadas. Los altibajos son el punto de partida de la sanación, así como las áreas a las que deberíamos prestar más atención mientras nos sumergimos en el proceso vitalicio del autodescubrimiento. Espero que esta sección te resulte estimulante mientras conectas con los lugares del mundo antiguo que más te resuenan. Pero, sobre todo, ¡espero que disfrutes del viaje!

3

El cazador-recolector
de la prehistoria

HACE 6 MILLONES DE AÑOS HASTA 3000 A. C.

La supervivencia es el instinto más básico que comparten todos los seres. Ese impulso por seguir vivos es de esperar incluso en los tiempos modernos. Cuando a la gente se le pide acceder al suceso más antiguo relacionado con un problema actual, suelen describir a sus encarnaciones en la prehistoria, el periodo previo a la aparición de la escritura. Cuando alguien accede a sucesos pasados donde la supervivencia física resultaba complicada, si no imposible, los recuerdos más profundos de su alma suelen estar relacionados con la adversidad. En este capítulo, trataremos los problemas físicos, emocionales y espirituales de las almas prehistóricas explorando lo siguiente:

1. *Supervivencia y prosperidad:* Las vidas en los tiempos más primitivos a menudo generan problemas relacionados con la prosperidad y la abundancia en la vida actual.
2. *Comunidad y conectividad:* El ambiente primitivo también proporciona al alma la experiencia de recolectar un bien común para todos.

3. *Procesamiento del duelo:* Como cualquier otra persona en el mundo antiguo, la pérdida es algo que el alma habrá experimentado con absoluta certeza. La pérdida de miembros familiares, amigos o esposos, si bien no en cataclismos como los que enfrentaron los atlantes o lemurianos, puede llegar a ser igual, o más, difícil de gestionar. Las regresiones que ayudan a transmutar el duelo son muy útiles. Profundizaremos en el tema en esta sección.

4. *Superación del miedo:* El miedo es un estado natural que todos los seres vivos experimentan alguna vez en la vida. Un poco de miedo puede llegar a ser sano; no obstante, cuando las personas modernas sufren de recuerdos terroríficos de tiempos ancestrales grabados a fuego en su alma, ese terror puede curarse para que esas personas puedan llevar una vida mucho más pacífica y tranquila.

Cuando nos ponemos a pensar en la increíble gesta que es ser humano, lo mucho que tuvieron que esforzarse nuestros antepasados para obtener todo lo que tenían y para llevarnos a nosotros a este momento de la historia, es extraordinario. Echémosle un vistazo a testimonios de algunas de las personas más antiguas y documentadas de la Tierra.

Supervivencia y prosperidad

Los recuerdos obtenidos de vidas pasadas en tiempos remotos están normalmente limitados a las típicas historias de supervivencia, como se puede observar en el siguiente ejemplo de un cliente:

Estoy en el área conocida como África. Muy atrás en el tiempo. Hace un millón de años. Tengo hambre y estoy reuniendo alimentos, mayormente bayas y pequeños insectos. Ahora mismo estoy sola, pero vivo con un pequeño grupo, y tengo un compañero. En cuanto a lecciones, no estoy segura. Lo único que se me viene a la mente es la supervivencia. No pienso mucho más que en comer y en permanecer a salvo. Hay animales inmensos aquí. Mi compañero ha conseguido tallar un arma afilada y a veces caza, pero es tan peligroso que temo por su seguridad. Cuando podemos, comemos carne cruda, pero principalmente nos alimentamos de hierbas y bayas. Ahora tengo miedo, estoy sola. Me he alejado del campamento y me he dado la vuelta. Me he distraído mientras cazaba y ahora hay un animal gigantesco no muy lejos, y no tengo forma de defenderme.

La adversidad relacionada con la comida, el tiempo o los depredadores es tema común en algunas regresiones a vidas pasadas, sobre todo en sociedades cazadoras-recolectoras:

Estoy en una cueva. Hace mucho frío y he conseguido encender una pequeña hoguera, pero tengo miedo y estoy sola. Estoy esperando, preguntándome si mi compañero volverá. Llevo pieles gruesas para resguardarme del frío.

Nuevos descubrimientos científicos han demostrado que la humanidad aprendió muy pronto a cortar carne para sobrevivir tras el descubrimiento de herramientas de piedra datadas de hace dos millones de años en la zona junto al Gran Valle del Rift en Etiopía[2]. Las primeras personas se dieron cuenta de que necesitaban cohabitar para poder compartir recursos valiosos:

---

2. Gibbons, A. (2018, 29 de noviembre). *Strongest Evidence of Early Humans Butchering Animals Discovered in North Africa*. Sciencemag.org. Recuperado de https://www. sciencemag.org/news/2018/11/strongest-evidence-early-humans-butchering-animals-discovered-north-africa

Hemos encontrado el cadáver de un animal a medio devorar. Hemos separado lo que hemos podido del hueso y nos lo hemos traído a la cueva. Otro depredador lo ha despedazado bastante, pero hemos conseguido hacernos con lo suficiente como para seguir vivos por ahora. Lo agradezco tanto...

El fuego ha demostrado ser un conector importante en las sociedades prehistóricas, tal y como veremos en la siguiente sección, y aun así crear y mantener esa fuerza de la naturaleza fue la razón de muchas preocupaciones por aquel entonces:

Estoy golpeando piedras sin parar, esperando provocar las suficientes chispas como para prender un fuego. Estoy muy asustado porque no está funcionando. Me estoy cansando y he arruinado las piedras. Las he erosionado de tanto chocarlas, pero ahora ya está oscuro y no puedo salir a por más. Sin fuego, me espera una noche muy larga y dolorosa...

Cualquiera con lecciones de vida actuales sobre la prosperidad y la abundancia, eliminando la falta de mentalidad o problemas relacionados con la estabilidad general, puede beneficiarse de sanar esos recuerdos y de cortar ese vínculo con los tiempos más antiguos, ya se haya originado el problema en la prehistoria o no. Sanar conscientemente en esta área puede ayudar al alma a reconocer que esos días de dificultad de vidas anteriores ya pasaron y que ahora está sana y salva. Como la prosperidad es un problema tan común para muchísima gente, hagamos un ejercicio rápido para cortar el vínculo con cualquier influencia indeseada que puedas tener de escasez y supervivencia proveniente de cualquiera de tus encarnaciones anteriores.

EJERCICIO:
Reclama la prosperidad

Encuentra tu espacio cómodo, relájate y cierra los ojos. Arroja una intensa luz sanadora a través de tu cabeza y permite que descienda por tu columna hasta llegar a las piernas y los pies. Rodéate de ese escudo de luz dorada y atraviesa la puerta de entrada a tu espacio sacro. Tu guía está ahí para darte la bienvenida y tiene un gigantesco contenedor de basura en mitad de la sala. Ahora tómate tu tiempo y deja que tu alma se libere de cualquier energía del pasado, ya sea de esta vida o de cualquier otra, donde hayas experimentado escasez, ansiedad por sobrevivir o preocupación por mantenerte a salvo. Imagina que llevas las manos a tu interior, sacas todo eso y luego lo tiras a la basura. Tómate un momento y permítete soltar todo lo que ya ha dejado de servirte. Si lo necesitas, tu guía también puede hablar contigo, mostrarte o darte cualquier información sobre la fuente de algunas de esas energías, si es que las tienes. Si no, recuerda que, independientemente de lo que represente esta energía, estás soltando lo viejo para hacer hueco para lo nuevo. Tómate un momento para liberarte de todo eso.

(Haz una pausa).

Sigue liberándote de influencias indeseadas y, dentro de un momento, cuando cuente hasta tres, esa liberación habrá terminado. ¿Preparado? Uno, dos, sigue liberándote; y tres, ¡has acabado! ¡Muy bien! Ahora imagínate que tu guía arroja una luz blanca y sanadora por encima de tu cabeza, y que esa luz penetra en los resquicios que antes estaban ocupados por todo lo que acabas de soltar. Te sientes más ligero y radiante que nunca. Imagínate que esa luz elimina cualquier energía antigua de escasez y te llena con otra de mayor frecuencia y de abundancia, prosperidad y paz. Lleva esos sentimientos contigo ahora y siempre mientras reclamas la abundancia y la prosperidad en tu vida. Dale las gracias a tu guía por ayudarte hoy y date la vuelta para regresar a donde empezaste. Cuando cuente desde tres, volverás. Tres, siéntete ligero y revitalizado; dos, seguro en todo lo que hagas; y uno, ¡has vuelto!

Apuntes de diario: Reclama la prosperidad

Tómate un momento para escribir en tu diario sobre cualquier cosa importante de la que te hayas liberado en el ejercicio anterior. No es necesario que sepas dónde se originaron esas energías para beneficiarte de su limpieza. Eliminar bloqueos en esa área conscientemente puede marcar una enorme diferencia en cómo te sientes. Por eso, si recibiste algún mínimo de información sobre qué incidente en tu vida actual o pasada pudo haber originado este bloqueo, recuérdalo y anótalo, porque más adelante te puede resultar útil. También puedes responder a las siguientes preguntas:

1. ¿Crees que has vivido en una sociedad prehistórica?
2. ¿Tienes problemas de prosperidad o escasez?
3. ¿Has obtenido alguna información en el ejercicio anterior que te revele más cosas sobre el suceso de origen de cualquier problema que tengas relacionado con la prosperidad?

Escribe cualquier otra cosa que te haya venido a la mente durante el ejercicio y que creas que es importante anotar para el futuro. Espero que hayas sido capaz de sentirte más ligero después de liberarte de esas energías tan pesadas. Es un muy buen ejercicio que puedes realizar de forma periódica para sacar la basura que, con el tiempo, tiende a acumulársenos dentro.

Comunidad y conectividad

No todos los recuerdos de vidas remotas son traumáticos. Otro tema destacado en muchas de las regresiones a vidas pasadas de la prehistoria está muy relacionado con las conexiones que se tienen a la gente, al amor y a la amistad, que a menudo parecen sumamente escasas en la sociedad moderna. Tales lecciones del alma pueden emerger en cualquier periodo histórico, pero en esta sección, exploraremos casos prácticos de aquellos que aprendieron el valor de la comunidad recolectando recursos para luego compartirlos con los demás:

Estamos reunidos alrededor del fuego. Algunos están cocinando; otros, cuidando a los niños. Todos cumplen su labor en la comunidad. Esto explica por qué siempre me ha encantado trabajar en grupo.

Si tienes una revelación sobre un entorno primitivo con fuego, como en el ejemplo anterior, los científicos creen que podrías haber vivido hace un millón de años. Existen nuevas pruebas que sugieren que más que «inventar» el fuego o descubrir cómo encenderlo, el ser humano podría haberse topado con esta fuerza destructiva de la naturaleza por error, y entonces, ingeniosamente, aprendió a mantenerlo prendido. La contención del fuego se desarrolló mucho después y podría haber contribuido al desarrollo del cerebro y del lenguaje, puesto que los humanos aprendieron a recolectar y a compartir experiencias[3]. Los primitivos se dieron cuenta enseguida de que el humo y el calor podían proporcionarles seguridad, como se describe en el siguiente fragmento de una regresión:

La noche se cierne y damos gracias por el fuego. Sabemos que, con el humo, podemos defendernos y mantener a los depredadores a raya.

3. Scott, A. C. (2018, 1 de junio). «When Did Humans Discover Fire? The Answer Depends on What You Mean By "Discover"», *Time Magazine*. Recuperado de https://time.com/5295907/discover-fire/

Otro resultado positivo de este tipo de casos es el reconocimiento de dones y talentos que pudiera albergar el alma (sobre todo en las profesiones que ayudan a los demás) y que se comparten en beneficio del grupo. Mucha gente descubre que han elegido su actual profesión acorde a sus anteriores ocupaciones:

Formo parte de un grupo de nómadas. Consideramos a todo el clan nuestra familia, por supuesto, pero mi padre y su padre antes que él se dedicaron a ayudar a los enfermos. Me legaron esa habilidad. Somos como médicos, pero no tenemos instrumental, ni tampoco medicinas porque estamos en la prehistoria. Tenemos que depender de muchas plegarias, hierbas y cosas así. Usamos la tierra, oímos a Dios. Yo soy una aprendiz y se supone que aprendo observando a mis mayores. Él me pide ayuda con los más enfermos, y yo caigo enferma y muero. En mi vida actual, he trabajado en urgencias como técnico de rayos, y en esa vida nómada mi padre era el médico de allí. Yo he aprendido mucho de él en esta vida, al igual que ya hice por aquel entonces. Nuestras almas acordaron trabajar juntas para ayudar a la gente. Y parte de ese acuerdo conformaba el compartir ideas y enseñar. Yo me fui de la ciudad donde nos conocimos, pero gracias a su ayuda, tengo un puesto mejor en la sala de urgencias donde trabajo ahora. Todo eso es gracias a lo que aprendí de él siendo más joven. Me han pedido que enseñe a los nuevos compañeros. Todo forma parte del proceso de transmitir el conocimiento a futuras generaciones para cuidar los unos de los otros y para aprender a trabajar juntos sin ego. Él fue un gran profesor tanto entonces como ahora. Es una bendición haberme encontrado de nuevo con él en mi vida actual. Solo espero poder hacer lo mismo por la gente a la que estoy ayudando y a los compañeros nuevos a los que estoy enseñando.

En nuestro siguiente ejercicio, tendrás la oportunidad de conectar con la primera vez que compartiste un fuego y así acceder a los recuerdos relacionados con la comunidad y la camaradería.

EJERCICIO:
Conecta a través del fuego

Toma asiento en tu espacio cómodo con los pies en el suelo y las manos en el regazo. Llama a tus guías, pronuncia tu llamamiento o plegaria y cierra los ojos. Siente la luz blanca y cariñosa bañarte desde la cabeza hasta los pies, rodeándote en un escudo de luz dorada. Estás a salvo, seguro y tranquilo. Muy bien. Fíjate en que hay una puerta frente a ti, una puerta por la que ya has pasado en otras ocasiones. En un momento, atravesarás el umbral y saldrás a un espacio exterior. ¿Preparado? Uno, dos y tres; cruza la puerta y llega hasta una época primitiva. Tu guía está ahí contigo y te acompañará mientras caminas por ese espacio al aire libre.

Observa que hay una hoguera un poco más adelante. Conforme te acercas caminando o flotando, sientes que formas parte de una comunidad. Ves a la gente, la oyes, y sabes dentro de ti que estás con tu gente en esta experiencia compartida. Fíjate en la energía de aquellos congregados alrededor del fuego. ¿Quiénes son? ¿En qué periodo histórico estás? Di lo primero que se te venga a la mente. ¿Cómo te sientes aquí? ¿Qué lecciones estás aprendiendo sobre conectividad y comunidad mientras compartes este fuego con otras personas? Tómate un momento para fijarte en lo que te rodea. Tu guía también te ayudará a recibir claridad con respecto a este suceso.

(Haz una pausa).

Cuando estés preparado, date la vuelta y regresa caminando a la puerta por la que viniste, dale las gracias a tu guía por ayudarte hoy, cruza ya el umbral y cierra la puerta. Vuelve a donde comenzaste este viaje. Aún rodeado de una luz cariñosa, tráete contigo la energía de esa hoguera mientras regresas a tu vida actual. Tres, anclado, centrado y equilibrado; dos, procesa más detalles sobre la hoguera esta noche en tus sueños para que mañana por la mañana hayas obtenido mayor claridad sobre el significado de este suceso; y uno, ¡has vuelto!

Apuntes de diario: Conecta a través del fuego

Saca tu diario y escribe sobre la experiencia.

1. ¿Cómo te ha ido con el ejercicio?
2. ¿Has conectado con una época primitiva en la historia de tu alma?
3. ¿Qué aspecto tenía ese espacio al aire libre?
4. ¿Cuánta gente había contigo?
5. Así a bote pronto, cuando piensas en las personas allí reunidas, ¿qué relación tenías con ellas? ¿Eran amigos, familiares, hermanos o padres?
6. ¿Había alguien que conozcas en tu vida actual?
7. ¿Por qué era importante ver esa hoguera compartida y no cualquier otro lugar que podrías haber visitado a lo largo de toda la historia de tu alma?
8. ¿Qué lecciones has aprendido en esa hoguera que puedas usar en tu vida actual?

Anota cualquier otra cosa que sientas que es importante y añade la fecha de hoy. El fuego es un conector maravilloso. Espero que hayas sacado información útil de esa reunión.

. . . .

Procesamiento del duelo

La principal razón por la que decidí dedicarme a las regresiones a vidas pasadas es porque esa modalidad me ayudó a lidiar con el duelo después de que una amiga falleciera. A lo largo de mi carrera, he trabajado con muchas personas que batallan con el duelo y que deciden someterse a una regresión para ver si así obtienen ayuda. El dolor y la aflicción es una parte constante de la vida sin importar la época que sea. Los casos prácticos de personas de la prehistoria que experimentaron el duelo pueden llegar a ser muy dolorosos porque los humanos no poseen una comprensión intelectual de lo que les pasó a los seres queridos que perecieron, lo que conlleva que esos incidentes dejen una huella muy dolorosa en la memoria de nuestra alma, como en el siguiente ejemplo:

Vivo con un grupo pequeño. Soy mujer y permanezco en mi cueva mientras los hombres salen a buscar comida. Hay niños. Estoy ayudando a tallar una herramienta de hueso. Ahora mi hijo ha muerto. Cavamos su tumba, la cubrimos con tierra. Dejamos una piedra pequeña encima. Estoy devastada, pero tengo otras preocupaciones, como la de encontrar comida. No tenemos el lujo de poder hacer luto. Si nos retraemos del mundo exterior durante mucho tiempo, más morirán. Aunque nunca olvidaré a mi hijo. No nos expresamos entre nosotros mediante un lenguaje como hacemos hoy día, sino más bien con gestos.

———

Cuando trabajo con gente para recuperarse del duelo, muy de vez en cuando aparecen problemas de la vida actual que surgen con una pérdida en una época prehistórica. El recuerdo energético de esa pérdida continúa afectando al campo energético a lo largo de los siglos y puede incluso tener impacto en la vida presente de esa persona. No hay una única causa o solución. Todos somos seres únicos a la hora de expresar nuestra divinidad de distintas formas y a lo largo del viaje de nuestra alma. Las lecciones de vida y de muerte forman parte de esa experiencia compartida de nuestra alma:

Aullé cuando murió de alguna enfermedad. Yo sigo siendo joven, así que no había experimentado la muerte de alguien tan cercano a mí hasta ese punto, pero les ocurre constantemente a las otras mujeres. Sobreviviré, pero la vida no es fácil. Veo que mi hijo es una chica que conocí en el instituto, una de mis mejores amigas, que murió en un accidente de coche. Lo pasé bastante mal, pero tuve que seguir adelante sin ella. Me está ayudando a aprender cómo funciona la vida: nacemos, vivimos y morimos. Es solo una parte de la vida.

Algo interesante relacionado con los recuerdos de la prehistoria es que el duelo está frustrado por la falta de lenguaje. Durante las regresiones, las personas rara vez me cuentan exactamente dónde están. Normalmente enuncian que están en un lugar muy primitivo, pero no son capaces de articular sentimientos de aflicción del mismo modo que lo haría una persona moderna. El lenguaje y la escritura no existían en muchas de esas sociedades, así que, por supuesto, no pueden articular esos conceptos ni otros detalles, y sus experiencias son mucho más viscerales y cenestésicas.

Una de las emociones más profundas que experimentan los humanos en su vida y durante las regresiones es el duelo. El duelo puede afectar a todas y cada una de las personas. Embarquémonos en un poderoso viaje de sanación del dolor para ayudarte a lidiar con cualquier situación además de con cualquier remanente de tiempos ancestrales.

EJERCICIO:
Procesa el duelo

Retírate a tu espacio sacro, pronuncia tus plegarias y cierra los ojos. Arroja una luz curativa a través y alrededor de tu cuerpo para que estés rodeado por tu escudo de luz dorada. Cruza el umbral hacia tu espacio especial, donde tu guía te está esperando. Tómate un momento para explicarle a tu guía que necesitas ayuda para liberarte del duelo. Deja que tu guía te brinde apoyo y amor incondicional y, mientras lo hace, repara en una figura que se acerca. Es la forma superior de alguien a quien quisiste y perdiste ya sea en tu vida actual o en otra hace mucho mucho tiempo. Imagina que esa alma está aquí para encontrarse contigo y los dos podéis mantener una conversación sobre cualquier cosa que pudierais haber dejado pendiente. Si os conocíais en una vida anterior, imagina que podéis hablar de los detalles y que recibes respuestas a cualquier pregunta apremiante que pudieras tener.

(Haz una pausa).

Muy bien. Fíjate también en que podéis llegar a un entendimiento sobre las lecciones que los dos aprendisteis juntos durante tu vida actual o en el curso de todas las vidas que habéis vivido juntos. Imagina que sientes una inmensa gratitud por esta alma y le permites que te dé un fuerte abrazo. Te está transmitiendo amor, paz y armonía. Siente ese amor y apoyo incondicional y dale las gracias por estar aquí hoy. Ten presente que te quiere desde el otro lado y que desea que estés bien. Cuando estés listo, despídete e imagina que el alma se aleja caminando o flotando. Deja que tu guía responda más preguntas sobre la importancia del encuentro con esta persona en este momento de tu vida. Cuando estés preparado, dale las gracias a tu preciado guía, gírate y vuelve a salir por la puerta antes de cerrarla a tu espalda.

Has regresado a donde empezaste, seguro y a salvo, y dentro de un momento, cuando cuente desde tres, volverás sintiéndote mejor que nunca. Tres, anclado, centrado y equilibrado; dos, procesa el mensaje que has recibido durante todo el tiempo que necesites y siente el confort de su amor incondicional ahora y siempre; y uno, ¡has vuelto!

Apuntes de diario: Procesa el duelo

Ahora toca anotar cualquier cosa importante que haya emergido. Aquí tienes algunas preguntas para ayudarte a empezar:

1. ¿Cómo te sientes?
2. ¿Has podido conectar con un ser querido o un alma de una época primitiva a quien conoces o no en tu vida actual?
3. ¿A quién has visto hoy?
4. ¿Qué mensaje ha compartido contigo y por qué era eso relevante en este momento del viaje de tu alma?
5. ¿Has descubierto las lecciones que los dos podríais haber aprendido en otra vida?
6. ¿Qué te ha contado tu guía sobre esta conexión?
7. Escribe cualquier otro aspecto que creas importante.

¿Te sientes más en paz que antes? ¡Espero que sí!

• • • • • • • • • • • •

Superación del miedo

En la siguiente regresión nos topamos con el miedo como tema central y manifiesto de los sucesos traumatizantes que ocurrieron en las vidas de las primeras personas:

Tras esconderme en un arbusto, el animal se va, y yo me las veo y me las deseo para regresar al campamento. Cuando llego, mi compañero aún no ha regresado. Han vuelto todos menos él. Vivo con el miedo constante de que lo maten. Cuando oscurece, por fin vuelve, y todos se alegran de verlo, sobre todo porque ha traído comida. Estoy tan agradecida. Una lección que he aprendido es a dar gracias por lo que tenemos, por cada día que estamos vivos, y a disfrutar de las pequeñas cosas de la vida.

También me cuesta comprometerme con alguien. Veo que parte de eso proviene de esta época, porque no quiero sentir miedo por nadie más que mí misma. No obstante, veo que ya no

tengo por qué pensar así y que estoy preparada para liberar esa
energía y avanzar en mi vida actual.

———————

Las regresiones a la prehistoria demuestran una temática por los instintos más básicos que está energéticamente conectada al chakra raíz, que se asocia al miedo y a estar asentado. La gente de esa época dependía completamente de la tierra, de los ciclos fortuitos del tiempo y de los recursos que los demás seres vivos dejaban para ellos, además de los del mundo natural. La supervivencia dependía de que los dioses les dieran su aprobación más que de superar fuerzas amenazantes mediante avances tecnológicos.

Lo que yo he averiguado al trabajar con individuos que presentaban un cuadro extremo de ansiedad es que, más que tratarse de energías provenientes de situaciones de la vida actual, a menudo el trauma de esos tiempos primitivos se superpone con las causas de estrés de la sociedad moderna. La combinación de ambos puede llegar a ser compleja en el mejor de los casos, y debilitadora y abrumadora, en el peor. Las regresiones a vidas pasadas ayudan enormemente a aliviar esos casos agobiantes de ansiedad al conseguir que las personas comprendan que ya no tienen por qué seguir padeciendo el estrés emocional del pasado. Aunque sentir un mínimo de miedo es bueno y te mantiene vivo, el miedo también puede convertirse en una debilidad. A veces, el miedo primitivo no tiene nada que ver con las experiencias que vives en tu vida actual. En ocasiones, esas energías residuales son remanentes de otros tiempos antiguos. Realicemos un ejercicio que te ayudará a reducir el exceso de miedo.

EJERCICIO:
Supera el miedo

Retírate a tu espacio cómodo. Llama a tu guía, maestro ascendido, ser de luz y amor, y cierra los ojos. Respira. Inspira paz, sanación, felicidad y amor, y exhala las tensiones y preocupaciones. Permite que el rayo de luz blanca y cariñosa te atraviese la cabeza, el cuello, los hombros, los brazos, el centro del corazón, el estómago y los pulmones, y que continúe descendiendo hacia tus piernas y pies. Imagínate la luz que te envuelve como un escudo protector de luz dorada y ten presente que, dentro de esa luz, estarás seguro y a salvo ahora y siempre.

Cruza la puerta y vuelve a entrar en tu espacio sacro. Ves, oyes o sientes a tu querido guía aguardándote allí. Salúdalo y dile que hoy te gustaría recibir ayuda para superar y soltar cualquier miedo que ya no te sirva.

Tu guía está encantado de que estés aquí y de ayudarte. Imagina que tu guía saca un contenedor enorme y lo coloca justo delante de ti. Hunde la mano en tu interior y saca cualquier miedo que ya no te sirva. Cuando te hayas adentrado en las profundidades de tu ser y de tu alma, puede que notes si esos miedos son de tu vida actual o de otra distinta. Empieza con cualquier miedo procedente de tu vida actual que ya no te sirva para nada. Deja que caigan en el contenedor frente a ti. Mientras estás en ello, también puede que notes cualquier otro miedo o temor mucho más antiguo y que haya estado contigo y con tu alma durante un periodo de tiempo más largo. Fíjate en si hay algún miedo antiguo que ya no te sirva e imagina que esos también salen fácilmente de ti y van derechitos al interior del contenedor. Sabes que este contenedor tiene tamaño ilimitado, así que puedes tirar en su interior todo lo que necesites, porque cabe perfectamente. Tómate un momento para hacerlo e imagina que tu guía te ayuda.

(Haz una pausa).

Muy bien. Puede que hayas notado de qué épocas provienen esos miedos conforme salían de tu cuerpo. Si es así, genial; si no, ten muy presente que has liberado esas antiguas energías de temor y que ya no seguirán afectándote en tu vida actual. Fíjate en que hay un cordón de luz que sale del centro de tu corazón y que te conecta con este contenedor y todos los miedos en su interior. Tu guía tiene unas tijeras doradas en la mano y, dentro de un momento, vamos a pedirle que corte ese cordón que te une a esos viejos miedos para que puedas liberarte de esas energías. ¿Listo? Uno, dos, tres, ¡córtalo! Una preciosísima luz brillante te baña desde arriba y penetra por el corte del cordón hasta tu corazón, tu estómago, tus piernas y tus brazos, y asciende hasta tu mente. Te libera de cualquier pensamiento que albergues sobre esas antiguas energías. Te vuelves más y más ligero, y más y más radiante. Muy bien. Esa luz está penetrando en todas y cada una de tus células, liberándote de las influencias indeseadas del pasado, y está llenando el espacio ocupado previamente por toda esa energía desfasada.

Fíjate ahora en que tu guía está arrojando ese contenedor al espacio y allí explota en un millón de pedazos, por lo que ya no te volverá a molestar. Dale las gracias a tu guía por su ayuda. Despídete y cruza otra vez la puerta por la que viniste sintiéndote más ligero y mejor que nunca. Cuando cuente desde tres, regresarás. Tres, anclado, centrado y equilibrado; dos, siéntete libre de miedos y más feliz que nunca; y uno, ¡has vuelto!

Apuntes de diario: Supera el miedo

Señala la fecha de hoy y prepárate para anotar cualquier pensamiento que se te venga a la mente en cuanto a la liberación de miedos.

1. ¿Has conectado con un miedo?
2. ¿Has sido capaz de sentir alivio al desprenderte de él?
3. ¿Qué lecciones has aprendido gracias al miedo del que ya puedes olvidarte?
4. ¿Te has desprendido de algún miedo de tu vida actual o se originaron todos en el pasado?
5. ¿Has tenido alguna revelación sobre la fuente de esos miedos?
6. ¿Te sientes más ligero desde que cortaste el cordón?
7. Espero que te sientas más ligero después del ejercicio. Es uno que me gusta repetir de vez en cuando porque el alma puede llegar a arrastrar muchísimas energías negativas de vidas anteriores. Aunque el miedo podría no estar afectándote de forma demasiado obvia, sí que puede resultar muy sutil y agotador, así

que purificarte de ellos debería servirte de impulso para seguir adelante.

············

Lugares de interés

Museo de Arte Metropolitano (Nueva York)

En pleno corazón de la ciudad de Nueva York, el fabuloso Museo de Arte Metropolitano cuenta a menudo con exposiciones sobre el origen del ser humano entre su vasta colección de arte. A la hora de contemplar arte y artefactos en general, el alma puede experimentar instantes de supretrovia inducidos de forma espontánea por recuerdos de vidas pasadas que pueden emerger por estar simplemente rodeado de objetos antiguos.

Museo de Historia Natural de Denver (Colorado)

He vivido un par de veces en Colorado y considero este museo uno de los mejores de Estados Unidos para cualquiera interesado en el tema del mundo natural.

Museo Nacional de Historia Natural de Estados Unidos (Washington D.C.)

Si tienes pensado visitar Washington D.C., el Instituto Smithsoniano posee varias exposiciones fabulosas sobre el origen del ser humano[4]. Las exposiciones pueden variar con el tiempo, pero comparado con el resto de museos de Estados Unidos, este museo siempre cuenta con los últimos descubrimientos sobre nuestros antepasados.

---

4. Visita la página web del Museo Nacional de Historia Natural de Estados Unidos para más información: https://naturalhistory.si.edu/exhibits

Museos locales, exposiciones, programas de televisión y vídeos

Independientemente de donde vivas, los museos de tu ciudad podrían albergar exposiciones relacionadas con el origen de los humanos. Todas ellas varían y cambian con el tiempo, así que seguro que encuentras algo útil. Asimismo, algunos de los artefactos más famosos del mundo suelen hacer *tours* por distintos países, así que échale un vistazo al listado y mira si alguno te queda cerca. Como ya he mencionado antes en el libro, últimamente hay muchísimos programas increíbles que comparten la información y los descubrimientos científicos más actualizados sobre el origen del ser humano. Te animo a buscar programas en los canales Discovery, Smithsonian e Historia para dar con temas que te interesen y que desees explorar en más profundidad.

Conclusión

Espero que este viaje a través de la prehistoria te haya ayudado a ponerte en contacto con algunos de los sucesos de origen de nuestros miedos más primitivos, así como de nuestra misión por sobrevivir. Tras haber echado un vistazo a esos tiempos difíciles, espero que puedas cambiar de perspectiva y, más que sobrevivir, prosperes y progreses en todos tus futuros empeños.

4

Mesopotamia, Babilonia
y el Imperio persa

11 500 HASTA 3000 A. C.

Después de que un supervolcán casi aniquilase a la humanidad, Mesopotamia (que en griego significa "dos ríos") se convirtió en el primer
ejemplo de vida en un asentamiento. Esta nueva estabilidad dio lugar a
invenciones que cambiaron la vida a la gente como la rueda, la escritura,
las matemáticas o el concepto del tiempo. Ubicada entre los ríos Tigris
y Éufrates, Mesopotamia incluye lo que hoy es Iraq, Kuwait, Siria y Turquía[5]. Los ríos permitieron que la cultura evolucionase en esta región al
proveer un lugar apto para la agricultura. Tras el fin de la última edad
de hielo hace diez mil años, la Creciente Fértil de Oriente Medio (que
incluye zonas que hoy día conforman Israel, Egipto, Turquía, Palestina,
Siria, Irán, Iraq, Líbano y Chipre) se convirtió en la cuna de la agricultura[6].

---

5. Editores de History.com (2021, 9 de septiembre). «Mesopotamia». *History*
Recuperado de https://www.history.com/topics/ancient-middle-east/mesopotamia

6. Editores de History.com (2021b, 13 de octubre). «Fertile Crescent». *History*.
Recuperado de https://www.history.com/topics/pre-history/fertile-crescent

En el año 2000, como parte del viaje a Egipto que me cambiaría la vida, reservé un *tour* por Turquía. Y por *tour* no me refiero a una visita guiada en grupo. Me marché de El Cairo tras visitar lo más emblemático de Egipto y después fui en avión a Atenas, Grecia. En la isla de Rodas compré un pasaje en lancha hasta la costa meridional de Turquía, a la ciudad de Bodrum. Desde allí, mi amiga y yo fuimos tontas alquilando un coche y yendo por nuestra cuenta hasta la costa occidental. Menciono lo de «tontas» porque no recomiendo que lo haga nadie. Por aquel entonces apenas había turistas estadounidenses y no había alojamiento para visitantes en algunas de las regiones más remotas que cruzamos. Condujimos durante kilómetros sin encontrar restaurantes y acabamos comiendo Pringles y barritas de helado que comprábamos en las gasolineras. El calor veraniego nos achicharraba y llegó un momento en el que el aire acondicionado del coche de alquiler se averió. Sobra decir que fue toda una aventura.

Con todo y con eso, descubrí algunas de las maravillas del mundo antiguo. Hicimos una parada en Éfeso, donde dicen que la Virgen María pasó sus últimos días. Visitamos el lugar donde se supone que tuvo lugar la legendaria batalla de Troya y caminamos entre las ruinas y la réplica del caballo de Troya. Condujimos por Izmir, la base de la OTAN, y finalmente llegamos a la increíble ciudad de Estambul, en la que paseamos por el bazar mundialmente famoso de la Mezquita Azul. El sitio es espectacular; está lleno de artesanos y mercaderes de alfombras. Todavía conservo una alfombra turca hecha a mano que compré allí. Turquía se ha convertido en un lugar especial, y lo lleva siendo miles de años. En este capítulo exploraremos lo siguiente:

1. *Los agricultores de Mesopotamia y los primeros poblamientos:* Tras vivir como nómadas, los habitantes de Mesopotamia aprovecharon la situación al máximo al reunirse y prosperaron durante el periodo formativo de la evolución humana.
2. *La Babilonia de Hammurabi y las primeras leyes:* Las leyes establecidas por el rey transformaron el mundo antiguo. Los clientes recuerdan los primeros días de la ley y el orden y cómo les afectó.

3. *El Imperio persa:* Un poder breve pero poderoso que se extendió por todo el mundo, absorbiendo a la gente en su seno y permitiéndoles mantener ciertas libertades de expresión.

La rica y compleja cultura de Mesopotamia incluye a los babilonios, los acadios, los persas y otros que buscaban ejercer el dominio sobre una de las tierras más fértiles del mundo. Durante las regresiones, la gente describe sus vidas bajo varios regímenes del imperio. Ahondaremos en esas regresiones en las que se menciona la vida cotidiana.

Los agricultores de Mesopotamia y los primeros poblamientos

Muchas almas tienen experiencias como primeros agricultores o cazadores-recolectores en diversas ocasiones a lo largo de la historia. Es común que se describa la vida humilde de labrar la tierra porque gran parte de la vida cotidiana de entonces, sea cual sea el periodo, implicaba lograr sobrevivir y el cultivo de la comida. Cuando dicha información se clasifica dentro de una parte de la historia tan antigua como la de Mesopotamia, al igual que las vidas pasadas en la prehistoria, muchos no son capaces de describir la ubicación exacta donde vivieron como agricultores dado que la ubicación geográfica no se comprendía en esa época como lo hacemos hoy, por lo que la conciencia no sabe cómo describirla. Simplemente vivieron en un área probablemente pequeña, sin salir más allá, y describen lo que pueden desde una perspectiva limitada. Hay excepciones de vez en cuando:

Estoy en Mesopotamia y tengo aproximadamente veinte años. Vivo en una choza de barro con toda mi familia: mi madre, mi padre y varios hermanos pequeños. Me levanto temprano y voy con mi padre a labrar la tierra junto al río. Mi padre se ha pasado casi toda la vida cazando y deambulando, pero ahora todos vivimos juntos, y con el fin de vivir en paz debemos cuidar la

tierra. Somos de clase baja. Mi padre espera que sus hijos vivan
más cómodamente que él. Yo soy la mayor, así que a mí me
cuenta qué hacer si le pasa algo. Al principio me cuesta estar bien
con toda la gente nueva, pero él me explicó por qué eligió que
viviésemos así y ahora lo entiendo. Le agradezco mucho lo que está
haciendo por nosotros.

La gratitud es un sentimiento importante que debemos aceptar durante el viaje del alma a través del tiempo. Profundicemos en ella mediante el siguiente ejercicio.

EJERCICIO:
Un viaje de gratitud

Acomódate en tu espacio sacro, cierra los ojos, llama a la luz y el amor y rodéate de tu burbuja dorada. Siente el cálido abrazo de la luz dorada mientras cruzas la puerta y te reúnes con tu guía.

Tómate un momento y deja que tu guía te provea de información sobre el viaje de tu alma en un momento en el que labraste la tierra o la trabajaste con el fin de sobrevivir. Permite a tu guía que te comparta una imagen, pensamiento o sentimiento de tus primeros días. Imagina que puedes tomarte un momento para dar gracias por lo que tenías en tiempos remotos y tienes en esta vida. Imagina tu rutina en los tiempos modernos. Visualiza el supermercado, los mercados y la comida. Repara en el milagro de la vida que hallamos en la comida y conecta con esa sensación de gratitud por tener suficiente y hacia la Tierra por proveerte de recursos para sobrevivir. También puedes dar las gracias a otras almas que te hayan ayudado en otros tiempos a sobrevivir, a cosechar lo sembrado durante tu vida y a tener un lugar junto a otros seres en la Tierra. Ahora puedes reflexionar sobre en qué otras áreas de tu vida das las gracias a tus amigos, familiares o seres queridos y por cosas como disfrutar de buena salud o la estabilidad económica... Permite que esas imágenes, pensamientos y sensaciones de gratitud penetren en ti. Inúndate de esa cálida luz de agradecimiento durante todo el tiempo que necesites.

(Haz una pausa).

Cuando estés listo, llévate esa maravillosa energía contigo mientras te despides de tu guía por ahora y le agradeces su ayuda. Date la vuelta y regresa por donde viniste, cerrando la puerta tras de ti. Cuando cuente desde tres, volverás. Tres, sintiéndote mucho mejor que nunca; dos, conectado a la Madre Tierra como nunca; y uno, ¡has vuelto!

Apuntes de diario: Un viaje de gratitud

Desde hace años llevo un diario de gratitud, y puede que tú también lo hagas. Si es así, sácalo. Si no, puedes utilizar el diario que has estado usando para este libro. Aquí te dejo algunas ideas y preguntas para empezar:

1. Expresa en este momento cualquier pensamiento de agradecimiento que albergues mientras escribes acerca de la nueva información que has obtenido relacionada con cualquier vínculo que tuvieras con la tierra.
2. Reflexiona sobre todo lo bueno que hay en tu vida. Piensa en el ahora y escríbelo.
3. ¿Qué te ha hecho dar gracias hoy?
4. ¿Cómo podrías sentir más gratitud en la actualidad y en el futuro?
5. Tómate un momento para reflexionar sobre cualquier otra cosa buena que tal vez no hayas tenido en cuenta durante este viaje. ¿Cuáles son y por qué das gracias por ellas?

Apenas hay experiencias mejores que sumergirse de vez en cuando en una profunda gratitud. A lo largo de nuestra vida nos enfrentamos a retos, sí, pero siempre hay cabida para la esperanza y la gratitud que todos compartimos. Si llevas a cabo ejercicios así, los anotes o no, reunirás más razones por las que sentirte agradecido.

La misma mujer que describió su vida en Mesopotamia se explayó sobre cómo los primeros asentamientos agrícolas influyeron su vida actual:

Mi padre pasa casi todo el tiempo enseñándome a cultivar. Me dice que tengo que esforzarme para sobrevivir. Estamos probando diferentes semillas y alimento y aprendiendo qué funciona y qué no. Mi padre me muestra que esto es importante para nuestra seguridad a largo plazo. Si fracasamos, tal vez nos enfrentemos a una época inestable otra vez y debamos salir a buscar comida. Nadie quiere. Vivimos en relativa paz. Somos pobres, sí, pero nos tenemos los unos a los otros y no nos sentimos desdichados. Sabemos cómo cuidar de nosotros mismos. Mi padre murió poco después. Ahora yo me encargo de varios hermanos pequeños, nuestra madre ha enfermado y también ha fallecido. Recuerdo lo que me enseñaron y lo hago lo mejor que puedo. Mantengo la promesa de cuidar de los niños. Más adelante en esa vida, empecé a trabajar como comerciante, trocando los productos y aprendiendo técnicas de negociación que sigo usando en esta vida. Por aquel entonces, aprendí a crear cosas de la nada. En esta vida, trabajo para grandes empresas y ayudo a implementar reglas y métodos. Aprendí a adaptarme y a sobrevivir en los negocios en ese tiempo remoto.

. . . .

A lo largo de los años, me han llegado más y más casos de personas que vivieron en Mesopotamia. Hay relación entre los lugares que la gente menciona y de los que han oído hablar en su vida actual. Una razón por la cual parece casi necesario que alguien haya oído hablar de un sitio para mencionarlo es porque yo no guío a la gente en un estado de hipnosis profunda. No están dormidos. Todo lo contrario; la gente está consciente y, en ese estado, la familiaridad de los conceptos resulta útil, ya estén hablando de una vida pasada en Mesopotamia u otra parte del mundo. El siguiente ejercicio te ayudará a reconectar con la tierra y con cualquier otra vida pasada en la que trabajaste de agricultor o de cerca con ellos.

EJERCICIO:
Recuerdos de labranza

Acomódate en tu espacio especial con los pies en el suelo y las manos en el regazo. Inspira paz, alegría y amor, y exhala toda la tensión. Permite que un haz de luz pura y blanca fluya por tu cuerpo desde la cabeza hasta los pies. La luz te rodea como una manta, como un abrazo cariñoso. Flota en el interior de la luz y recuerda que ahí estás a salvo y protegido. Fíjate en la puerta frente a ti. Ábrela y entra en tu precioso espacio sacro. A la vez que llegas, tu guía desciende flotando para reunirse contigo. Salúdalo y pídele que te cuente cualquier experiencia en la que tu alma haya experimentado la labranza. Repara en la puerta al otro lado de la sala. Toma la mano de tu guía y flota hacia esa puerta. Ábrela e imagina que puedes acceder a una vida en torno a la agricultura. ¿En qué año estás? ¿Dónde estás? ¿Qué está pasando? Tómate un momento para descubrir todo lo que puedas acerca de la importancia de este tiempo remoto.

(Haz una pausa).

Ahora regresa a tu espacio sacro con tu guía a través de la misma puerta. Pídele que te aclare aquello que has experimentado.

(Haz una pausa).

Cuando estés listo, agradece a tu guía que te haya ayudado y sal por la puerta por la que entraste a tu espacio sacro. Vuelve al punto de partida con información nueva sobre el viaje de tu alma. Cuando cuente desde tres, regresarás sintiéndote mejor que nunca. ¿Preparado? Tres, anclado, centrado y equilibrado; dos, reconectado con el mundo moderno; y uno, ¡has vuelto!

Apuntes de diario: Recuerdos de labranza

Tómate un momento para reflexionar.

1. ¿Viviste en una granja en una vida pasada?
2. Si es así, ¿dónde? Si no lo sabes, recuerda que es normal.
3. Describe la labor que desempeñabas ahí. ¿Ayudabas a los demás mientras trabajaban en el campo o eras tú el que lo hacía?
4. ¿Sabes en qué parte del mundo vivías en la granja?
5. ¿Cómo te ha ayudado esa experiencia en la actualidad y a ser como eres en esta vida?
6. Anota la fecha de hoy y cualquier otro dato importante.

Ya fueras agricultor o no, es bastante probable que tu alma experimentase la vida en una granja en algún momento del pasado.

··············

La Babilonia de Hammurabi y las primeras leyes

A los habitantes de Mesopotamia se les atribuye la invención de la escritura y, con el tiempo, este esfuerzo intelectual dio origen a leyes concretas[7]. El Código de Hammurabi del rey Hammurabi a menudo aparece durante las regresiones que involucran a Mesopotamia[8]. Un profesor de historia que tuve nos explicó que la razón por la que las leyes escritas se convirtieron en un elemento tan transformacional para la sociedad es porque brindaban una sensación de igualdad sin importar el estrato social al que perteneciera la gente. No se elegía a nadie basándose en su situación, sino que se les castigaba por su comportamiento.

---

7. Nemet-Nejat, K. R. (2002, 1 de febrero). *Daily Life in Ancient Mesopotamia*. Hendrickson Publishers.

8. King, L. W. (2008). *The Code of Hammurabi*. Lillian Goldman Law Library. Recuperado de https://avalon.law.yale.edu/ancient/hamframe.asp

Aquellos que elegían obedecer las reglas tenían más oportunidades para coexistir en paz.

Estoy en Babilonia y tenemos un nuevo rey. Hammurabi ha creado una serie de leyes muy estrictas. Algunos tienen miedo, están aterrorizados por lo que les pueda suponer, pero yo estoy contentísimo por estas nuevas reglas. Soy un ciudadano obediente. No robo. No hago daño. Por esa razón, no tengo nada que temer. Las leyes me protegen de castigos aleatorios, o al menos eso es lo que nos han prometido. Seas quien seas, se te castiga igual que a los demás. Jamás me he sentido más seguro. Soy bastante pobre, pero tengo lo suficiente para alimentar a mi familia, así que el nuevo rey no me preocupa. Rezo una plegaria para que viva muchos años.

———————

Sentir alivio al saber cómo y por qué recibes un castigo es una perspectiva de lo más interesante. Por otro lado, a aquellos que infringieron la ley no les fue tan bien.

Robé un cerdo y lo pagué con mi vida. Necesitaba la carne para mi familia, pero ahora no tienen ni comida ni quien se la provea. Es una sensación horrible...

———————

Aunque la ubicación exacta no se mencionase, el castigo físico por robar fue bastante común a lo largo del mundo antiguo e incluso en la Edad Media y más adelante. A menudo, he escuchado historias similares a la última en regresiones a vidas pasadas. Es otro apunte a la lucha por la supervivencia mencionada en el capítulo anterior sobre la prehistoria. Por supuesto que nadie quiere verse obligado a robar, pero, para sobrevivir, la gente tuvo que hacer lo que pudo. En el siguiente ejercicio, tendrás la oportunidad de averiguar si tu alma se vio alguna vez obligada a robar para sobrevivir durante algún periodo de la historia.

De ser así, llevaremos a cabo una sanación para brindarte paz y aliviar esas circunstancias extenuantes.

EJERCICIO:
Hurtos para sobrevivir

Acomódate en tu espacio cómodo, cierra los ojos y relájate. Permite que la luz curativa te recorra de la cabeza a los pies y te rodee de una burbuja dorada protectora que se extiende hasta un metro en todas direcciones. Abre la puerta, entra en tu sala y reúnete con tu guía. Fíjate en que hay un monitor. Dentro de un momento, tu guía reproducirá un vídeo de un tiempo en que tu alma sintió tanta desesperación que robó comida u otros objetos con el fin de sobrevivir.

Permite a tu guía reproducir ese vídeo ahora. Repara en lo que puedas. Puede que tú mismo lo veas o que tengas que pedirle a tu guía que te cuente lo que está sucediendo, o que recibas sensaciones en caso de haber experimentado una situación así. Tómate tu tiempo para recabar la información que necesites.

(Haz una pausa).

Cuando estés listo, tu guía apagará el monitor. Si lo necesitas, pregunta aquello que te ayude a entender si esa situación te está afectando en esta vida o no. Si jamás has experimentado algo así, tal vez tu guía te explique por qué no forma parte del viaje de tu alma.

(Haz una pausa).

Muy bien. Deja que tu guía te arroje luz sanadora que te recorrerá todo el cuerpo. Siente la luz en cada célula, liberando las tensiones causadas por estos tiempos remotos. Tu energía se vuelve más liviana y brillante. Fíjate en que hay un cordón de luz conectándote a ese monitor. Dentro de un momento, tu guía cortará el cordón y te liberará de las influencias indeseadas. ¿Preparado? Tres, dos, uno, ¡córtalo! Otra luz sanadora se interna en tu estómago y corazón, y recorre tu cuerpo. Te sientes más liviano y radiante que nunca. En paz y relajado.

Agradece a tu guía haberte ayudado hoy. Cuando estés listo, regresa por la puerta por la que entraste. Sigues rodeado de la luz dorada y eres consciente de que te sientes mucho mejor. Cuando cuente desde tres, volverás. Tres; dos, procesa la luz y la información en sueños esta noche para sentirte mejor aún por la mañana; y uno, ¡has vuelto!

Apuntes de diario: Hurtos para sobrevivir

Saca tu diario para escribir sobre esta experiencia.

1. ¿Tu alma se ha enfrentado alguna vez al reto de tener que robar para sobrevivir?
2. Si es así, ¿cuándo?
3. Si no, ¿por qué? ¿Qué papel desempeña no haberte enfrentado a ese dilema moral en el viaje de tu alma?
4. Si tuviste que hacerlo, ¿qué robaste? ¿Por qué?
5. ¿Sabes en qué parte del mundo vivías cuando sucedió?
6. ¿Qué precio tuviste que pagar por tus acciones? ¿O es que te libraste?
7. ¿Cómo le ha afectado a tu vida actual? ¿Has aprendido alguna lección?
8. ¿Has sido capaz de sanar algún dolor residual que arrastrabas de ese tiempo remoto?

Como siempre, expresa qué más se te ha pasado por la cabeza; sentimientos de culpa, vergüenza o miedo que tal vez acompañen a dichos recuerdos. Ojalá al cortar el cordón te hayas dado cuenta de que en esos tiempos remotos muchas personas se enfrentaron a situaciones increíblemente duras que los obligaron a hacer cosas que no habrían hecho en otras circunstancias. Extiende gracia divina hacia ti. Te resultará útil en el camino a la sanación.

....

El Imperio persa (551-330 a. C.)

El Imperio persa se convirtió en una fuerza monstruosa que controló gran parte del mundo antiguo. El imperio se creó cuando un grupo de tribus nómadas se unieron para expandir su control sobre varias regiones del mundo. Los persas controlaron Babilonia, Egipto y el valle del Indo bajo el liderazgo de Ciro el Grande, un antiguo miembro de una tribu nómada[9].

Al igual que con muchas otras áreas que se mencionan en este libro, al principio de mi carrera no me topé con muchas regresiones al Imperio persa, pero una vez aumentó la cantidad de documentales sobre Persia, los casos se volvieron más frecuentes. Antes he mencionado que los persas contaban con una forma única de sumar a la gente a sus filas. Desafortunadamente, la subyugación de un grupo por otro es algo recurrente en la historia y, por desgracia, estas prácticas comenzaron en el mundo antiguo. Los persas eran conquistadores singulares dado que permitían a sus súbditos venerar libremente siempre y cuando pagasen una contribución o impuestos al rey gobernante.

Estoy en Babilonia. Tenemos una ciudad maravillosa y somos bastante prósperos, pero ahora una fuerza se acerca para hacerse con el mando. Todo el mundo está asustado. Logro esconderme en un edificio y espero hasta que apenas haya conmoción. Algunas personas mueren. Nuestros líderes no luchan contra esa gente, lo cual es algo bueno, porque, de haberlo hecho, casi todos habríamos muerto. Están tomando las riendas. Quieren que formemos parte de su gente, de los persas. Nos da miedo que nos maten o nos obliguen a renegar de nuestras creencias, pero no lo hacen. Nos permiten venerar como antes. Solo

---

9. Editores de Britannica (2020, 20 de marzo). «Achaemenian Dynasty | Definition», *Achievements & Facts. Encyclopedia Britannica.* Recuperado de https://www.britannica.com/topic/Achaemenian-dynasty

tenemos que pagar unos impuestos y el rey nos protegerá. Lo agradecemos y, con el paso del tiempo, aceptamos los cambios.

Aparte de contar con unos gobernantes relativamente tolerantes, Persia también cosechó grandes éxitos debido a su sistema de carreteras y su capacidad de entregar mensajes y paquetes a largas distancias. Bajo el mandato de Darío el Grande (Darío I), el cuarto rey del Imperio aqueménida, hubo enormes avances como la construcción de uno de los sistemas de carreteras más complejos que se hayan creado nunca. Estas se extendían hasta los lugares más lejanos de su territorio para ayudar al rey a ejercer el control. Darío creó un sistema postal para ayudar a que las noticias llegasen antes a los territorios más grandes. Los mensajeros a caballo entregaban los mensajes a los puestos fronterizos mediante un sistema de relevo que hacía que se extendiera la noticia en tiempo récord. Su eficacia inspiró a un hombre a recordar su vida como mensajero persa. Se dio cuenta de que su vida en Persia lo influyó de pequeño.

De pequeño, quería trabajar para un servicio postal. Tenía al cartero idealizado. No lo he podido conseguir en esta vida, pero sí que trabajo en el sector de la logística, lo cual, si lo piensas, es prácticamente lo mismo. Mi interés de joven viene de un tiempo en el que vivía en Persia. Me convertí en uno de los mensajeros del rey. Cabalgamos a estaciones en nuestras tierras y entregamos objetos importantes a otros que prosiguen el camino hasta que los mensajes del rey llegan a donde sea necesario. Prometemos entregar los mensajes a pesar de las condiciones a las que nos enfrentemos. Ese ideal se convierte en una fuente de orgullo para mucha gente, pero a la vez es una orden del rey. Si fracasamos, morimos.

Aunque muchos historiadores fiables creen que el Servicio Postal de Estados Unidos se inspiró en el de Persia, su página web afirma claramente que el USPS no cuenta con un lema en absoluto[10]. La referencia de entregar paquetes ya llueva, granice o nieve proviene del libro del famoso historiador griego Heródoto acerca de las Guerras Médicas y se asoció a los trabajadores del servicio postal dada su increíble eficiencia a la hora de entregar paquetes[11].

Las carreteras persas resultaron increíblemente beneficiosas y revolucionarias durante la época.

Estoy en Persia. Soy un hombre joven de veintitantos años. Trabajo para el Imperio persa. Construyo carreteras para el rey. Mi familia vino de Turquía, así que estamos en deuda con el rey. Me encuentro en una ciudad enorme con murallas. Están fortificando las carreteras en torno a nuestro palacio. Hay soldados que se marchan a cumplir las órdenes del rey. Mi posición no es lo suficientemente alta en la escala social como para ser soldado. Debo demostrar mi lealtad. No me siento desdichado por estar aquí. Mi otra vida era más dura. El rey tiene mala reputación por su crueldad, pero he aprendido que siempre y cuando me esfuerce y mantenga la cabeza gacha, viviré una buena vida y mi familia estará protegida.

Pasan los años. Sigo trabajando sin quejarme. Mi familia ha aumentado. Hay grupos de jinetes que deben ir a entregar mensajes importantes. El rey espera que regresen algunos de ellos, pero estos no aparecen. Se ha dado cuenta de cómo cuido a los caballos. En mi tierra teníamos muchos. Algunos de los altos cargos me han preguntado si sé montar y les digo que sí, por lo que me entregan la correspondencia y yo cabalgo hacia un puesto y entrego la nota a otro hombre que la llevará más lejos. Regreso

10. United States Postal Service (s. f.). *No Official Motto*. USPS. Consultado el 2 de enero de 2022 y recuperado de https://facts.usps.com/no-official-motto/

11. Macaulay, G. C. (2015). *The History of Herodotus*. Van Haren Publishing.

con mensajes para el rey y este se muestra satisfecho. Ha visto que soy leal y he ascendido de clase.

Esta vida se relaciona con la actual dado que siempre he sido un currante. Mi primer trabajo fue en el sector de la comida rápida de adolescente, y fui ascendiendo; pasé a encargarme de un restaurante con servicio completo y desempeñé todos los trabajos que tenían hasta que me hicieron encargado. Ahora en vez de estar bajo las órdenes de un gobernante, lo estoy de una oficina central, pero no me importa. Me gusta el trabajo y me siento orgulloso de saber cómo sacar el máximo partido de donde estoy.

———————

Dicen que, con el tiempo, todo debe llegar a su fin, y así fue cuando Alejandro Magno derrotó y conquistó Persia en el 334 a. C.[12].

Llevo una túnica larga con un cinturón, como si fuese un fraile. Hay una celebración. La gente vende en puestos de comida y de otras cosas en una carretera frente a un muro alto de arenisca. Todo el mundo está festejando y no prestan atención. La guardia está fuera de servicio. Escuchamos estallidos a lo lejos. Se acerca un ejército que masacra a cualquier persona que ve. Se acabó la prosperidad. Tengo tanto miedo que caigo al suelo. Se me para el corazón. Muero de un infarto ahí mismo mientras la masacre se desata a mi alrededor. Esa es la verdadera fuente de mi enfermedad del corazón en esta vida.

———————

———————

12. Roos, D. (2020, 12 de febrero). «How Alexander the Great Conquered the Persian Empire». *History*. Recuperado de https://www.history.com/news/alexander-the-great-defeat-persian-empire

El muro de arenisca parece evocar las descripciones de la antigua capital persa de Persépolis, aunque supongo que había muchos muros así en Egipto u otros lados. Sin embargo, creo que, tal vez, algunas de las explicaciones de vidas pasadas que he escuchado a lo largo de los años se remontan a Persia a pesar de que no usaran ese nombre para referirse a ella. Ya hablaremos de Alejandro Magno en el próximo capítulo dedicado a Grecia.

¿Te ha inspirado alguno de los casos de Persia? ¿La idea de vivir en una zona sitiada por forasteros te resulta familiar? En este ejercicio llevaremos a cabo una sanación en una época en la que tu alma tal vez fuera conquistada por extranjeros y sanaremos cualquier energía residual.

EJERCICIO:
Recuerdos de tomas de poder

Acomódate en tu espacio y cierra los ojos. Inspira y llena tu cuerpo de luz mientras te rodeas de una burbuja dorada de amor y luz. Ve a tu espacio sacro y reúnete con tu guía. Imagina que ha venido para compartirte recuerdos de cualquier situación en la que otros gobernantes se hicieran con el poder de tu gente. Permite a tu guía contarte o mostrarte estos instantes, o incluso sentirlos. Fíjate en lo primero que se te pasa por la cabeza.

(Haz una pausa).

Pídele a tu guía que también te provea de cualquier tipo de información que mejore tu bienestar. Si has pasado por momentos como esos, ¿qué lecciones ha aprendido tu alma en esa situación? ¿Cuándo sucedió? Puede que también te des cuenta de si tu alma ha formado parte de un imperio que absorbió otros. En cualquier caso, ¿cómo te sentiste por aquel entonces? Deja que la información llegue hasta ti naturalmente y tómate tu tiempo mientras tu guía te ayuda con estas percepciones.

(Haz una pausa).

Muy bien. Ahora permite que tu subconsciente te muestre un símbolo que represente los recuerdos de esas tomas de poder. Podría ser un objeto, como una mariposa, o un sentimiento, como el valor. Fíjate en tu símbolo. Muy bien. Ahora imagina que hay un cordón energético de luz conectándote a ese símbolo. Dentro de un momento, tu guía tomará unas tijeras doradas y cortará ese cordón, liberándote de toda influencia indeseada y sanando la energía que rodea a estos sucesos. ¿Preparado? Tu guía está cortando ese cordón ahora mismo. Siente una luz cariñosa desplazándose por el cordón y enviando esas antiguas energías y el símbolo al espacio. Te sientes más liviano y radiante que antes. Deja que la sanación prosiga tanto como sea necesario.

Agradece a tu guía que te haya ayudado hoy, vuélvete y sal por la puerta. Ciérrala y dirígete al punto de partida. Cuando cuente desde tres, regresarás. Tres, anclado, centrado y equilibrado; dos, sintiéndote más liviano y mejor que nunca; y uno, ¡has vuelto!

Apuntes de diario: Recuerdos de tomas de poder

Tómate un momento para escribir las respuestas a estas preguntas:

1. ¿Tuviste algún recuerdo de vidas pasadas que emergió durante el ejercicio?
2. ¿Has pensado en dónde se situaron esas vidas?
3. Si es así, ¿en qué año fue?
4. ¿Qué lecciones has aprendido?
5. ¿Cómo se relacionan esas lecciones al viaje de tu vida actual?

Presta atención a cualquier información que obtengas y recuerda que tal vez recibas más durante tu fase de sueño.

¡Espero que el ejercicio te haya ayudado! Al final, no es el pasado lo que más importa, sino el aprendizaje del alma a lo largo del tiempo para transmitir alegría a la actualidad.

....

Lugares de interés

Capadocia, Turquía

Las preciosas residencias de piedra donde una antigua sociedad monacal vivió desde el siglo IV forman parte de mi lista[13].

Çatal Höyük, Turquía (7000-6250 a. C.)

Ubicada en la Turquía moderna, esta increíble ciudad antigua contaba con casas con ladrillos de barro y murales con imágenes de leopardos. Por sorprendente que parezca, esta ciudad existía antes de que se construyesen las carreteras, y las casas se edificaron juntas sin espacio comunitario, así que para entrar en casa o salir había que reptar por el tejado, dado que no había calles para separar las casas.

Estambul, Turquía

¡Recomiendo encarecidamente que viajes a Estambul! Es una ciudad increíblemente hermosa llena de tesoros del mundo antiguo, y con una gastronomía y mercados maravillosos.

Göbekli Tepe, Turquía

Un lugar con doce mil años de antigüedad que se considera el templo más antiguo del mundo, mucho más que Stonehenge o Mesopotamia. Este sitio se ubica en el sureste de la Turquía moderna y vuelve a sugerirnos que nuestros libros de historia necesitan un buen repaso.

---

13. UNESCO World Heritage Centre (s. f.). *Göreme National Park and the Rock Sites of Cappadocia*. Consultado el 22 de enero de 2022. Recuperado de https://whc.unesco.org/en/list/357

Irak

El país de Irak y la intersección del Tigris y el Éufrates sirvió una vez como el hogar de los habitantes de Mesopotamia. Por desgracia, los militares llevan años con acceso a esta área debido a la gran cantidad de conflictos en la región. Tal vez un día esa cuna de la civilización sea más accesible para los demás, pero, por ahora, debemos agradecer a los fotógrafos y cámaras que viajan a estas zonas de tan difícil acceso.

Jericó, Israel (9000-8000 a. C.)

Jericó es la ciudad más antigua del mundo. Ahora forma parte del territorio palestino y de muchos *tours* que puedes hacer si visitas la Tierra Santa. Últimamente hay poco que ver aparte de las ruinas. Está situada en el río Jordán y, en la Antigüedad, el suministro del agua hacía de esta una zona ideal para la agricultura y los asentamientos. Las casas se construían con ladrillos de barro y tejados planos.

Conclusión

Mesopotamia, Babilonia y Persia son unas civilizaciones antiguas maravillosas. En la actualidad la gente cada vez descubre más sobre el mundo antiguo. La capacidad de reconstruir digitalmente estos lugares para que imaginemos cómo eran en todo su esplendor puede desatar recuerdos y traer a la mente de la gente más de estos casos poco comunes.

5

Egipto

6000 HASTA 30 A. C.

Para los eruditos, Egipto representó la primera civilización avanzada de verdad. Sí, Mesopotamia tenía muchas cosas que admirar, pero los antiguos egipcios tuvieron la suerte de encontrarse en el poderoso río Nilo, con sus inundaciones anuales perfectamente predecibles, lo cual implicó que, por primera vez en un mundo tan caótico y tumultuoso, la gente pudiera disfrutar de cierta apariencia de orden y estabilidad. Desde el periodo predinástico, sobre el 6000 a. C. hasta el glorioso reinado de Cleopatra y su inevitable final, el antiguo Egipto demostró ser un ejemplo espectacular de innovación humana y de sociedad civilizada[14]. Los egipcios no se vieron en la necesidad de buscarse la vida ni de tener que ir a por comida, sino que pudieron elevar sus consciencias hasta alturas con las que solo podríamos soñar hoy día. Y, aun así, nunca dieron por hecho las inundaciones anuales o cualquier otro tipo de buena fortuna. Veneraban a sus dioses y la religión se convirtió en un negocio enorme y boyante liderado por el Gobierno. Los antiguos egipcios veneraban a distintas deidades duales que exigían un equilibrio

14. Haywood, J. (1999). *The Ancient World: Earliest Times to 1 BC, Volume 1*. Oxford University Press.

entre el orden y el caos, y cuando los tiempos eran buenos, los egipcios celebraban y disfrutaban de sus vidas. Realmente fueron una cultura única en términos de estructura social. Las mujeres no estaban subyugadas a los hombres y podían poseer propiedades, dirigir negocios, convertirse en sacerdotisas o incluso en faraonas. Los divorcios también estaban permitidos y, en los raros casos en los que sucedían, los dos esposos se dividían las propiedades[15].

Los egipcios se divertían y jugaban. Los jeroglíficos muestran imágenes del tablero del popular juego senet. Se arreglaban e iban a fiestas y festivales para celebrar a sus dioses y hacían un esfuerzo consciente y universal para prepararse día a día para su muerte.

Por todas estas razones y más, el antiguo Egipto sigue siendo una de las áreas de exploración más populares para los investigadores espirituales, y es una con la que tengo una amplia experiencia gracias a las decenas, sino cientos, de personas con las que he llevado a cabo regresiones y que creen que vivieron durante esta impresionante época de la historia. Sin duda alguna, la vida en Egipto está entre las más fascinantes de toda la historia antigua y ha capturado el corazón y la imaginación de la gente de todo el mundo. ¿Y si tu atracción por el arte y la cultura egipcios es una pista del vínculo de tu alma con Egipto? Evidentemente, yo sí creo que ese es el caso.

El otro aspecto de las regresiones a Egipto es la idea de que muchas almas eligieran regresar de esos tiempos remotos para vivir de nuevo en la sociedad moderna. Hay una creencia que yo también suscribo desde hace años que dice que viajamos en grupos de almas que acuerdan hacer cosas juntos a lo largo de muchas vidas. Por experiencia propia, puedo decir que los grupos de almas son reales. Durante algunas sesiones, hay indicios que muestran que grupos enteros de gente acuerdan, antes de llegar, volver a la vida física juntos como una unidad para seguir aprendiendo lecciones, ocuparse de temas pendientes,

15. Conger, C. (s. f.). *Were Ancient Egyptians the First Feminists? Women's Rights in Ancient Egypt. How Stuff Works.* Consultado el 22 de enero de 2022. Recuperado de https://history.howstuffworks.com/history-vs-myth/first-feminist.html

transmutar el karma colectivo o contribuir a la evolución continua de la raza humana.

Desde mi punto de vista, a partir de Egipto hay muchos grupos de almas que han regresado a los tiempos modernos para seguir con el viaje de su alma, para continuar aprendiendo y para ayudarnos con los cambios venideros. Yo me fijé especialmente en este hecho después de la publicación de mi libro *Egyptian Energy Healing* en 2019. Asistí a varias exposiciones y ferias de metafísica durante esa época. Para mi sorpresa, muchísima gente joven, adolescentes y veinteañeros se acercaban a mi estand para hablarme de Egipto. Hoy día, personas de todas las edades se tiñen el pelo de colores vivos y metálicos y se tatúan la piel. Ya me habían sugerido en algún momento que ellos solo expresaban la identidad de sus almas y los recuerdos de vidas que tuvieron en el antiguo Egipto. He llegado a creer que eso es bastante posible. Todas las almas buscan vivir plenamente y expresar quiénes son demostrándoles a los demás lo que han sido en el pasado, ya sean conscientes de ello o no. ¡Son cosas muy interesantes sobre las que reflexionar, eso seguro!

Si el antiguo Egipto te atrae, este capítulo te entretendrá, o eso espero, y puede que también te ayude a descubrir pistas sobre tu pasado explorando los diversos periodos de la historia egipcia y también te ayude a ver dónde encaja tu alma en el universo. Exploraremos los periodos principales de la historia egipcia, que incluye los siguientes:

1. *Imperio Antiguo:* Durante los primeros días de Egipto, la sociedad se acababa de formar y los clientes transmiten historias fascinantes sobre su vida durante los inicios de la meseta de Guiza.
2. *Imperio Medio:* Los cambios climáticos y sociales llevaron a una gran inestabilidad y a la inminente destrucción y toma de poder de Egipto. Leeremos a personas que creen que vivieron durante esos tiempos tumultuosos.
3. *Imperio Nuevo:* El nivel de prosperidad de la civilización egipcia trajo grandes obras de arte y monumentos que algunos clientes dicen que ayudaron a crear.

4. *Dinastía ptolemaica:* Al ser un símbolo del poder femenino, Cleopatra se convirtió en la mujer más poderosa del mundo antiguo. A lo largo de mi carrera realizando regresiones a vidas pasadas, he trabajado con muchas personas que se sentían atraídas por esta mujer tan excepcional.

Hay mucho que descubrir en la civilización egipcia antigua. Con tantísimas referencias a Egipto en la cultura popular, estoy segura de que las próximas secciones te picarán la curiosidad. Dicho esto, ¡empecemos!

Imperio Antiguo (3100-2040 a. C.)

El Imperio Antiguo de Egipto es el periodo de la historia egipcia en el que apareció la gloriosa Necrópolis de Guiza. Los faraones Jufu, Kefrén y Micerino construyeron las pirámides en algún momento entre los años 2550 y 2490 a. C.[16]. Muchos concordarían en que la Necrópolis de Guiza es, tal vez, el paisaje más icónico del mundo entero y, debido a eso, he oído a decenas de personas a lo largo de los años relatar acontecimientos de sus vidas pasadas en Guiza.

Soy un sacerdote de un templo para el santo faraón Jufu. Ordenó construir la pirámide para su ascensión a la vida después de la muerte y, en mi opinión, tiene motivos más que de sobra para hacerlo. Los dioses lo aprueban. Nuestro grupo trabaja para cambiar las frecuencias vibracionales en los trabajadores y conseguir que las piedras suban más y con más facilidad que en el pasado. En mi vida actual sigo trabajando con la energía. Aquí es donde empezó ese hecho.

16. Handwerk, B. (s. f.). «Pyramids at Giza: How the Pyramids at Giza Were Built Is One of Egypt's Biggest Mysteries». *National Geographic.* Consultado el 2 de enero de 2022. Recuperado de https://www.nationalgeographic.com/history/article/giza-pyramids

A veces, cuando las personas regresan a recuerdos antiguos, suelen hablar con un tono muy autoritario, como en el ejemplo anterior. Los eruditos creen que los constructores de las pirámides comenzaron el proyecto de Jufu en la cuarta dinastía[17]. Su pirámide medía 146,7 metros y era la más grande de las tres. La pirámide más antigua del mundo es, en realidad, la Pirámide Escalonada de Zoser en Saqqara[18]. Saqqara llegó a conocerse mejor en los últimos años después de que el gobierno egipcio empezara a ofrecer visitas guiadas allí a raíz de los numerosos descubrimientos. En 2020, escribí una serie corta sobre deidades egipcias enfocándome en aquellas que veneraban en Menfis, un importante centro de culto a la diosa Sejmet. Durante las partes de imaginación guiada de mi clase, empecé a tener visiones de esa pirámide y más tarde la vi en un documental. Como ya he dicho antes, los programas de televisión pueden ayudarnos a recordar nuestras vidas pasadas. Aun así, muy pocas almas afortunadas tuvieron la oportunidad de visitar ese lugar antes de que el público general tuviera acceso a él, incluido un hombre que se acordaba de haber trabajado allí.

Estoy en Egipto. ¿Cuándo? Muy atrás en el tiempo. Estamos construyendo algo nunca visto en el mundo. Es una pirámide. Nuestro gobernante cree que así es como alcanzaremos la inmortalidad. Debemos acercarnos a los mismísimos dioses. Soy un trabajador de clase baja; pobre, pero currante. Estoy tallando piedra… Estoy haciendo mi parte, por pequeña que sea, para complacer a los dioses y conseguir llegar a la vida después de la muerte. No vivo para verla acabada. Tuve un accidente y fallecí antes. Acabo de ver una imagen y sé que se trataba de esa famosa de la que todo el mundo habla. Estuve ahí en sus inicios.

---

17. Martell, H. M. (1995). *The Kingfisher Book of Ancient World from the Ice Age to the Fall of Rome*, 31. Kingfisher Laurousse Kingfisher Chambers.

18. Marchant, J. (2021 de julio). *Inside the Tombs of Saqqara: Dramatic New Discoveries in the Ancient Egyptian Burial Ground*. Smithsonianmag.com. Recuperado de https://www.smithsonian-mag.com/history/inside-tombs-saqqara-180977932/

Las pirámides en general comenzaron a aparecer por todo el mundo en una época en la que la comunicación con el pueblo vecino, y ya no digamos con los habitantes de la otra punta del mundo, era complicada, si no imposible. ¿Alguna vez te has preguntado si viviste durante una época en la que ayudaste a construir una pirámide o, tal vez, viviste cerca de una después de su finalización? El siguiente ejercicio te dará la oportunidad de explorar esa idea de primera mano.

EJERCICIO:
Viaje a la pirámide

Ve a tu lugar cómodo, siéntate, llama a tus ángeles y guías, y cierra los ojos. Permite que una luz curativa te bañe desde la cabeza a los pies. Rodéate de una burbuja de luz dorada y sanadora, y ten presente que estás a salvo y seguro y que solo lo que es mejor para ti puede atravesar ese muro de luz protectora.

Fíjate en la puerta frente a ti. Dentro de un momento, cuando cuente hasta tres, la abrirás; solo que, cuando lo hagas, en vez de adentrarte en tu espacio sacro, te reunirás con tu guía en el interior de una pirámide antigua donde te sentirás a salvo y tranquilo. ¿Preparado? Uno, dos y tres; abre la puerta y da un paso al interior de la pirámide. Fíjate en que tu guía está ahí para recibirte mientras tú echas un vistazo alrededor. Repara en lo que repares, ve lo que veas, oye los sonidos de esta estructura sagrada y fíjate en cómo te sientes ahí. Permítete estar completamente relajado y en paz.

¿Qué pirámide estás visitando hoy? Lo primero que se te venga a la mente. ¿Qué parte del mundo estás visitando? ¿Tienes idea de en qué año? Mientras recabas información sobre la pirámide, permítete caminar o flotar por el interior hasta donde puedas observar los detalles de este lugar. ¿Hay más gente allí aparte de ti y de tu guía? De ser así, ¿quiénes son? Continúa desplazándote a través del espacio y, mientras lo asimilas todo, imagínate que sabes si ya has estado en este lugar en una vida anterior o no. De ser así, comprende por qué esa vida fue importante, y si no, deja que tu guía te explique por qué tu alma decidió visitar esta pirámide en este momento de tu vida. También podrías percibir cualquier energía beneficiosa y sanadora para ti, así que recíbelas ya.

(Haz una pausa).

Cuando estés listo, toma a tu guía de la mano, gírate y camina o flota por la pirámide de regreso a la puerta por donde entraste. Dale las gracias a tu guía por ayudarte hoy. Pregúntale cualquier cosa que necesites y luego despídete y atraviesa la puerta por la que llegaste al principio. Ve allí, a donde comenzaste, ya. Relajado y en paz, cuando cuente desde tres, regresarás. Tres, siente las energías alentadoras de la pirámide y permite que ese sentimiento permanezca hoy contigo; dos, aún estás rodeado por esa luz dorada y protectora; uno, anclado, centrado y equilibrado; ¡has vuelto!

Apuntes de diario: Viaje a la pirámide

Prepárate para escribir unas cuantas ideas en tu diario.

1. ¿Qué pirámide has visitado?
2. ¿Dónde estaba esa pirámide?
3. ¿Qué año era?
4. ¿Era un lugar en el que estuviste en una vida pasada?
5. De ser así, ¿qué lecciones aprendiste en esa vida?
6. Si no, ¿por qué tu alma se ha sentido atraída por esa pirámide en particular?
7. ¿Has recibido alguna sanación tras haber explorado la pirámide?
8. ¿Has percibido a alguna otra persona a tu alrededor? ¿A quién?

Anota cualquier otra idea o pensamiento y añade la fecha.

En cualquier tipo de sanación de energías usando formas geométricas y sagradas, las pirámides pueden resultar beneficiosas a la hora de alinear los campos energéticos alrededor del cuerpo, así que espero que

tu alma haya recibido sanación y nueva información tras haber viajado
a la pirámide.

. . . .

Imperio Medio (2040-1550 a. C.)

Antes del comienzo del Imperio Medio, Egipto atravesó algunos tiempos complicados que pusieron fin al Imperio Antiguo. Además de los conflictos políticos, el Nilo no se desbordó, por lo que el hambre se extendió por todo el territorio. Estos sucesos llevaron a una especie de época oscura en Egipto conocida como el Primer Periodo Intermedio. La reunificación de Egipto por el faraón Mentuhotep II por fin dio lugar a un nuevo amanecer y a un Imperio Medio que permitió expandirse al comercio y ofreció la oportunidad de prosperar económicamente. Se construyeron muchos templos durante esta época. Un hombre mencionó brevemente su trabajo durante un periodo de reunificación que podría remontarse a este periodo histórico:

Estoy flotando sobre el Nilo, transportando bienes a una nueva región gracias a los líderes que reunificaron Egipto. Vendo grano, artesanía y ropa.

———————

Al Imperio Medio se lo ha denominado la Edad Feudal mientras Tebas ganaba poder sobre el norte[19]. A continuación, compartiré un extracto de una sesión que hice con Cynthia, que experimentó un episodio de supretrovia durante su viaje a Egipto y al Valle de los Reyes, ubicado cerca de la antigua Tebas:

———————

19. Breasted, J. H. (1905). *A History of Egypt: From the Earliest Times to the Persian Conquest*, 145-147. C. Scribner's Sons.

Desde que regresé, he tenido momentos donde estoy haciendo algo, como fregar los platos, o incluso una vez ocurrió mientras estaba en el trabajo, sentada al escritorio. Un momento estoy bien y al siguiente, estoy pensando en esos barrancos enormes cerca del Valle de los Reyes y el corazón se me acelera. Siento que no puedo respirar y tengo miedo..., mucho miedo de algo, pero ni idea de qué.

———————

La situación de Cynthia es otro buenísimo ejemplo de por qué no siempre hace falta una regresión para descubrir dónde estuviste en vidas pasadas. La regresión, no obstante, puede servir como herramienta para sanar. Cynthia decidió someterse a una regresión completa para llegar al origen de esa sensación de temor y, durante la sesión, consiguió acceder a la fuente de ese miedo irracional:

Estoy caminando y transportando algo. Formo parte de una larga fila de personas que marchan a través del desierto. Soy una de las constructoras de las tumbas. Sirvo a mi amo y sé que ese es mi destino en la vida, así que estoy contenta porque así lo dictan mis creencias religiosas, pero físicamente estoy sufriendo. Soy una mujer adolescente. Soy débil y frágil en comparación con los demás. Tengo la boca parcheada y cortes y moratones por todo el cuerpo a causa del esfuerzo y el trabajo. Mis padres y dos hermanas pequeñas también están allí. Todos estamos agotados y a punto de desplomarnos del hambre y, sobre todo, de sed, pero no hay elección; esta es nuestra labor. Una de mis hermanas me resulta familiar, pero no sé.

(Ahoga un grito). ¡Ay, no! A mi padre le cae encima una roca que se ha desprendido del risco. Le ha golpeado la cabeza y se está muriendo en la carretera. Estoy gritando que alguien nos ayude, pero todos siguen caminando. Nadie nos mira siquiera. No les importa. Bueno, no, eso no es verdad. Sí que les importa,

pero no pueden hacer nada. Si se detienen, morirán. Servimos fervientemente al faraón y no podemos parar. Parar es sinónimo de morir. Mi madre está llorando. Mis hermanas menores están llorando y hemos parado. Los demás nos pisan un poco, pero nos levantamos y seguimos adelante. Al fin y al cabo, la vida no es larga. La miseria se me viene a la mente. La lección es recordar que el trabajo está por encima de uno mismo.

Durante cualquier regresión, la gente sale más beneficiada cuando relaciona cómo afectan esos sucesos pasados a su vida actual. Y, en el caso de Cynthia, los remanentes de ese terrible incidente le acarrearon energías residuales que necesitaba sanar.

Estoy agotada y tan estresada todo el tiempo, pero sigo adelante, incluso en detrimento mío, para ayudar a los demás. Creo que ayudar es bueno, pero cuando se está tan agotado, al final, no eres capaz de ayudar a nadie y hasta podrías llegar a herirlos por culpa de ese cansancio.

La regresión le abrió los ojos a la fuente del problema, y una vez lo descubrió, se desconectó de todas las energías indeseadas del pasado y visitó un lugar pacífico en el futuro de su vida actual donde implementó algunos cambios positivos:

Me veo a mí misma dentro de unos meses. Estoy con mi familia en un pícnic, solo que en vez de cocinarlo todo yo misma, lo he comprado para poder pasar más tiempo disfrutando de mis hijos. Estoy más tranquila y descansada. Siento que ahora soy mejor madre. Ya no les respondo con tanta brusquedad como antes.

Cynthia usó mi técnica favorita de cortar el cordón con toda influencia indeseada. Tendrás la oportunidad de hacerlo tú también más adelante en el libro. ¿Quién iba a decir que un viaje a Egipto pudiera cambiar tanto la dinámica de una familia? ¡Todo es posible!

Hacia el final del Imperio Medio, una sucesión de líderes incompetentes llevó al gobierno del antiguo mundo a ser conquistado por un grupo llamado los «hicsos», lo que dio lugar al Segundo Periodo Intermedio. Los eruditos creían que el recién formado gobierno hicso, que duró aproximadamente desde 1638 hasta 1530 a. C., incluyó a invasores extranjeros; sin embargo, hay nuevos indicios científicos que sugieren que esa teoría se equivoca. Tras probar los componentes químicos de los dientes, se descubrió que estos supuestos militantes compartían la misma estructura química dental que los residentes originales de esa área, así que en vez de ser extranjeros los que invadieron la zona, los científicos ahora creen que la toma provino de una revuelta interna de inmigrantes. Una vez más, gracias a la ciencia estamos descubriendo que el pasado no fue como pensábamos en un principio[20]. El siguiente caso práctico me hace preguntarme si esa alma pudo haberse encontrado atrapada en la confusión de esa remota época de anarquía y agitación.

Estoy en Egipto, pero soy un forastero. La gente está celebrando en la calle, pero algunos están enfadados. Me encuentro en un mercado y un grupo de personas me rodea y me ordena que les entregue mi bolsa. Debería haberles hecho caso, pero no lo hice. Me mataron. Veo que están jaleando mientras yo floto por encima de mi cuerpo.

---

20. Machemer, T. (2020, 17 de julio). *New Research Reveals Surprising Origins of Egypt's Hyksos Dynasty: An Analysis of Ancient Tooth Enamel Suggests the Enigmatic Ancients Were Immigrants, Not Invaders.* Smithsonianmag.com. Recuperado de https://www.smithsonianmag.com/smart-news/first-foreign-takeover-ancient-egypt-was-uprising-not-invasion-180975354/

Lo triste es que a esas personas que acabaron convirtiéndose en ciudadanos de Egipto se las trató de un modo horrible. Es fácil considerar a otros como forasteros solo porque no comparten nuestro pasado o nuestras creencias culturales. Una vez las personas llegan a un área, se convierten en parte de su nueva civilización, y su ADN termina mezclándose con el de esa sociedad. Tristemente, hoy día seguimos enfrentándonos a problemas similares, lo cual indica que podríamos tener más en común con las antiguas civilizaciones de lo que hubiéramos imaginado nunca.

Aunque las cosas ahora no sean tan extremas como debieron de haberlo sido en el antiguo Egipto, todas las personas a lo largo de la historia se han encontrado periódicamente en situaciones donde debieron esforzarse por encajar, que es en lo que indagaremos con el siguiente ejercicio.

EJERCICIO:
Encajar en tiempos de cambio

Acomódate en tu espacio sacro. Cierra los ojos y relájate. Respira. Permite que una luz cariñosa te ilumine desde la cabeza y baje por tus brazos y a través de tu cuerpo hasta llegar a las piernas y los pies. Siente que esa luz te libera de todas las tensiones mientras te acoge en su protector abrazo. A la cuenta de tres, abrirás la puerta que ya has cruzado en otras ocasiones. Uno, dos y tres; ábrela y entra flotando a tu lugar especial. Saluda a tu guía. Imagina que te está mostrando un sillón cómodo o un sitio donde puedes sentarte y hablar con él. Siéntate y relájate con esa maravillosa energía. Comparte con tu guía que hoy te gustaría saber más cosas sobre las épocas en la historia de tu alma en las que tuviste que esforzarte por encajar en un grupo o una situación. Tómate un momento y permite que tu guía te cuente sobre esta experiencia, te muestre imágenes o comparta contigo un conocimiento interior sobre cualquier situación pasada en la que tu alma experimentó el hecho de tener que encajar con otros.

Tómate todo el tiempo que necesites para fijarte en aquello que quieres descubrir.

(Haz una pausa).

Muy bien. Dale las gracias a tu guía por ayudarte hoy. Cuando estés preparado, ponte de pie y camina o flota de nuevo hacia la puerta. Sal por donde viniste y llega hasta donde comenzaste sintiéndote despierto, renovado y mejor que nunca. Cuando cuente desde tres, regresarás. Tres, dos y uno: ¡has vuelto!

Apuntes de diario: Encajar en tiempos de cambio

Saca el diario y escribe algunas anotaciones sobre la experiencia.

1. ¿Te mostró tu guía una época en la que necesitaste encajar?
2. ¿Cuándo fue? ¿Sabes qué fecha era?
3. ¿Qué tuviste que hacer exactamente para encajar?
4. ¿Eso que hiciste iba en contra de tus creencias? De ser así, ¿hiciste algo en consecuencia?
5. ¿Cómo puede ayudarte esta información en tu vida actual?

Podría haber numerosas ocasiones a lo largo de la historia de tu alma, e incluso en la misma vida actual, en las que has necesitado encajar con otros. Forma parte de la naturaleza humana. Sería buena idea que separases este viaje con un marcapáginas para consultarlo más rápidamente en un futuro porque, cada vez que explores esta área, lo más seguro es que aflore información nueva.

....

Imperio Nuevo (1532-1070 a. C.)

El Imperio Nuevo fue una de las épocas más prósperas y productivas que haya habido en la larguísima historia de Egipto. Los relatos de vidas pasadas en el área de lo que hoy sería Luxor, en el corazón de la antigua Tebas, son bastante comunes. Cuando visité Luxor y Tebas en el 2000 me enamoré del lugar, y muchos de mis clientes sienten lo mismo, ya hayan estado allí en persona o tras haber visto un documental sobre esa increíble área.

Durante el Imperio Nuevo, el pueblo de Deir el-Medina alojó a escribas educados y a artesanos que decoraron y construyeron las tumbas del faraón. ¿Podría ser que estas personas describieran ese mismo lugar?

> *Soy artista. Trabajo dibujando y decorando las tumbas. Tut ha muerto y he de ponerme a trabajar. Muero bajo una avalancha de arena, un accidente con algunas de las personas que están construyendo la zona. Me veo atrapado debajo y muero aplastado. Estoy flotando sobre mi cuerpo, muy decepcionado por no poder continuar.*

Otra persona relató lo siguiente:

> *Soy artesano y tallo objetos sagrados para la tumba del faraón: amuletos con forma de escarabajo.*

————————

El Imperio Nuevo llegó a su fin tras la muerte del faraón Ramsés XI. Durante el denominado Tercer Periodo Intermedio, desde la dinastía decimoctava hasta la vigésima, los sacerdotes poderosos dedicados al dios Amón ejercieron un impresionante poder político y económico sobre el resto de la sociedad[21]. Al aprovecharse de su posición, la corrupción estaba a la orden del día. No todos eran malos, pero la

————————

21. Broekman, G. P. F. (2010). «The leading Theban Priests of Amun and Their Families Under Libyan Rule», *The Journal of Egyptian Archaeology,* nº 96, 125-148. Recuperado de http://www.jstor.org/stable/23269760

simple avaricia de unos pocos creó una situación horrorosa para la mayoría.

Soy sacerdote de Amón en Tebas. Lo he sido durante muchos años y he visto muchos cambios. Cuando era novicio, trabajé junto a un mentor que ya ha fallecido. El faraón seguía vivo por aquel entonces, pero ahora ya no está. Otro sacerdote ostenta el poder y no hay nadie a cargo de la gente aparte de nosotros. La población busca guía y consejo en nosotros. Es una época peligrosa. No hay orden. La gente pasa hambre y las antiguas costumbres han desaparecido.

Se están desatando guerras. Hay lucha por el poder. Yo no estoy al mando y en realidad no tengo voz ni voto en nada de esto. Hago todo lo que puedo por la gente, pero ahora me doy cuenta de que eso no sirve de nada cuando hay tantos avaros de poder a tu alrededor. Algunos de los que quieren tomar el poder me ven como el enemigo. Aunque no he hecho nada para enfadar a esa gente, tengo muchos enemigos. Ahora estoy en mi último día de vida y me veo tumbado en una cama. Estoy enfermo, muy enfermo. Me duele el estómago y me desvanezco poco a poco. Alguien me ha envenenado.

Los robos y los profanamientos de tumbas también estaban a la orden del día.

Soy un ladrón de tumbas de la zona de Tebas. Aquí las cosas están muy agitadas. Sé que no debería hacerlo, pero entré con unos amigos que me pidieron que fuera a saquear con ellos. No está bien, eso lo entiendo, y soy consciente de lo que los dioses podrían hacerme, pero decidí probarlo una vez y me encantó. No puedo evitarlo y al final termino llevándome bastantes cosas. Nos hacemos con el oro, las gemas y las estatuas fuera de esa área y se las vendemos a gente con contactos en otros lugares. También ganamos mucho dinero, pero no podemos contárselo a nadie,

114 VIDAS PASADAS EN TIERRAS ANCESTRALES Y OTROS MUNDOS

claro. Vaya, si mis padres se enterasen de lo que hago, se morirían del disgusto. Somos de una cultura muy tradicional; no nos gustan los cambios y a nadie le gusta los ladrones. Esto en realidad se aplica a mi vida actual. Me convertí en guardia de seguridad de un banco. Y no, jamás he robado a nadie en esta vida. Aprendí la lección en Egipto, pero sí que tengo madera para proteger a la gente porque entiendo cómo piensan estos delincuentes. Nunca pensé que fuera porque, una vez, yo también fui uno. ¡Qué raro!

———————

Al acabar el Tercer Periodo Intermedio dio comienzo el periodo tardío de Egipto en el año 525 a. C., cuando los persas se hicieron con el poder y gobernaron hasta que Alejandro Magno conquistó el Imperio persa y liberó a Egipto en el 331 a. C. Alejandro Magno, también conocido como Alejandro III de Macedonia, conquistó gran parte del mundo conocido y cambió el curso de la historia para toda la humanidad[22]. Hasta ahora, en cuanto a regresiones, no cuento con ningún caso práctico de nadie que haya declarado haber vivido durante el periodo tardío, tal vez porque el declive de Egipto representa un episodio triste en la espectacular historia del desarrollo de la humanidad. Sí que tengo relatos de personas que se encontraron con Alejandro Magno. Echaremos un vistazo a esos en nuestro próximo capítulo sobre Grecia. Aun así, quería mencionar brevemente el periodo tardío porque nunca se sabe, ¡puede que tú hayas estado allí en una vida anterior!

———————

22. Mark, J. J. (2016, 12 de octubre). *Late Period of Ancient Egypt*. World History Encyclopedia. Recuperado de https://www.worldhistory.org/Late_Period_of_Ancient_Egypt/

Dinastía ptolemaica (305-30 a. C.)

La Dinastía ptolemaica describe el gobierno griego sobre Egipto, que duró hasta que los romanos tomaron el poder. Todos los faraones de esta época fueron descendientes directos de Alejandro Magno, incluyendo la más famosa de todos, Cleopatra. Durante los inicios de mi carrera, ¡regresé a nada menos que seis Cleopatras en Dallas (Texas)! Me he topado con tantas que ya hasta se ha convertido en una especie de broma. No cabe duda de que no hay ningún otro monarca vivo de cualquier cultura antigua que genere tantísima adoración como la última faraona de Egipto. La triste historia de Cleopatra ha capturado el corazón y la mente de muchos, y eso queda reflejado en muchas de las regresiones:

Estoy en un templo de sanación. Cleopatra está allí con su séquito rindiendo homenaje a los dioses. Hay música, bailes, bebidas. Alguien me ofreció cerveza, pero yo la rechacé. Estoy intentando ascender a una frecuencia más alta. Quiero sentirme uno con los dioses. Veo a otros que han alcanzado el nivel de desarrollo espiritual que yo aspiro a tener, pero aún no lo he conseguido. Espero poder hacerlo algún día. Por ahora sigo venerando y rezando.

Lo que me fascinó sobre la regresión anterior fue la descripción del templo. Hay indicios sobre la antigua ciudad de Canopo en el mar más allá de Alejandría. Los arqueólogos submarinos encontraron increíbles ejemplos de estructuras antiguas y las han reproducido en tres dimensiones para dar vida a la ciudad para los eruditos modernos. Durante su vida, Cleopatra fue a Canopo para venerar a los dioses, ¿y quién puede decir si esta persona estuvo allí o no? Está claro que es algo interesante sobre lo que reflexionar. Emprendamos un viaje para conectar con Cleopatra.

EJERCICIO:
Conecta con Cleopatra

Ve a tu espacio sacro, llama a tus queridas deidades que deseen acompañarte hoy y cierra los ojos. Arroja una luz blanca y pura desde tu cabeza y que bañe tu espalda, tus piernas. Cierra los ojos. Rodéate de una luz dorada. Mientras lo haces, fíjate en que flotas a través de la puerta y entras en un lugar sagrado. Tómate un momento para saludar a tu guía y, mientras lo haces, una figura se está aproximando para saludarte. Es Cleopatra, la antigua faraona de Egipto. Salúdala e imagínate que puedes preguntarle cualquier cosa que quieras. Tómate un momento y hazlo. Permite que te aporte información útil sobre lo que más te conviene en esta vida.

(Haz una pausa).

Muy bien. Dale las gracias a Cleopatra por acompañarte hoy y camina o flota de vuelta a través de la puerta por la que has entrado. Despídete de tu guía mientras cierras la puerta a tu espalda y regresas al mundo real. Tres, dos, uno... ¡has vuelto!

Apuntes de diario: Conecta con Cleopatra

Coge tu diario y responde a las siguientes preguntas:

1. ¿Qué te ha parecido el hecho de conocer a Cleopatra?
2. ¿Qué te ha dicho?
3. ¿Has sentido que estuvieras conectado a ella de algún modo?
4. ¿Cómo puede ayudarte la información que ha compartido contigo en tu vida actual?
5. ¿Qué te ha mostrado o enseñado sobre Egipto?

Ojalá estuvieras aquí conmigo para poder preguntarte por todo lo que has experimentado en el ejercicio. ¡Espero que te lo hayas pasado bien en este viaje conociendo a Cleopatra!

....

Lugares de interés

Alejandría

La ciudad situada en la costa del mar Mediterráneo denominada así por Alejandro Magno. Fue considerada la ciudad más grandiosa del mundo antiguo, donde se erigían la afamada biblioteca y el faro. Los arqueólogos se encuentran ahora excavando el que creen que es el lugar de reposo del cuerpo de Alejandro.

Asuán

File es una isla de gran importancia cerca de la presa de Asuán. La mayoría de las estructuras que siguen en pie fueron construidas durante la dinastía ptolemaica. El famoso templo de Isis es parada obligatoria.

El Cairo

Visita las pirámides de Guiza, el Museo Egipcio de El Cairo, los mercados y los zocos.

Heliópolis

La ciudad del Sol donde los ciudadanos veneraban a famosos dioses y diosas, incluidos Osiris e Isis, está ubicada en un suburbio al norte de la ciudad de El Cairo.

Hermópolis

Desde el sur de El Cairo hasta la orilla oeste del Nilo, los antiguos habitantes veneraban a oscuras deidades de la creación denominadas la «Ogdóada»: cuatro deidades masculinas con cabeza de rana acompañadas de sus homólogas femeninas con cabeza de serpiente. Fueron veneradas durante la dinastía ptolemaica.

Luxor

Viaja al sur para visitar la impresionante ciudad antigua de Tebas; visita el Valle de los Reyes, las tumbas de los faraones y el templo funerario de Hatshepsut.

Menfis

Ubicada cerca de El Cairo moderno y la pirámide escalonada de Zoser en Saqqara, donde unos descubrimientos arqueológicos recientes han revelado una impresionante necrópolis con montones de tumbas y momias de gatos. El dios creador Ptah, su consorte Sejmet, y su hijo Nefertum componían la tríada de Menfis, venerados durante los inicios de la dinastía ptolemaica y a los que se le atribuye la creación del universo.

Saqqara

La pirámide escalonada de Zoser ahora está abierta a los turistas que visiten Egipto. Para los que prefieren no salir de casa, recomiendo encarecidamente la nueva serie *Tomb Hunters*, «Cazadores de tumbas» en español, del Smithsonian Channel. La serie documenta descubrimientos de tesoros sin precedentes enterrados en la ciudad y en los alrededores. En la sección de recursos te dejo el enlace.

Tebas

La Luxor moderna junto al Valle de los Reyes contaba con una espléndida civilización que veneraba al dios Amón y a su homóloga Mut.

Conclusión

Hay muchos egipcios reencarnados en los tiempos modernos. Nos hemos reunido colectivamente durante esta época tan importante de la historia por una razón. Estamos experimentando un renacimiento cultural en nuestra propia época moderna, así que ¿qué mejor manera de explorar nuestro extenso futuro que a través de los recuerdos de nuestra alma de una de las mayores civilizaciones de la Tierra?

6

Grecia y las civilizaciones del Egeo

7000 HASTA 197 A. C.

Los restos de semillas del año 1000 a. c. hallados en la Cueva Franchthi de Grecia insinúan que los humanos ocuparon esta región antes de lo que creíamos[23]. Tal vez no haya otra civilización en la Tierra que haya inspirado a la cultura occidental tanto como Grecia. Rememorando estos últimos años, me doy cuenta del gran impacto que ha tenido Grecia en el viaje de mi vida actual. Visité Grecia, Egipto y Turquía en un breve *tour* en el año 2000. El viaje empezó con el vuelo a Atenas, donde hice escala durante varias horas antes de dirigirme a El Cairo. En lugar de esperar en el aeropuerto, decidí coger un taxi e ir a la playa. Jamás olvidaré la sensación de pisar esas duras piedras y meter los pies en el mar helado. Sentí como si hubiera vuelto a casa. Tras visitar Egipto durante aquel verano abrasador, cuando volví a Atenas, aquella sensación de familiaridad ya se

---

23. Hansen, J. (1978, 1 de enero). «Palaeolithic. Neolithic seed remains at Franchthi Cave, Greece». *Nature*. Recuperado de https://www.nature.com/articles/271349a0?75e9a594-4803-44c8-8911-d0485e89b662

había disipado y había dejado paso a otra de gratitud por la bajada de temperaturas.

Por aquel entonces no creía que fuera a tener la oportunidad de regresar a Grecia. ¡La vida está llena de sorpresas! Una vez la pandemia global de 2020 empezó a disminuir un poco, Grecia fue una de las primeras naciones que dio la bienvenida a los turistas tras el largo periodo de aislamiento. Yo no me pude resistir y me embarqué en un crucero durante una semana, sobre todo sabiendo que por aquel entonces iba a estar enfrascada escribiendo este libro. Agradezco muchísimo el viaje, ya que, cuando visité el país por primera vez, aún no había descubierto mi vocación por las regresiones a vidas pasadas, por lo que mi punto de vista se ha expandido considerablemente desde aquel primer viaje. He descubierto muchos lugares favoritos nuevos y he vuelto a un par que me encantaron en su momento.

Las civilizaciones griegas y del Egeo conforman muchísimas áreas fascinantes que los clientes me han estado describiendo a lo largo de los años. En este capítulo echaremos un vistazo a varias:

1. *Supretrovia en Grecia:* Gracias la popularidad de Grecia como destino turístico, he ayudado a regresar a bastantes personas que han experimentado recuerdos espontáneos de vidas pasadas tras viajar allí.
2. *La civilización minoica:* Hablaremos de la influyente civilización que surgió en Creta.
3. *Guerreros y batallas:* El entrenamiento militar y la preparación para la batalla eran aspectos importantes de la cultura griega. En esta sección exploraremos casos de tiempos antiguos en guerra, incluyendo la civilización micénica, los espartanos y también encuentros con Alejandro Magno.
4. *Sanación y misticismo:* Los clientes comparten recuerdos de una Grecia más mística.
5. *Amistades con filósofos:* Muchos clientes cuentan historias donde se pasean con algunos de los pensadores más famosos e influyentes de la historia.

Grecia es una de las maravillas del mundo antiguo y explorar su rica historia es algo común durante las regresiones debido a la enorme influencia que han tenido el arte y la filosofía griegos en todo el mundo.

Supretrovia en Grecia

Viajar es una de las principales formas de experimentar espontáneamente recuerdos de otras vidas pasadas. Al reflexionar sobre lo antigua que es Grecia y lo mucho que ha influido su cultura en la formación de la civilización moderna, no es de extrañar que emerjan recuerdos de vidas anteriores si viajas a esas islas impresionantes.

Conozco este lugar. Lo vi cuando viajé a Grecia y Creta hace años. Es el Palacio de Cnosos. Me resultó familiar, y aquí estoy. Trabajo como artista en este precioso palacio. Mi labor es complacer al rey con cuadros, estatuas, formas curvas de metal y trabajos manuales que trocamos con otras tierras. Ahora estoy ocupado porque se va a celebrar un festival. Se sacrificará a un toro. Los sacerdotes me están presionando para que acabe el trabajo con las herramientas ceremoniales. Aquí soy el responsable, mucha gente trabaja para mí. Les aviso de que hay que trabajar más deprisa, pero la velocidad no importa. Todo debe hacerse devotamente y con gran precisión. Es lo que requieren los dioses. En esta vida sigo trabajando en el ámbito del arte y, al igual que en aquellos días, me presionan para crear obras bajo demanda. Crear es parte del propósito de mi alma. Tengo la suerte de saber que lo que creo se está usando; muchos artistas, no. Ahora trabajo en un colegio municipal como profesor de arte. Los niños usan las cosas que creo como modelo para dar forma a distintos cuadros. No siento la misma presión que por aquel entonces, pero sí que tengo que cumplir plazos. Si, por ejemplo, imparto una clase de técnicas mixtas, tengo que crear ejemplos para mostrárselos. Normalmente dono los cuadros a organizaciones benéficas o a los alumnos que los quieran. Supongo que podría conservarlos, pero creo que eso también lo he heredado de por aquel entonces. El arte es significativo. Debería usarse y, al igual que cualquier otro tipo de ventura, no se puede reprimir ni guardar para más tarde. ¡Hay que transmitirle luz al mundo! Yo lo hago a través del arte.

Ya experimentaras supretrovia en Grecia o en otra parte del mundo, mi investigación sugiere que a todos nos vienen imágenes de nuestras vidas pasadas. En este ejercicio tendrás la oportunidad de indagar en los detalles de ese lugar que te resultó extrañamente familiar y de descubrir más cosas sobre la conexión que guarda tu alma con ese sitio.

EJERCICIO:
Experiencias de supretrovia

Relájate en tu espacio familiar y cierra los ojos durante un momento. Inhala paz y exhala las tensiones. Mientras te relajas y respiras, permite a tu subconsciente recordar momentos del pasado en los que visitaste un lugar nuevo o viste algo interesante en televisión que te produjo una sensación de familiaridad. Si no eres capaz, permítete recordar si alguien te habló de un viaje o de algún objeto que te llamara la atención. Tómate un momento para dejar que los pensamientos emerjan. Mientras lo haces, siente la preciosa luz que conoces recorriéndote el cuerpo, sanando y relajándote más, y ayudando a que las imágenes o sensaciones aparezcan fácilmente en tu mente.

(Haz una pausa).

Cuando estés listo y lo tengas en mente, seguirás sintiendo la luz curativa mientras te rodea como un escudo protector. Recuerda que dentro de esa luz te sentirás fortalecido. Fíjate en la puerta frente a ti. Camina o flota a través de ella y entra en tu espacio sacro. Mira en derredor; siente una paz fantástica recorrerte el cuerpo mientras tu guía se reúne contigo.

Si lo necesitas, pídele a tu guía que te ayude a recordar otros lugares, cosas o detalles que debas conocer en este momento. Dile a tu guía que te gustaría regresar a la época en que encontraste ese lugar o cosa por primera vez. Toma a tu guía de la mano. Ambos os elevais más y más, hacia las nubes. Cuanto más alto subes, más relajado te sientes. Ahora estás flotando sobre un haz de luz que representa el tiempo. Estás flotando sobre el día de hoy. Desvía la mirada hacia tu pasado, aún de la mano de tu guía. Ambos os dirigís flotando a la primera vez que tu alma se fijó en el lugar u objeto sobre el que has preguntado hoy. Cuando cuente hasta tres, llegarás allí. Uno, retrocede flotando en el tiempo; dos, más y más atrás, casi estás; y tres, has llegado. Desciende flotando sobre ese suceso. Ve allí, ya.

¿Dónde estás? ¿Qué año es? Avanza en los sucesos hasta llegar al lugar o cosa sobre la que preguntabas hoy. Tómate tu tiempo para observar todo lo que puedas.

(Haz una pausa).

Muy bien. Llévate esa energía e información contigo mientras flotas más y más arriba, hacia las nubes. ¿Qué lecciones has aprendido gracias a esa experiencia anterior? Muy bien. Ahora imagina que puedes trasladarte flotando de esa época remota hasta hoy. Hazlo ya y flota sobre el presente. Todavía de la mano de tu guía, ambos descenderéis por las nubes y aterrizaréis desde donde partisteis, en tu precioso espacio. Tómate un momento para darle las gracias a tu guía. Date la vuelta y regresa a donde comenzaste el viaje.

Sigues rodeado de luz curativa y, cuando cuente desde tres, volverás. Tres; dos, procesa los descubrimientos de hoy en tus sueños esta noche para integrar esta nueva energía y conciencia a tu vida; y uno, ¡has vuelto!

Apuntes de diario: Experiencias de supretrovia

Saca tu diario y anota las respuestas.

1. ¿Qué lugar u objeto querías explorar?
2. ¿Adónde has viajado?
3. ¿Has visitado el lugar que querías?
4. ¿Has encontrado las respuestas acerca de esa época o lugar?
5. ¿Qué lecciones has aprendido allí?
6. Si no fuiste a donde pretendías, ¿por qué no? ¿Qué has ganado después de visitar ese otro sitio?
7. ¿Qué información ha compartido tu guía contigo?

Dado que la supretrovia podría sucederte en cualquier lugar o momento, este es un ejercicio que convendría repetir si vuelves a experimentarla en el futuro. Esas influencias externas ocurren tras toparse con situaciones familiares que nos recuerdan a nuestras vidas pasadas.

. . . .

La civilización minoica

Todo sugiere que los primeros agricultores ocuparon la isla de Creta en el 7000 a. C., convirtiéndola en uno de los primeros asentamientos del Neolítico en la región del Egeo[24]. Los minoicos adquirieron protagonismo entre los años 3000 y 1450 a. C. Durante mi último viaje a Grecia visité el Palacio de Cnosos, mencionado en el caso de la última sección acerca de la supretrovia. Cnosos tenía un laberinto dedicado al legendario rey Minos. Este lugar es donde se originó el medio hombre medio toro denominado Minotauro.

A menudo encontramos casos de regresiones a vidas minoicas porque Cnosos se ubica en la preciosa isla de Creta y mucha gente visita el palacio, enclavado en una hermosa zona montañosa. Las paredes están adornadas con columnas de un rojo brillante y cuadros de los primeros

---

24. Evely, D., Hughes-Brock, H. y Momigliano, N. (1994, 31 de diciembre). *Knossos: A Labyrinth of History*. British School. Atenas.

humanos. Las estructuras se erigen en un bonito valle rodeado por un gran bosque, así que no cuesta entender por qué este sería el lugar perfecto para levantar una ciudad, teniendo en cuenta la protección de las montañas circundantes. En particular Creta y Cnosos transmiten unas vibraciones maravillosas. Recuerda, eso sí, que cada uno reacciona a los lugares de manera diferente. Yo sentí que en el pasado pude haber vivido una muy buena vida allí. Puede que a ti no te atraiga el lugar para nada. Por eso resulta tan interesante. Dicen que todo es relativo y en las regresiones eso es totalmente cierto. Una mujer reaccionó a Creta de forma muy diferente al recordar las calamidades y los desastres naturales del periodo más remoto de los minoicos, y aunque al principio le gustaba la zona, lo que no disfrutó fueron las tormentas que se desataron posteriormente.

Una tormenta enorme se acerca por el mar. El viento ulula. Tengo dos hijos pequeños y su padre se ha ido de caza. Tengo miedo, aunque ya hemos visto antes tormentas como esta. ¿Qué vamos a hacer? Rezo por que sobrevivamos. Me apiño en torno a los niños para pasar la noche y recuerdo sentirme muy aliviada por la mañana al haber sobrevivido. Ahora la tierra tiembla, el suelo se agrieta bajo nuestros pies. Pego a mis niños a mi cuerpo, pero en un instante el más allá nos absorbe. De pronto me siento desconectada de mi cuerpo, pero sigo buscando a mis hijos. No los siento aquí, y eso es lo que más me duele.

Aproximadamente en el 1400 a. C. la Creta minoica desapareció de la historia. Los eruditos creen que la erupción volcánica devastadora de Thera, lo que hoy se considera Santorini, entre 1650 y 1600 pudo haber originado los terremotos y los tsunamis que destruyeron Creta[25]. ¿Esa clienta vivió allí durante su destrucción? Solo podemos especular.

---

25. Frawley, J. (s. f.). *The Eruption of Thera | Forbes and Fifth | University of Pittsburgh.* Recuperado de https://www.forbes5.pitt.edu/article/eruption-thera

Otro punto interesante sobre el caso anterior se relaciona con la forma tan distinta de responder de la gente a los lugares del mundo. A mí me encantó lo que Cnosos me transmitió y sentí que, de todos los sitios que visité durante mi último viaje a Grecia, fue el que más me llegó. Al contrario que mi clienta, yo no recordé haber vivido durante los cambios de esa área. De haberlo hecho, mi experiencia al visitar Creta habría sido bastante distinta.

Sin duda, las energías traumáticas de los acontecimientos que vivieron nuestras almas en vidas pasadas emergen generalmente durante las regresiones. Creo que nuestro yo superior lo hace a propósito, porque el objetivo principal de los viajes es hallar las áreas de nuestra vida que más necesitamos sanar. El alma ansía liberar esas energías para experimentar una mayor paz. En el caso anterior, llevamos a cabo una sanación en torno al momento. La clienta cortó el cordón vinculado a esa calamidad y nos aseguramos de que las energías restantes se transformaran en otras mejores y más positivas.

El caso es bastante interesante, sobre todo en contexto con lo que estamos aprendiendo acerca de esta cultura tan increíble. La civilización minoica sigue asombrando a los eruditos hoy día porque, según se dice, se esfumó de golpe. Apenas sabemos nada de esta gente tan increíble aparte del arte que dejaron atrás en las paredes del palacio. En parte se debe a que los minoicos desarrollaron un lenguaje escrito denominado Lineal A (precursor del Lineal B y del griego moderno), pero, hasta la fecha, nadie ha conseguido descifrarlo. La buena noticia es que los investigadores científicos han creado recientemente una nueva base de datos y creen que ya queda menos para descubrir qué significa la escritura Lineal A y qué tiene en común con las otras lenguas de la antigua Grecia[26]. Quién sabe qué avances se harán durante los próximos años. ¡Todo es posible! A continuación, realizarás un ejercicio de lo más divertido para conectar con antiguos minoicos, que te brindarán información y orientación.

---

26. Salgarella, E. (2022, 19 de mayo). *Aegean Linear Script(s): Rethinking the Relationship Between Linear A and Linear B* (New). Cambridge University Press.

EJERCICIO:
Viaje minoico

Relájate en tu sillón cómodo. Cierra los ojos mientras invitas a tus guías, maestros ascendidos y seres de luz a acompañarte a un viaje a la tierra de los minoicos. Arroja una luz blanca y curativa sobre ti, permite que te recorra la columna y el cuerpo y que te rodee con un escudo protector. Atraviesa la puerta especial y, esta vez, mientras lo haces, verás a tu guía y ambos os transportaréis a una preciosa tierra de antaño. Imagina que te reúnes con los minoicos para recibir información y sanación. Fíjate cómo es ese lugar. ¿Estás en una región montañosa o junto al mar? ¿Cómo te sientes? Observa la preciosa arquitectura y el arte. Comprueba si hay algo que te atraiga e imagina que un minoico viene a darte la bienvenida.

(Haz una pausa).

Cuando estés listo, agradece a los minoicos su hospitalidad. Tu guía y tú flotaréis a través de este escenario encantador y regresaréis a través de la puerta. Vuelve a donde has comenzado el viaje. Ve allí, ya. Rodeado por una luz acogedora, recuperarás la consciencia cuando cuente desde tres. Tres, dos, uno, ¡has vuelto!

Apuntes de diario: Viaje minoico

Escribe unas cuantas reflexiones en tu diario.

1. ¿Con quién te has reunido en el viaje?
2. ¿Cómo te has sentido al reunirte con esa persona?
3. ¿Qué información te ha dado o transmitido?
4. ¿Cómo era la zona? Si no has podido verla, ¿qué sensación has tenido?
5. ¿Qué lecciones has aprendido allí?
6. ¿Has sentido que estabas en un palacio como el de Cnosos o en una isla, junto al agua?
7. ¿Has sentido una conexión con la cultura o simplemente te ha resultado interesante?

Siento curiosidad por si lo que has descubierto durante este viaje podría demostrarse como cierto. Mientras tanto, seguiremos tratando de comprender mejor a esta maravillosa gente. ¡Buen trabajo!

. . . .

Guerreros y batallas

Hablemos del país que hablemos, las guerras y los conflictos se sucedieron continuamente a lo largo de la historia. Para los antiguos griegos, la guerra era una parte esencial de la sociedad. A continuación, echaremos un vistazo a algunos de los guerreros, batallas y conflictos griegos con los que tal vez te hayas encontrado en vidas pasadas.

Los micénicos

Antes hemos hablado de la desaparición fortuita de los minoicos. Lo normal es asumir que, cuando la gente desaparece, se debe a la guerra o a los desastres naturales. En el caso de los minoicos, puede que ambos influyeran. Cuando la gente reapareció en Creta, pasó algo extraño. La escritura minoica Lineal A desapareció y apareció la Lineal B, lo que sugiere que la civilización micénica conquistó Creta. Los minoicos y los micénicos siempre se habían considerado dos pueblos completamente distintos hasta que aparecieron pruebas que demostraron que sus ADN eran parecidos[27]. El descubrimiento reciente de una tumba de 3500 años de antigüedad que contenía los restos de un guerrero micénico enterrado con tesoros minoicos

---

27. University of Washington Health Sciences (2017, 2 de agosto). *Ancient DNA analysis reveals Minoan and Mycenaean origins*. Phys.org. Recuperado de https://phys. org/news/2017-08-civilizations-greece-revealing-stories-science.html

respalda la idea de que la gente del continente seguía las prácticas espirituales minoicas[28].

Pese a alfabetizarse a principios del segundo milenio, los griegos volvieron a la etapa prehistórica tras la caída de la civilización minoica en torno al 1200 a. C., con lo que el mundo griego vivió una era oscura hasta el 800 a. C.[29]. Durante ese periodo, la escritura Lineal B desapareció y no existen crónicas escritas. Los palacios y los asentamientos se destruyeron, tal vez debido a las guerras y las batallas constantes.

Estoy en alguna parte de Grecia y vivo en un pequeño asentamiento. Nos han dicho que recojamos nuestras cosas y nos preparemos. Tenemos que volver a luchar. Siempre luchamos por comida, tierras… Aquí no hay suficiente, así que o nos morimos de hambre o peleamos y morimos en el intento.

———

Los griegos se recuperaron con el tiempo y adoptaron un nuevo alfabeto en el siglo IX a. C., cosa que nos debería ayudar a entender el poder de la resiliencia humana.

Los espartanos

Hay muchos relatos de espartanos que demuestran que los jóvenes griegos nacían solo para luchar. La historia espartana más famosa aconteció en el año 480 a. C. en la Batalla de las Termópilas durante las guerras médicas. Trescientos espartanos frenaron a las fuerzas persas, redirigiéndolos

---

28. Lawler, A. (2021, 3 de mayo). «Rare Unlooted Grave of Wealthy Warrior Uncovered in Greece». *Adventure.* Recuperado de https://www.nationalgeographic.com/adventure/article/151027-pylos-greece-warrior-grave-mycenaean-archaeology

29. Violatti, C. (2022, 9 de octubre). *Greek Dark Age.* World History Encyclopedia. Recuperado de https://www.worldhistory.org/Greek_Dark_Age/

ingeniosamente hacia un valle estrecho antes de sucumbir al tercer día. Los persas terminaron arrasando Atenas y quemándola hasta los cimientos, pero no asumieron el poder, un hecho que se atribuyó a los espartanos. Si te interesa aprender más sobre esta famosa batalla, Hollywood presenta bastantes opciones, incluyendo la película *300* de Zack Snyder en 2006, que hace uso de unos efectos especiales espectaculares. Se pueden encontrar cascos espartanos y armaduras a la venta en tiendas de regalos de Atenas y en los alrededores de Grecia en una especie de homenaje moderno a los hombres que mantuvieron a salvo a su pueblo en la Antigüedad. Un hombre rememoró su vida pasada como guerrero griego en ciernes:

Estoy en la antigua Grecia. Soy un chaval y mi padre está entrenando con el ejército. Soy pequeño, pero me hace ir a cazar con él. Me enseña a pelear y se asegura de que sea lo bastante fuerte como para sobrevivir a los muchos invasores que quieren hacerse con nuestras tierras. Hay muchísimos que no reciben la educación que yo sí. Nos enseñan a pelear y solo a pelear. La disciplina es necesaria para sobrevivir. Por eso en esta vida he ido a la guerra tras alistarme en el ejército. Luchar por mi país es parte del propósito de mi alma. No sé qué más hacer.

———

Mandaban a los niños espartanos a la escuela militar y estos se pasaban toda la vida entrenando[30]. Pudo haber sido espartano, aunque en muchas ocasiones la gente no es capaz de describir del todo dónde están durante una regresión.

---

30. Kiger, P. J. (2020, 8 de septiembre). «How Ancient Sparta's Harsh Military System Trained Boys Into Fierce Warriors». *History*. Recuperado de https://www.history.com/news/sparta-warriors-training

Alejandro Magno

Tras el asesinato del rey Felipe II de Macedonia, un joven Alejandro se convirtió en rey. Un cliente recuerda una vida pasada en esos tiempos:

> *Estoy en Macedonia. Nuestro rey ha muerto y Alejandro ha ascendido al trono a pesar de lo joven que es y su falta de experiencia. Estoy con un grupo de hombres y los escucho hablando de deshacerse de él. Alejandro se enteró y los mató. Yo no fui partícipe de su plan, eso sí. Ahora creo en él y lo seguiría a todas partes.*

Tal y como se describe en esta regresión, Alejandro derrotó a sus enemigos internos antes de continuar con las ambiciones de su padre de vencer a los persas. En el 330 a. C., tras conquistar el Imperio persa, Alejandro destruyó la capital, Persépolis, seguramente por venganza, dado que los persas habían quemado Atenas años antes[31].

Para el siguiente ejercicio, comprobaremos si viviste como guerrero en el pasado.

EJERCICIO:
Vidas pasadas en guerra

Relájate en tu sillón cómodo, cierra los ojos y conecta con tu fuente. Invoca amor y luz y rodéate de tu escudo dorado acogedor. Como siempre, recuerda que en el interior estarás a salvo, protegido. Cruza la puerta. Ahí encontrarás a tu guía una vez más. Salúdalo y pídele que te dé detalles acerca de las vidas en las que fuiste un guerrero. Permite que esos pensamientos emerjan fácilmente, ya sea como imágenes,

---

31. Mark, J. J. (2022, 9 de octubre). *Alexander the Great & the Burning of Persepolis*. World History Encyclopedia. Recuperado de https://www.worldhistory.org/article/214/alexander-the-great-the-burning-of-persepolis/

ideas o sensaciones, o tal vez es tu guía el que te cuenta qué sucedió durante esas vidas pasadas. ¿Participaste en una guerra en una vida pasada? Imagina que, de alguna manera, obtienes una respuesta afirmativa o negativa por parte de tu guía. Si la respuesta es sí, ¿dónde sucedió? Permite que esos pensamientos aparezcan fácilmente en tu mente. ¿Cómo te sientes? ¿Cómo te afecta en esta vida? ¿Qué lecciones aprendiste durante esas situaciones? ¿Cómo vas a usar esa energía ahora? Tómate un momento para permitirle a tu guía añadir la información que precises ahora.

(Haz una pausa).

Dale las gracias a tu guía por ayudarte. Despídete y regresa por la puerta, más consciente que nunca de la verdadera esencia de tu alma. Aún rodeado de luz y amor, regresarás cuando cuente desde tres. Tres, dos, uno, ¡has vuelto!

Apuntes de diario: Vidas pasadas en guerra

Saca tu diario y escribe la información que has recibido hoy.

1. ¿Qué vidas pasadas has descubierto? ¿Eran tiempos remotos u otro periodo histórico en guerra?
2. ¿Te han sorprendido los lugares que has descubierto?
3. Si viviste en una época en guerra, ¿dónde y cuándo fue?
4. ¿Qué papel tuviste durante las veces que viviste la guerra?
5. ¿Fuiste soldado, líder o apoyaste a los que fueron a la guerra?
6. ¿De qué manera te afectaron esos sucesos por aquel entonces?
7. ¿Qué lecciones has aprendido?
8. ¿Cómo le ha afectado a tu vida actual haber estado en guerra en aquellas vidas pasadas?
9. Si por alguna razón no fuiste a la guerra, ¿qué has aprendido de eso?
10. Escribe cualquier otra cosa que se te venga a la mente y anota la fecha de hoy.

Ser conscientes de que formamos parte de una guerra en el pasado no es algo raro, y no tiene por qué asociarse automáticamente a una energía pesada. Las situaciones que vivimos en esta vida o las pasadas nos ayudan a moldear quienes somos, ¡y eso es algo bueno!

· · · · · · · · · · · · ·

Profecías y misticismo

Las islas griegas están llenas de lugares sagrados en los que se realizaron intensos rituales en la Antigüedad. Uno de los lugares más impresionantes es la excavación arqueológica de Delfos, hogar del templo de Apolo, en la que los oráculos en trance auguraban el futuro de manera mística. He ido dos veces, una a principios de los 2000 y en el viaje de hace poco. Conservo un hueco especial para Delfos en mi corazón. Otras personas tienen recuerdos de vidas pasadas allí:

> *Me encuentro en Delfos, en el templo de Apolo, con un grupo, esperando consultar a la pitonisa. Mucha gente quiere escucharla, así que debemos decidir si nuestra expedición militar se ajusta a los designios de los dioses o no. Aquí hay muchas personas esperando y con esperanza de recibir una respuesta positiva por parte de los dioses. Sin ella, no iremos, porque nos arriesgaríamos a perderlo todo.*

Los líderes del mundo antiguo visitaban Delfos para consultar a la pitonisa. Siempre era una mujer que se metía de lleno en las cavernas bajo tierra para transmitir información importante y, a menudo, mensajes ininteligibles del reino más allá de la consciencia tridimensional. Los científicos creen actualmente que el gas metano de las cuevas de Delfos era lo que creaba las revelaciones de la pitonisa en lugar de una fuerza mística[32]. Sin embargo, estas alucinaciones proféticas influyeron muchísimo en la historia. Es increíble que la gente le atribuyese el poder de profetizar el futuro a la pitonisa. Se libraron, ganaron o cancelaron muchas guerras según los consejos de la pitonisa en trance. Incluso Alejandro Magno visitó Delfos para pedir consejo. Yo creo que se puede buscar lo que más te convenga en el estado mental adecuado. En este ejercicio haremos justo eso.

EJERCICIO:
Conecta con el oráculo

Relájate en tu sillón y prepárate para tu viaje conectando con la luz blanca, pura y divina que te rodea de luz dorada. Cruza la puerta e imagina que tu guía ya está ahí, en una zona donde se elevan unas columnas de humo. Mientras lo respiras, fíjate en que te agudizan la intuición y te otorgan el don del oráculo. Bañado en esta maravillosa energía, imagina que piensas en la pregunta más urgente que tienes en este momento. Mantén esa pregunta en tu mente, respira la energía intuitiva y nota que la respuesta flota en tu mente. Permite que la respuesta correcta emerja fácilmente de este humo sagrado.

Cuando estés listo, apártate de las columnas de humo y habla de lo que has descubierto con tu guía. Imagina que te anima a descubrirte. Muy bien. Agradécele que te haya acompañado hoy, sal por la puerta y ciérrala detrás de ti. Regresa a donde empezaste. Ve ahí, ya, rebosante de información. Dentro de un momento regresarás. Tres,

---

32. Whipps, H. (2006, 31 de octubre). *New Theory on What Got the Oracle of Delphi High*. livescience.com. Recuperado de https://www.livescience.com/4277-theory-oracle-delphi-high.html

habiendo liberado tu intuición para que te ayude en este momento de la vida; dos, procesando lo que has obtenido; y uno, has vuelto.

Apuntes de diario: Conecta con el oráculo

Tómate un momento para anotar la información mientras aún la tienes fresca.

1. ¿Qué pregunta formulaste cuando te internaste en el humo sagrado?
2. ¿Qué querías saber?
3. ¿Qué respuesta recibiste?
4. ¿Crees que te ha ayudado a confiar más en tus habilidades de sintonización?
5. Apunta cualquier otra cosa que te gustaría recordar más adelante.

Espero que hayas disfrutado del viaje y hayas recibido la respuesta a cualquier pregunta urgente.

. . . .

Amistades con filósofos

Muchos clientes describen vidas en las que mantuvieron conversaciones con varios filósofos. Los más mencionados en regresiones a vidas pasadas son Sócrates, Platón y Aristóteles. Yo lo atribuyo al hecho de que estos personajes son muy populares en la cultura moderna.

Visto una túnica larga y blanca y estoy debatiendo con un grupo de hombres. Soy mayor que la mayoría y me han invitado a debatir varias cuestiones filosóficas y políticas del día.

Es un foro muy abierto y nos animan a hablar. Conozco a Sócrates, pero no personalmente. En mi vida actual he pasado un tiempo trabajando en tribunales de apelación revisando casos y cerciorándome de que se cumplían los procedimientos y se mantenía el orden. Esto se relaciona directamente con mi época en Grecia. Entablábamos conversaciones en las que se escuchaban y tenían en cuenta todas las opiniones y había personas a cargo de asegurar que el proceso fuera justo para todos y que se impartiese justicia por igual. Sigo teniendo la vocación de clamarla en este mundo. La consideración y la imparcialidad son buenas cualidades, y me alegro de saber cómo llegué a ser así. Es uno de los regalos de Dios, supongo, y me alegra ver que lo uso para algo bueno cuando puedo. Siempre se puede mejorar. Vaya, ¡vuelvo a hacer las cosas igual que en Grecia!

Veamos si te hiciste amigo o seguiste a algún filósofo importante en cualquier punto de la historia.

EJERCICIO:
Amistades con filósofos

Relájate en tu espacio cómodo, cierra los ojos y conecta con el universo arrojando una luz pura y blanca desde la cabeza hasta los pies. Fíjate en que la luz se vuelve más fuerte y permite que te rodee. Atraviesa la puerta hacia tu lugar especial y ve a tu cariñoso y alentador guía, que está aguardando para saludarte. Hazlo tú también y pregúntale: «¿Mi alma ha conocido a algún filósofo o profesor destacado en algún momento de la historia?». Espera a ver qué te dice o te muestra, o si solo recibes una sensación a modo de respuesta.

Si la respuesta es no, deja que tu guía comparta contigo detalles sobre profesores que tuviste en vidas pasadas y que te impactaron de forma positiva. Ten presente que podría haber mucha gente que te ayudase, así que tómate tu tiempo y permite que las imágenes, pensamientos o sensaciones aparezcan.

(Haz una pausa).

Mientras esos pensamientos de profesores del pasado, famosos o no, flotan en tu mente, imagina que puedes reunir la esencia de todos esos ayudantes frente a ti. Tómate un momento para agradecerles el papel importante que han tenido en el viaje de tu alma a lo largo de los tiempos. Imagina que ellos también pueden agradecerte que los hayas ayudado. Permite que una luz curativa caiga desde arriba y os transmita amor y luz a todos mientras compartís este momento tan especial. Muy bien.

Cuando estés listo, agradece a tu guía que te haya ayudado hoy. Despídete hasta la próxima vez y camina o flota por la puerta para salir, cerrándola tras de ti. Tres, te sientes más exuberante que nunca; dos, esta noche procesarás la nueva energía en sueños y la habrás integrado por la mañana; y uno, ¡has vuelto!

Apuntes de diario: Amistades con filósofos

Escribe la respuesta a estas preguntas en tu diario.

1. ¿Conociste a algún personaje famoso en el pasado que determinó tu forma de pensar?
2. ¿Eras un seguidor de algún movimiento importante como los pitagóricos u otros grupos? Si es así, ¿de cuál?
3. ¿Qué profesores se te aparecieron que te ayudaron a ser como eres hoy?
4. ¿En qué áreas te influyeron más esos profesores?
5. ¿Cómo puedes incorporar lo que aprendiste en el pasado en esta vida?

Como ya he mencionado al comienzo del libro, los profesores juegan un papel importante en nuestras vidas. Yo me siento continuamente agradecida y espero que esto te haya ayudado a acceder a esos sentimientos y a algunas de las enseñanzas más importantes que tu alma se ha llevado consigo a lo largo de los tiempos.

....

Lugares de interés

Acrotiri

Un lugar cicládico de la prehistoria en Santorini que antaño formó parte de la civilización minoica que pereció en la horrible erupción volcánica de Thera.

Atenas

La Acrópolis y el Panteón; no hay viaje a Grecia que se precie sin visitar este lugar maravilloso. ¡Verás el verdadero comienzo de la historia de la cultura y la filosofía!

Delfos

Un precioso yacimiento arqueológico en el que los oráculos o pitonisas interpretaban lecturas proféticas a la gente de todo tipo, incluido Alejandro Magno. ¡Es uno de mis lugares favoritos de la Tierra!

Delos

Esta isla cicládica es donde Artemisa y Apolo nacieron y la cuna de unas ruinas impresionantes a las que se accede en barco desde la preciosa isla de Miconos[33].

---

33. UNESCO World Heritage Centre. (s. f.). *Delos.* Consultado el 2 de enero de 2022. Recuperado de https://whc.unesco.org/en/list/530/

Olimpia

Visita la zona de los primeros Juegos Olímpicos, la misma Olimpia, hogar de un templo de Zeus y considerada antaño una de las siete maravillas del mundo antiguo[34].

Palaikastro

Otro asentamiento minoico en Creta con ruinas.

Rodas

Esta ciudad amurallada cuenta en su interior con una fortaleza templaria. El Coloso de Rodas, otra de las siete maravillas del mundo, se encontraba allí en la Antigüedad.

Conclusión

La Antigua Grecia jugó un papel tan importante a la hora de conformar el mundo occidental que no es de extrañar que tanta gente halle conexiones de su alma con Grecia durante las regresiones a vidas pasadas. Si quieres explorar esta parte del mundo, la buena noticia es que, últimamente, hay viajes a Grecia relativamente asequibles. Dicho esto, como ya he mencionado a lo largo del libro, si no te es posible viajar, hay muchos documentales, libros y programas sobre Grecia que podrían mantenerte ocupado explorando durante años sin siquiera tener que salir de casa.

---

34. New World Encyclopedia (s. f.). *Seven Wonders of the World,* New World Encyclopedia. Recuperado de https://www.newworldencyclopedia.org/entry/Seven_Wonders_of_the_World

7

Europa

950 000 A. C. HASTA 1066 D. C.

Hay investigaciones que sugieren que las primeras personas que vivieron en Europa lo hicieron hace unos 46 000 años[35], mientras que unas herramientas de piedra halladas en Gran Bretaña sugieren que los humanos llegaron allí entre 700 000 y 950 000 años atrás[36]. Al igual que con muchas otras cosas que tratamos en este libro, esa cifra podría incluso seguir retrocediendo en el tiempo a la vez que se descubren nuevos hallazgos.

No sé tú, pero yo me siento increíblemente afortunada de vivir en los tiempos modernos como parte de un mundo en el que somos libres de seguir nuestro propio sistema de creencias religiosas y espirituales. Por desgracia, ese no es el caso para todos, pero presupongo que cualquiera que esté sumergiéndose en las páginas de este libro tiene la buena suerte de ser libre de seguir su propio camino hacia lo divino. Nuestros antepasados, e incluso nuestros yoes pasados en otras vidas, no lo tuvieron ni de lejos tan fácil,

---

35. Rigby, S. (2020, 12 de mayo). «Ancient Humans Arrived in Europe "Far Earlier Than Previously Thought"». *BBC Science Focus Magazine*. Recuperado de https://www.sciencefocus.com/news/ancient-humans-arrived-in-europe-far-earlier-than-previously-thought/

36. Hendry, L. (s. f.). *First Britons*. Natural History Museum. Consultado el 2 de enero de 2022 y recuperado de https://www.nhm.ac.uk/discover/first-brutons.html

como veremos en este capítulo. Metafísicamente hablando, siempre que voy a una tienda paranormal antigua hoy día me siento como si hubiera retrocedido en el tiempo, sobre todo si los dueños llenan el lugar con cristales, hierbas y cosas por el estilo. Sin duda, muchas de las prácticas politeístas y paganas populares y aceptadas en la actualidad tuvieron su origen en la Europa de hace miles de años. Más que cubrir toda Europa, este capítulo se centrará en explorar el área que ahora se conoce como la Gran Bretaña moderna, porque Inglaterra aparece entre los lugares más mencionados en regresiones a vidas pasadas. Trataremos varios temas populares:

1. Crómlech y megalitos
2. Celtas, druidas y hechizos
3. Vikingos y monjes

La pasión de los celtas, anglosajones y otros colonizadores europeos por la zona que actualmente se denomina Gran Bretaña guarda un lugar especial en los corazones de muchos investigadores modernos. Espero que disfrutes del viaje por los recuerdos, por así decirlo, mientras averiguas si (o cómo) encajas en esta espectacular etapa de la historia.

Crómlech y megalitos

Algunos crómlech y megalitos se han vuelto casi un estereotipo arquetípico para Gran Bretaña en general y, aun así, muy pocos de esos increíbles monumentos se mencionan por su nombre en las regresiones a vidas pasadas. La difunta Aubrey Burl, experta en crómlech[37], identificó más de mil trescientos crómlech dispersos por toda Inglaterra, Escocia, Gales, Irlanda y las islas del Canal[38].

---

37. Burl, A. (2000). *The Stone Circles of Britain, Ireland and Brittany*. Yale University Press.

38. Pitts, M. (2020, 12 de junio). «Aubrey Burl Obituary: Archeologist Who Wrote Extensively on Britain's Stone Circles». *The Guardian*. Recuperado de https://www.theguardian.com/science/2020/jun/12/aubrey-burl-obituary

Los edificios prehistóricos más antiguos en Europa se encuentran en las islas de Malta y Gozo. Los siete templos, considerados como los templos megalíticos de Malta, son anteriores tanto a Stonehenge como a las pirámides egipcias y están entre las estructuras independientes de piedra más antiguas del mundo[39]. Una importante civilización antigua conocida como «la gente de los templos» usó estas estructuras hasta que su próspera comunidad desapareció de pronto de la historia[40]. Un relato de una vida pasada se asemeja un tanto a esta área:

No sabría concretar la fecha, pero sé que fue hace mucho tiempo. Disfruto de la vida. Tenemos una comunidad agradable y nos ayudamos los unos a los otros. También parece que tenemos suficiente comida aunque estemos solos. Pescamos, cultivamos unas cuantas cosas y hasta tenemos herramientas. También veo unas estructuras enormes de piedra. Tengo la sensación de que es cerca de Italia, pero no sabría decirlo con seguridad porque, ya te digo, el idioma es distinto aquí y nada de lo que conocemos del mundo ahora estaba disponible allí por aquel entonces.

Malta sí que está cerca de Italia, pero al igual que ocurre en muchas otras regresiones, resulta difícil confirmar que esta persona realmente formara parte de la cultura de los templos. De hecho, nunca he oído a nadie mencionar a estos primeros habitantes de Malta, tal vez porque este aspecto de la historia no es tan conocido como otros lugares de Reino Unido. Hablando del cual, hasta la fecha, probablemente no haya monumento mejor visto y conocido en todo el mundo que el de Stonehenge,

---

39. UNESCO World Heritage Centre (s. f.). *Megalithic Temples of Malta*. Unesco.org. Consultado el 2 de enero de 2022. Recuperado de https://whc.unesco.org/en/list/132/

40. Duca, E. (2014, 22 de diciembre). *The Death of the Temple People*. MaltaToday.com. Recuperado de https://www.maltatoday.com.mt/arts/architecture/47313/the_death_of_the_temple_people#.YctKjGjMK70

protagonista en muchas regresiones. La construcción de Stonehenge comenzó sobre el año 3000 a. C. y prosiguió en etapas hasta el periodo neolítico en 2500 a. C., cuando se completó el crómlech. Debido a que este monumento estuvo evolucionando durante un largo periodo de tiempo, muchas generaciones participaron en su creación[41], y eso se puede observar en varios relatos de personas que mencionaron el nombre de Stonehenge durante su regresión a vidas pasadas:

Antiguamente, nos reuníamos para rezarles a los dioses que vivían en la tierra, en los árboles y en todas las cosas del mundo, incluidas las piedras. Teníamos grupos grandes de personas que vivíamos en armonía con un único objetivo en mente: complacer a nuestros dioses y vivir en paz. Entramos en un estado alterado de la mente y vimos los planes para Stonehenge. Queríamos crear algo en homenaje a nuestras bendiciones. Tallamos las piedras según nuestra visión. Yo no estaba allí cuando mi gente empezó a moverlas y a colocarlas de pie, yo viví mucho antes de eso. Ojalá hubiera estado allí para verlo. Saber desde esta perspectiva que mi gente acabó lo que empezamos... (se queda sin habla) es... increíble.

Nuestros antepasados nos dejaron la tarea de terminar Stonehenge según su visión creativa. Nosotros seremos los que las coloquemos de pie. Mi compañero y varios otros hombres de la tribu han cavado la zanja donde irán las piedras. Yo quería ayudar, pero me encargo de los niños. Todas las mujeres apoyan el trabajo de la gente encargada de construir el templo.

---

41. English Heritage (s. f.). *History of Stonehenge*. Consultado el 2 de enero de 2022. Recuperado de https://www.english-heritage.org.uk/visit/places/stonehenge/history-and-stories/history/

Estoy en Stonehenge ayudando a levantarlo. Colaboro colocando las piedras más pequeñas porque no soy lo bastante fuerte como para ayudar con las otras. Ya hemos colocado algunas, pero no viví lo suficiente como para verlo terminado.

Soy un niño pequeño, no mayor de cuatro años. Estoy sosteniendo la mano de mi madre y estamos reunidos en círculo alrededor de Stonehenge. Un sacerdote está cantando. Alguien ha muerto y van a quemarlo y a enterrar sus cenizas. Estamos tristes, pero nadie llora. La muerte es común aquí. Nos reunimos en nuestro crómlech con la esperanza de recibir el favor de los dioses y que podamos vivir para ver la luz de un nuevo día.

Una de las razones por las que Stonehenge sigue confundiendo a investigadores y eruditos es el hecho de que nadie sepa con certeza cómo pudo levantar la gente de por aquel entonces tal majestuoso monumento. Algunas leyendas británicas sugieren que fue una raza de gigantes la que construyó Stonehenge y otros megalitos por todo el mundo[42]. El mago Merlín de las leyendas artúricas y los druidas también reciben crédito, aunque la datación por carbono 14 demuestra que Stonehenge precede a los celtas por mil años[43], lo cual descarta claramente a los druidas. Las piedras sarsen[44], los enormes bloques que usaron para construir Stonehenge, pueden llegar a pesar hasta cuarenta toneladas y

---

42. Newman, H. y Vieira, J. (2021). *The Giants of Stonehenge and Ancient Britain.* Avalon Rising Publications.

43. Editores de History.com (2019, 1 de febrero). *Stonehenge.* History.com. Recuperado de https://www.history.com/topics/british-history/stonehenge#section_3

44. Merriam-Webster (s. f.). *Sarsen.* Merriam-Webster.com. Consultado el 2 de enero de 2022. Recuperado de https://www.merriam-webster.com/dictionary/sarsen

probablemente procedieran de canteras de Marlborough Downs, a unos treinta kilómetros de allí[45], mientras que las piedras azules más pequeñas tienen su origen en Preseli Hills, en Gales, a trescientos kilómetros de allí[46]. En vez de atribuir la hazaña a lo sobrenatural, los eruditos más populares ahora creen que las piedras se transportaron con la ayuda de trineos, rodillos de madera y barcazas a través de esa ancha extensión de terreno hasta la llanura de Salisbury. Por ahora, Stonehenge y los demás megalitos repartidos por todo el mundo, así como sus creadores, continúan siendo uno de los mayores misterios de la humanidad.

Celtas, druidas y hechizos

El término «celta» describe a las personas que habitaron gran parte de Europa durante los tiempos antiguos. Aunque el término se usa típicamente para referirse a los habitantes de Reino Unido e Irlanda, la prueba arqueológica más antigua de los celtas se halló cerca de Salzburgo, en Austria, con el descubrimiento de varias tumbas de jefes de tribus del año 700 a. C.[47]. La palabra «celta» proviene de la palabra griega *keltoi*[48], que significa «luchador», porque los griegos a menudo contrataban a celtas como soldados mercenarios en la Antigüedad[49]. El historiador griego Heródoto empleaba la palabra «celtas» para referirse a los galos,

45. English Heritage (s. f.). *History of Stonehenge*.

46. Editores de History.com (2010, 1 de junio). *Stonehenge*. History.com. Recuperado de https://history.com/topics/british-history/stonehenge

47. Editores de Britannica (2019, 21 de noviembre). *Celta*. Encyclopedia Britannica. Recuperado de https://www.britannica.com/topic/Celt-people

48. Google (s. f.) *Keltoi*. Traductor de Google. Consultado el 2 de enero de 2022. Recuperado de https://translate.google.com/?sl=el&tl=en&text=%CE%9A%CE%B5%C E%BB%CF%84%CE%BF%CE%B9%20&op=translate

49. King, J. (2019, 20 de junio). *The Celtic Invasion of Greece*. WorldHistory.org. Recuperado de https://www.worldhistory.org/article/1401/the-celtic-invasion-of-greece/

la gente que vivía en lo que ahora se conoce como Francia y Bélgica[50], a quienes Julio César conquistó durante la Guerra de las Galias[51]. Pese a las numerosas invasiones y a una historia que no está tan bien documentada como otras antiguas culturas debido a la prevalencia de la tradición oral y la falta de registros escritos, la fortaleza y la fuerza de los celtas les permitieron sobrevivir y continuar prosperando en Reino Unido hasta hoy. Una mujer recordaba con cariño su vida en la sociedad celta:

Estoy en una casa circular. En el centro de la estancia hay una hoguera y estoy con mis hermanas. Fuera hace frío. Estamos tejiendo ropa, cocinando y riéndonos. No tenemos gran cosa, pero somos felices. Todas somos adolescentes. Nuestros padres siguen vivos, así que, según se dice, no nos va mal.

Después de que Julio César conquistara a los galos, Roma dominó gran parte del mundo antiguo. La toma de Britania parecía inevitable. Las fuerzas romanas se desplazaron hasta lo que hoy es la moderna Gran Bretaña y ocuparon la región durante más de trescientos años empezando en el año 43 d. C.[52]. Otro hombre reflexionó sobre su vida en esa época remota bajo el dominio de los romanos:

Soy herrero. Vivo en Britania y los romanos llegaron hace no mucho. Tengo suerte de dedicarme a lo que me dedico porque me necesitan. Se han adueñado de nuestra vida y muchas personas han muerto, pero mis habilidades me mantienen con vida. He

50. Harper, D. (s. f.). *Etymology of Celt*. Online Etymology Dictionary. Consultado el 2 de enero de 2022. Recuperado de https://www.etymonline.com/word/celt

51. Editores de Britannica (2018, 2 de abril). *Gallic Wars*. Encyclopedia Britannica. Recuperado de https://www.britannica.com/event/Gallic-Wars

52. Faulkner, N. (2011, 29 de marzo). *Overview. Roman Britain. 43-410 AD*, BBC. Recuperado de https://www.bbc.co.uk/history/ancient/romans/overview_roman_01.html

fabricado de todo: espadas, escudos, artesanía. Los romanos quieren conocer nuestro hierro. También admiran nuestro arte. Algunos creen que me he vendido porque no digo lo que pienso y hago lo que me dicen, pero ¿qué alternativa hay? Tengo una familia que alimentar. Esta situación se parece a otra en mi vida actual, sí. Trabajé durante años para una empresa que otra más grande compró más adelante. Muchos de mis amigos se plantaron y renunciaron, pero yo no. Yo me quedé y le saqué el máximo partido a la situación. Al final me subieron el sueldo y, en consecuencia, ahora mi vida es mejor. En aquellos tiempos fue igual. Los romanos nos enseñaron muchas cosas y nos protegieron. Por aquel entonces, a mí me bastaba, sobre todo porque me iba bien. La lección que aprendí es que hay que ser flexible en la vida. Nunca se sabe qué te puede deparar la vida de un día para otro. Cuanto más te dejes llevar y aceptes los cambios, mejor.

Entre los temas más populares presentes en las regresiones a vidas pasadas se encuentran los antiguos sacerdotes celtas, amantes de la naturaleza, conocidos como «druidas». El término «druidae» provino de los griegos[53]. Además de su labor como sanadores, consejeros y sabios, estos poderosos líderes espirituales también ejercían de jueces y guardianes de la ley.

Hay una disputa por el grano. Alguien ha acusado a su vecino de robar. Muchas veces la gente se toma la justicia por su mano, pero ahora, como soy el sacerdote de esa zona, escucho ambos puntos de vista en la discusión. Parece que me puse de parte del hombre que robó el grano. Le dije que podía quedárselo. El hombre que se quejaba de él en realidad le había robado comida en

---

53. Berresford Ellis, P. (1994). *The Druids*, 37. William B. Eerdmans Publishing Company.

otra ocasión y nunca acabó pagándosela. En mi vida actual, tra-
bajo como ayudante legal de un abogado de oficio. Por aquel
entonces aprendí que no nos podemos dejar llevar por las prime-
ras impresiones. Todos merecemos que nos escuchen.

———————

Al igual que muchos adoradores paganos durante las épocas de conquista, los druidas mantuvieron una ardua lucha contra los autoritarios
dirigentes romanos. La historia cuenta que los romanos normalmente
permitían a la gente conservar sus creencias religiosas siempre que pa-
garan los impuestos y trataran con respeto a los dioses romanos. Eso
funcionó con muchos bajo el gobierno romano, pero no con los druidas. Algunos eruditos creen que los romanos temían a los druidas que
mantenían su propio consejo y practicaban su espiritualidad a través de
tradiciones orales secretas. En el 54 d. C., el emperador romano Clau-
dio terminó por expulsar a los druidas y el Gobierno, más adelante,
atacó uno de los principales centros espirituales druidas en Anglesey en
el 60 d. C., probablemente con la esperanza de ponerles fin de una vez
por todas[54]. Aquel esfuerzo romano no acabó ni mucho menos con los
druidas. Simplemente se escondieron bajo tierra y prosiguieron con sus
prácticas. Así lo demuestra el hecho de que, incluso hoy, grupos de
modernos druidas se reúnan en distintos lugares por todo el mundo
para celebrar y llevar a cabo rituales vivificantes en honor a la Tierra[55].
En el siguiente ejercicio, te reunirás con los mismísimos druidas, que
te imbuirán de luz curativa y sabiduría.

———————

54. History Learning (2015). *The Druids' Relationship with the Romans.*
HistoryLearning.com. Recuperado de https://historylearning.
com/a-history-of-ancient-rome/the-druids-relationship-with-the-romans/

55. Druidry (s. f.). *What Is Druidry?*, Druidry.com. Consultado el 2 de enero de 2022.
Recuperado de https://druidry.org/druid-way/what-druidry

EJERCICIO:
Habla con los druidas

Toma asiento en tu espacio sacro, llama a tus guías y cierra los ojos. Siente la calidez sanadora de la luz blanca viajando a través de tu cabeza, de tu cuerpo, piernas y pies. Permite que esa luz te rodee y te abrace. Fíjate en la puerta que ya has cruzado otras veces. Dentro de un momento, caminarás o flotarás a través de ella, solo que esta vez, cuando lo hagas, te encontrarás en un lugar encantador en mitad de la naturaleza. ¿Preparado? Uno, dos y tres; abre la puerta y adéntrate en ese preciosísimo entorno natural. Mira a tu alrededor y asimila lo que ves. ¿Estás en un lugar montañoso, en un bosque o en una playa? ¿Está soleado o nublado? Fíjate en todos los detalles que puedas, ya sea viéndolos o percibiendo su energía. Ten presente que el mundo natural te apoya plenamente y te sana directamente. Imagínate que tu guía de confianza también está ahí, contigo. Salúdalo y repara en una figura que se aproxima. Mientras se va a acercando, ves que es un druida, o incluso más de uno. Deja que te saluden. Formúlales tantas preguntas como quieras sobre sus prácticas o cualquier época en la que pudieras haber trabajado con ellos en otras encarnaciones.

(Haz una pausa).

Permite que el druida te envíe una luz curativa o te provea de información como forma de sanación personal. No dudes de que lo que te ofrece es por tu propio bien en este momento de tu vida. Recibe la luz o la información y dale las gracias por compartirla contigo. Pregúntale si hay cualquier otra cosa que necesites observar de este encuentro.

(Haz una pausa).

Dale las gracias por haber venido hoy y fíjate en cómo se marcha caminando o flotando. Dirígete a tu guía y agradécele la ayuda prestada en esta reunión. Gírate y sal caminando o flotando de este precioso lugar, de vuelta a la habitación por la que llegaste al principio.

Estás donde empezaste, todavía rodeado por una luz dorada y sintiéndote más ligero y radiante ahora que has recibido esa sanación. Cuando cuente desde tres, regresarás sintiéndote mejor que nunca. Tres, dos, uno... y ¡has vuelto!

Apuntes de diario: Habla con los druidas

Saca tu diario y reflexiona sobre lo siguiente:

1. ¿Te has encontrado con un druida o con más de uno?
2. Describe a la persona con la que has hablado. Si no la has visto físicamente, no pasa nada. Describe cómo te sentiste con ella.
3. ¿Qué información ha compartido contigo y cómo te puede ayudar eso en un futuro?
4. ¿Has disfrutado de la sanación que te ha ofrecido?
5. Cuando te reuniste con el druida, ¿tuviste la sensación de que ya lo conocías de una vida anterior?

Espero que este viaje a la naturaleza y posterior sanación te hayan renovado las energías. A continuación, hablaremos más sobre el sistema de creencias de algunos de los primeros residentes de Reino Unido.

. . . .

La ocupación romana de Britania fue justo eso: una ocupación militar. Más que establecerse allí de forma permanente, los romanos centraron la atención en otras partes de su imperio.

El dominio romano en Britania fue a menos y, de forma gradual, empezaron a retirar sus tropas de allí. La supremacía romana oficialmente llegó a su fin en el 410 d. C., después de que los británicos contactaran con el emperador romano Honorio pidiéndole ayuda para controlar algunas fuerzas invasoras y este básicamente les dijera que estaban solos[56].

Varios invasores extranjeros procedentes del norte llenaron el vacío que dejaron los romanos tras su marcha, incluidos a los que los historiadores se refieren como «anglosajones». A diferencia de los británicos que

---

56. Johnson, B. (2015, 22 de enero). *Timeline of Roman Britain*. Historic UK. Recuperado de https://www.historic-uk.com/HistoryUK/HistoryofBritain/Timeline-of-Roman-Britain/

adoptaron el cristianismo durante el dominio romano, los inmigrantes anglosajones paganos lanzaron conjuros para protegerse de los malos espíritus que decían traer mala fortuna, como en el siguiente ejemplo:

Vivimos en Inglaterra. Bueno, por aquel entonces no se llamaba así. Se me viene a la cabeza el año 50. Somos pobres, vivimos en una casita con techo de paja y mi marido y yo tenemos varios hijos. Yo acabo de tener un bebé... (llora)... murió el día después de nacer. Mi marido está convencido de que el vecino nos ha lanzado un maleficio. Hace poco quería una de nuestras ovejas y mi marido tuvo que decirle que no. Compartimos hace poco una cena con su familia, pero mi marido sigue creyendo que está enfadado. Mi marido ha ido a contratar a alguien para que nos ayude. Una mujer mayor viene, y está reuniendo hierbas y murmurando alguna especie de hechizo. Nos sentimos mejor, pero eso no nos va a devolver a nuestro hijo.

Siempre he creído que la gente que trabaja hoy día en profesiones relacionadas con la sanación, o aquellos que leen sobre ellas (sí, ¡con eso me refiero *a ti*!), seguramente haya vivido situaciones similares a la descrita arriba en una vida anterior. En el siguiente ejercicio, tendrás la oportunidad de averiguar si alguna vez has lanzado un hechizo, si alguien lo ha lanzado por ti o si te has topado con gente que usó su magia contigo, ya sea de forma positiva o negativa.

EJERCICIO:
Recuerda hechizos

Siéntate en tu espacio cómodo, respira y cierra los ojos. Permite que una luz curativa te recorra de la cabeza a los pies y te rodee con una burbuja de luz dorada y protectora. No olvides que, dentro de ese escudo de luz, solo aquello que te haga el mejor bien podrá alcanzarte. Fíjate en la puerta y camina o flota hacia tu bonita sala. Saluda a tu guía y repara en que hay una mesa con una bola de cristal encima. Pregúntale a tu guía si tu alma alguna vez se ha topado con la influencia de hechizos o brujería en vidas pasadas. Pídele que te cuente o te muestre cualquier momento anterior en que practicaste esas artes o fuiste objeto de ellas. Mientras le preguntas, dentro de la bola de cristal empezarán a aparecer solo las imágenes que ahora mismo te resulten más útiles. Tómate tu tiempo para fijarte en todos los detalles que puedas y pídele a tu guía que te aclare cualquier duda que tengas sobre esas imágenes, pensamientos o sensaciones.

(Haz una pausa).

Fíjate en que ahora las imágenes han parado y puedes dejar que tu guía comparta contigo cualquier otra cosa que necesitas saber en tu vida actual. De ser necesario, imagina un cordón de luz que te une a cualquier influencia indeseada e inútil del pasado. Tu guía tiene ahora en las manos unas enormes tijeras doradas, y cuando cuente hasta tres, cortará ese cordón y te liberará. ¿Preparado? Uno, dos y tres; tu guía está cortando el cordón. Siente una luz llena de amor desplazarse por el cordón hacia tu interior. Ahora te sientes cada vez más y más ligero y radiante que nunca. Permite que esa luz sane y transforme a todos los demás implicados. Cuando estés listo, dale las gracias a tu guía y regresa caminando o flotando a través de la puerta. Aún rodeado por esa luz cariñosa, cuando cuente desde tres, volverás. Tres, dos, uno... ¡has vuelto!

Apuntes de diario: Recuerda hechizos

Saca el diario y anota la fecha de hoy; luego responde a estas preguntas:

1. ¿Has logrado ver algo en la bola de cristal?
2. ¿Has lanzado hechizos alguna vez?
3. ¿Has identificado alguna vivencia donde otros te lanzaran hechizos a ti?

4. De ser así, ¿qué lecciones aprendió tu alma o qué ayuda recibiste gracias a esas experiencias?
5. ¿Posees algún don sanador gracias a esas antiguas influencias?
6. Si nunca te has topado con hechizos o maleficios en tus vidas anteriores, ¿qué lecciones has aprendido al *no* haberlos experimentado?
7. Escribe cualquier otra información que tu guía te haya dado.

Espero que el viaje te haya resultado útil y que hayas accedido a recuerdos dormidos de dones o momentos de tu alma que te puedan ayudar en el presente.

. . . .

Vikingos y monjes

San Beda el Venerable, un santo anglosajón, documentó la historia antigua de la conversión anglosajona al cristianismo en su libro *Historia eclesiástica del pueblo de los anglos*[57]. Con el tiempo, otros migraron a la región, incluyendo a los vikingos, pero no antes de que lanzaran varios ataques violentos sobre monasterios vulnerables por toda Europa. El del 793 d. C. sobre el lugar sagrado de Lindisfarne, en Northumberland, conmocionó a los anglosajones cristianos y marcó oficialmente el comienzo de la época vikinga[58].

Como los vikingos no dejaron registros por escrito, solo podemos imaginar la desesperación que debió de haberlos motivado a abandonar sus hogares para embarcarse en una travesía a través del océano en falúas con entre cincuenta y cien hombres en cada una para

57. Sellar, A. M. (1907). *Bede's Ecclesiastical History of England: A Revised Translation with Introduction. Life and Notes by A. M. Sellar.* George Bell and Sons.

58. Martínez, J. (2021, 1 de junio). *Lindisfarne Raid*, Encyclopedia Britannica. Recuperado de https://www.britannica.com/event/Lindisfarne-Raid

saquear y desvalijar monasterios aislados de sus vastos tesoros desprotegidos.

Vivo en un monasterio. Diría que en Inglaterra. Mi día a día se reduce a preparar comida para otros monjes y atender a mis tareas. Nuestra vida aquí es tan pacífica siempre, pero ahora unos hombres han entrado a la fuerza. Están gritándonos, pero no los entendemos. Tiran las cosas por el suelo y se llevan todo lo que pillan. Estoy preocupado por nuestros textos, así que corro a por ellos, pero parece que he llegado demasiado tarde. Han matado a varios hermanos y nuestros tesoros han desaparecido. Yo apenas he logrado sobrevivir. Los años pasan y aquellos que siguen con vida trabajan para recrear lo que hemos perdido, pero no podemos. Completar ese trabajo nos llevó años y ahora, por culpa de esa gente, se ha perdido para siempre. La situación me recuerda a cuando era niño y entraron a robar en la tienda de mi tío. Básicamente lo perdió todo, pero no estuvo allí cuando pasó. Vivió. Supongo que mi lección es que la vida es más importante que las cosas. Pero bueno, cuando era monje, mi vida no importaba tanto como lo que había en esos libros que perdimos. El conocimiento y la sabiduría son bastante importantes porque pueden ayudar a la gente en el futuro, pero, al final, los objetos materiales no importan nada.

———————

Un caso espectacular de supretrovia durante una visita a un museo en Noruega nos demuestra lo poderosos que pueden llegar a ser los recuerdos espontáneos de vidas anteriores:

Mi esposa y yo fuimos en uno de esos cruceros por el norte de Europa y, estando en Oslo, visitamos el museo donde exhiben los antiguos barcos vikingos. En cuanto me acerqué a uno de ellos, algo extraño pasó. Me vi a mí mismo en el mar por un instante, como si estuviera en ese mismo barco, o en uno parecido. Siempre he sentido curiosidad por lo que sucedió.

———————

Durante la regresión, descubrió que su reacción al barco no había sido por casualidad:

Estoy ahí, en un barco en el mar. El viento sopla y estoy con unos treinta hombres más. Abandonamos nuestro hogar. Tengo unos veinte años. No, ahora que lo pienso, no creo que sea tan mayor. Nos han reclutado para salir y encontrar tesoros para que nuestra gente pueda intercambiarlos por comida u otros bienes. No vivo en Noruega. Parece que estamos mucho más al oeste, pero no estoy seguro. Navegamos durante semanas. Varios tipos mueren de frío, pero yo no. Yo consigo llegar a una orilla. El hombre al mando nos enseña cómo subir por una colina y asaltar un monasterio enorme en lo alto de una montaña. Entramos y nos lo llevamos todo. Luego lo intercambiamos. Cuando llegamos a casa, éramos héroes.

———————

En otra vida, a este mismo cliente le pagaron con la misma moneda:

Estoy viviendo en algún lugar de Europa. Tal vez Inglaterra, pero no se llamaba así por aquel entonces. Tengo una tienda donde vendo comida y suministros. Unos bandidos entran, me pegan un puñetazo en la boca y prácticamente me dejan pelado. Supongo que me lo merecía. Mi lección en esa vida es que elegí que eso me ocurriera para compensar todo el daño que causé a otras personas en aquella otra vida. Por aquel entonces, no lo vi así. Teníamos que alimentar a nuestra propia gente, pero siempre es mejor conseguir lo que necesitamos sin herir a nadie. En

la actualidad soy dueño de mi propio negocio y abogo por ense-
ñarle a los míos a hacer lo correcto. Supongo que en parte es
porque sé lo que es hacer lo incorrecto y también lo que es su-
frirlo.

Percibir las situaciones desde un punto de vista distinto durante una regresión puede ser objeto de auténtica revelación. A veces el alma elige ver situaciones desde ambos lados para experimentar el mayor crecimiento posible. El viaje guiado puede resultar tan transformacional a la hora de ayudarnos a ver desde una nueva perspectiva los posibles motivos que nos llevaron a hacer ciertas cosas. Con bastante frecuencia, las almas descubren que hay razones de una naturaleza superior que causan que la gente tome ciertas decisiones. Descubrir esas razones puede tener un gran impacto en tu vida. El siguiente viaje te ayudará a transmutar cualquier mala acción del pasado y a aprender la lección a una mayor escala.

EJERCICIO:
Sanar, perdonar y transmutar malas acciones del pasado

Toma asiento en tu espacio sacro, pronuncia tus plegarias y afirmaciones, llama a tus queridos guías protectores y cierra los ojos. Respira paz, sanación y luz y exhala las tensiones. Permite que una luz pura te recorra desde la cabeza hasta los pies y salga despedida justo desde el centro de tu corazón. Siente el cálido abrazo de la burbuja de luz dorada y ten presente que solo lo que es bueno para ti puede cruzarla. Fíjate en la puerta que da a tu espacio seguro y maravilloso. Abre la puerta y camina o flota hasta tu preciosa sala. Ve allí, ya, y conecta con tu guía. Salúdalo y dile que te gustaría recibir información sobre cualquier vida anterior en la que hayas causado mal a otros porque estás preparado para sanar y transmutar esa energía.

Imagina, mientras le explicas esto a tu guía, que saca un monitor. Reparas en que un vídeo se está reproduciendo. Ese vídeo te mostrará cualquier vida pasada en la que hayas podido causarle mal a otras personas. Presta mucha atención a las imágenes. Es posible que no puedas ver el vídeo, pero imagínate que al menos sí lo oyes, o pídele a tu guía que te cuente lo que pasa, o a lo mejor posees el conocimiento interno o sientes lo que ocurre mientras el vídeo se reproduce. Tómate tu tiempo y permite que las imágenes, los pensamientos o las sensaciones emerjan sobre dónde estuviste, lo que ocurrió y por qué tomaste ciertas decisiones.

(Haz una pausa).

Continúa viendo el vídeo tanto como necesites y, cuando estés preparado, imagina que tu guía lo para y los dos podéis proseguir con la conversación. Tu guía te ayudará a responder cualquier pregunta que tengas sobre esas vidas. Imagina que puedes ver exactamente dónde y cuándo ocurrieron esos hechos. Recibes toda la información mientras charlas sobre esos sucesos con tu guía.

(Haz una pausa).

Ahora a tu guía le gustaría preguntarte algo importante: ¿Estás preparado para deshacerte de los efectos residuales ocasionados por esta situación? ¿Qué lecciones has aprendido a través de esos sucesos? ¿Has sacado algo positivo de esa época tan complicada? ¿Fuiste capaz de ayudar a otros como resultado de haber tomado esas decisiones? ¿Puedes perdonarte ahora, y también a cualquier otro implicado, para así experimentar una paz y tranquilidad mayor en tu vida actual? Repara en el cordón de luz brillante que te sale de la zona del plexo solar y que te conecta con ese monitor. Tu guía tiene unas tijeras doradas en las manos. Cuando estés listo, a la cuenta de tres, tu guía cortará el cordón y liberará la energía de esos acontecimientos pasados. ¿Preparado? Uno, dos y tres; tu guía está cortando el cordón ahora mismo. Siente una luz preciosa y reconfortante que te ilumina desde arriba y que viaja hasta el interior de ese cordón cortado. Te llena el corazón, el estómago, el cuello, los hombros, los brazos, las manos, la cabeza, las piernas y los pies de una preciosa luz curativa. Te vuelves más y más ligero; más y más radiante.

Mientras transcurre esta sanación, el monitor se eleva en el aire y se desintegra en un millón de pedazos. Ahora eres libre de esas influencias indeseadas y te sientes más ligero y radiante que nunca. Dale las gracias a tu querido guía por ayudarte hoy y no dudes de que puedes regresar aquí en cualquier momento para recibir sanación e información de estas o cualquier otra situación. Tu guía está ahora flotando de vuelta al lugar de donde vino, y tú también puedes dar media vuelta y atravesar de nuevo esa puerta antes de cerrarla a tu espalda.

Regresa a donde empezaste. Fíjate en lo muchísimo más ligero y radiante que te sientes ahora. Dentro de un momento, cuando cuente desde tres, volverás sintiéndote despierto, renovado y mejor que nunca. ¿Preparado? Tres, anclado, centrado y equilibrado; dos, continúa procesando esta información esta noche en tus sueños para que mañana por la mañana hayas integrado esta nueva energía por completo; y uno, ¡has vuelto!

Apuntes de diario: Sanar, perdonar y transmutar malas acciones del pasado

Mientras tienes este viaje aún fresco en la mente, saca el diario y responde a lo siguiente:

1. ¿Qué vidas anteriores viste en el vídeo?
2. ¿Qué actos cometiste en ellas?
3. ¿Has conseguido recibir un mensaje claro sobre por qué esas acciones podrían haber beneficiado a aquellos que te rodeaban?
4. ¿Has podido liberar las energías y perdonarte?
5. ¿Qué lecciones has aprendido sobre esas experiencias y cómo puede ese conocimiento ayudarte en tu vida actual?

Tómate tu tiempo y escribe cualquier otro pensamiento relacionado con lo que has experimentado.

Pese a lo acontecido en el pasado, llegar a comprender y a extender la gracia hacia uno mismo es muy útil en el camino de la espiritualidad.

Lo hecho hecho está. Lo único que podemos hacer ahora es luchar por ser mejores en el futuro y saber que todas las almas intentan hacer lo que consideran mejor dependiendo de la situación en la que se encuentren en ese momento.

. . . .

Lugares de interés

Londres

¡Una de las mejores ciudades de la Tierra! Destino obligado, aunque sea a través de *tours* virtuales. Es imposible nombrar todos los lugares que deberías visitar en Londres. Si vas en persona, haz *tours* y luego deja que sea la intuición quien te guíe.

Museo Británico en Londres

No hay tiempo suficiente para explorar todo lo que nos ofrece el impresionante Museo Británico en Londres. Tienen exposiciones sobre Stonehenge y poseen muchos de los artefactos más importantes del mundo. Si viajas a la ciudad, recomiendo encarecidamente que vayas y lo visites. Si prefieres quedarte más cerca de casa, en su página web puedes navegar entre sus colecciones siempre que quieras.

Museo del Louvre en París

El famoso Museo del Louvre en París es de los mejores del mundo y seguro que dispara tus recuerdos olvidados muchísimo tiempo atrás.

Oslo (Noruega)

El Museo de los Barcos Vikingos alberga barcos y tesoros vikingos. Por ahora, solo se puede visitar por internet.

Stonehenge (Reino Unido)

Stonehenge es un lugar que cualquiera que vaya a Inglaterra debe visitar. No te podrás acercar a las piedras porque están protegidas, pero el mero hecho de estar en presencia de tal maravilla de la Antigüedad es verdaderamente impresionante.

Trinity College Dublin en Irlanda

Si no te importan las colas largas y las habitaciones oscuras y te interesa ver un manuscrito miniado a mano, *El libro de Kells*, completado por san Jerónimo en el 384 d. C., está expuesto en el Trinity College de Dublín[59].

Conclusión

Para cerrar en condiciones nuestra historia sobre la Europa antigua, los vikingos se asentaron en Inglaterra antes de migrar al área de Normandía de la Francia moderna[60]. Tras la batalla de Hastings y de la conquista normanda de 1066, la región que hoy conocemos como «Inglaterra» se estabilizó[61]. ¡Espero que te lo hayas pasado tan bien como yo explorando la Europa antigua!

59. Trinity College Dublin (s. f.). *The Book of Kells*. Trinity College Dublin. Consultado el 2 de enero de 2022. Recuperado de https://www.tcd.ie/library/manuscripts/book-of-kells.php

60. Salem Media (2021, 30 de diciembre). *The Normans: Who Were the Normans?* HistoryontheNet. Recuperado de https://www.historyonthenet.com/the-normans-who-were-the-normans

61. Editores de Britannica (2021, 15 de diciembre). *Norman Conquest*. Encyclopedia Britannica. Recuperado de https://www.britannica.com/event/Norman-Conquest

8

América

El término «paleoindio» describe al grupo de las primeras tribus que habitaron América. En 1924, cuando se descubrieron huesos de mamut y las puntas de lanza cerca de Clovis (Nuevo México), los científicos denominaron «cultura Clovis» a los primeros habitantes de América, que se remontan a hace al menos 13.500 años[62]. Surgió el misterio, una vez varios yacimientos aparecieron en Sudamérica con esa misma antigüedad, sobre si otra civilización anterior a la cultura Clovis habría podido vivir en Sudamérica[63]. Los avances científicos refutaron varias antiguas creencias y suposiciones que sostenían que los paleoindios habían atravesado puentes desde Asia. Los arqueólogos creen que tal vez algunos llegasen por mar. La datación mediante radiocarbono esclarece

---

62. Mann, C. C. (2013, 1 de noviembre). «The Clovis Point and the Discovery of America's First Culture». *Smithsonian Magazine*. Recuperado de https://www.smithsonianmag.com/history/the-clovis-point-and-the-discovery-of-americas-first-culture-3825828/

63. Lovgren, S. (2021, 3 de mayo). *Clovis People Not First Americans, Study Shows*. Science. Recuperado de https://www.nationalgeographic.com/science/article/native-people-americans-clovis-news

que esta sociedad temprana era cazadora-recolectora[64]. Como hay tanto en lo que indagar en este capítulo, echaremos un vistazo a los temas más populares que aparecen en las regresiones a vidas pasadas.

1. *Norteamérica:* Es la sede de un rico acervo cultural que se sigue celebrando en la América moderna. Los recuerdos de indios americanos son comunes en las regresiones a vidas pasadas que he llevado a cabo.
2. *Centroamérica:* La cultura maya es un tema tremendamente popular en las regresiones a vidas pasadas. Exploraremos su increíble legado, a los aztecas y a otros que vivieron en Centroamérica.
3. *Sudamérica:* Con lugares espectaculares como Machu Picchu y antiguos misterios como las líneas de Nazca, Perú es un lugar popular. Exploraremos Perú y otras áreas de Sudamérica que suelen mencionarse en las sesiones.

Norteamérica

Como persona originaria de Albuquerque (Nuevo México), me siento muy agradecida de haber podido pasar mis años de estudiante inmersa en la cultura de los indios americanos. Mi padre trabajaba para una empresa que fabricaba mocasines y joyería de turquesas y vendían muchísimas piezas talladas a mano por los increíbles hopi, navajos y anasazis que vivían en el estado. Teníamos muchos amigos con ascendencia india y sé que mi vida es mucho mejor gracias a esas influencias antiguas. He mencionado muy brevemente que los recuerdos de vidas pasadas como miembro de una tribu india son bastante frecuentes. No hay razón demostrada que lo explique salvo por el hecho de que creo que los clientes reconocen la sabiduría que estas culturas transmiten a

---

64. Editores de Britannica (2021, 23 de noviembre). *Clovis complex | Ancient North American culture.* Encyclopedia Britannica. Recuperado de https://www.britannica.com/topic/Clovis-complex

la vez que atesoran los dones naturales que nuestro Creador nos otorgó a través de la Madre Tierra. Echemos un vistazo a algunas de las muchas áreas en que los norteamericanos prosperaron:

Anasazis

El Cañón del Chaco está entre los yacimientos más profundos de Nuevo México y Estados Unidos. Hay enormes casas de piedra, como Pueblo Bonito, que antaño sirvieron como espacios ceremoniales para miles de personas entre el 850 y 1250 d. C[65], hasta que las cortas temporadas de cultivo y la escasez de lluvia los obligaron a marcharse[66]. Tal vez te resulte familiar este grupo por el nombre que algunos consideran despectivo. Lo cierto es que cuesta denominar a la gente que habitó esta u otras áreas de la antigua América debido a las migraciones constantes y los recientes descubrimientos arqueológicos. El término engloba a todos los descendientes de los hopi, los pueblo, los zuni, los acoma y los navajos, así como a otros que habitaron en estas regiones[67]. Una mujer visitó Chaco de pequeña y tuvo una sensación de familiaridad que se manifestó en una regresión:

> *Estoy en Cañón del Chaco. Tengo una pareja que me quiere. La vida no es fácil, pero él es mi alma gemela. Trabajamos mucho. Tenemos un hijo. Es una vida difícil, pero como estoy con él, me siento segura. Estamos integrados en una comunidad. La gente se suele llevar bastante bien. Es raro verme aquí porque visité Chaco de pequeña y me gustó mucho. Sé que la gente se marchó*

---

65. National Park Service (s. f.). *The Center of an Ancient World*. Chaco Culture National Historical Park New Mexico. Consultado el 2 de enero de 2022 y recuperado de https://www.nps.gov/chcu/index.htm

66. National Park Service (s. f.). *The Center of Chacoan Culture*. Chaco Culture National Historical Park New Mexico. Consultado el 2 de enero de 2022 y recuperado de https://www.nps.gov/chcu/learn/historyculture/index.htm

67. Childs, C. (2005, 3 de octubre). *Anasazi: What's in a Name?* High Country News. Recuperado de https://www.hcn.org/issues/307/15815

en cierto momento, pero los recuerdos que tengo son de haber vivido en paz y armonía. Celebrábamos ceremonias y venían personas de todas partes. Yo vivía allí todo el año, pero siempre teníamos visita.

Otra persona describió una celebración:

Varios hombres nos reunimos con ofrendas de tabaco, plegarias y cánticos. Suplicamos al Gran Espíritu que nos brinde lluvia, comida y prosperidad.

La vida familiar y las experiencias vividas en comunidad son otro tema recurrente:

Estoy en una casa redonda con otras mujeres, golpeando maíz contra una piedra. Algunas están cocinando y otras, tejiendo. Nos reímos y charlamos. Es una vida corriente pero bonita. La lección que debo recordar es lo valiosas que son las amistades y la belleza de las cosas sencillas. Lo único que importa es el amor.

Venerar la vida y apreciar lo que tenemos son temas recurrentes en estas lecciones y experiencias de gente que lleva a cabo regresiones a vidas pasadas.

Lakotas, cheyenes, arapajó, kiowa, kiowa-apache y Omaha

Otro maravilloso lugar que recomiendo que visites, aunque sea en vídeo, es la zona de las Colinas Negras de Wyoming (Dakota del Sur) y Montana, hogar de algunas tribus, incluidas las de los lakota, a quienes se menta bastante en vidas pasadas:

Formo parte de los lakota y vivo en la zona norte de lo que ahora se conoce como «Estados Unidos». Estoy tan cerca de la frontera que podría ir a Canadá. Voy a caballo, montando libre, a lo loco. Voy en busca de comida, depredadores y forasteros que nos quieran hacer daño, pero sobre todo vivo de la tierra, libre. La lección que he aprendido es la de proteger a la Tierra. Es nuestra Madre. ¿Deshonrarías a tu propia madre? Claro que no, pero, por alguna razón, hoy día lo hacemos constantemente. Espero que podamos retomar aquello que importa y respetemos a la Madre como se merece.

Rememorar tales sentimientos sagrados vierte una energía positiva a la vida actual y ayuda a la gente a darse cuenta de lo que es verdaderamente importante: la familia, la sociedad, el amor y la protección del planeta. Otra área en la que enfatizar es la necesidad humana de conseguir estabilidad y la importancia de establecer un lugar específico al que llamar «hogar» en mitad de este mundo tan tumultuoso. En el siguiente viaje te trasladarás a un espacio en el que podrás experimentar estabilidad, conectar con los elementos de la naturaleza y obtener una gran sensación de seguridad.

EJERCICIO:
Estabilidad y conexión

Toma asiento en tu espacio cómodo, cierra los ojos y dibuja un cordón de luz sanadora que descienda desde el cielo. Acoge esa luz en tu cuerpo y permite que viaje por tu columna hasta las piernas y te salga por las plantas de los pies. Imagina que la luz desciende más y más por la tierra y que te conecta con el núcleo de la Madre Tierra. Siente esa conexión que compartes con la tierra. Muy bien. Ahora imagina que puedes hacer un llamamiento a la energía que hay en todas direcciones para conectar aún más con la Madre Tierra. Llama a la energía del norte, del sur, del este y del oeste. Siente tu conexión con el Padre Cielo. Disfrútalo manteniendo la conexión con la Madre Tierra. Permite que esa maravillosa energía de las direcciones, la tierra y el cielo te apoyen y te sanen. Mientras recibes esa luz curativa, repara en la puerta por la que has entrado antes y vuélvela a cruzar. Reúnete con tu guía y permite que te transmita un mensaje de esperanza y ánimo. Tómate tu tiempo y comparte cualquier carga que te pese o las inseguridades que sientas. Deja que tu guía te diga que todo se solucionará de la mejor manera posible. Quiere que sepas que todo va bien para que así te sientas centrado y a salvo. Tómate un momento para escuchar, compartir y recibir amor y apoyo incondicional de tu guía.

(Haz una pausa).

¡Muy bien! Cruza la puerta con esas sensaciones nuevas y agradece a tu guía que te haya ayudado. Regresa a donde empezaste y fíjate en que ahora te sientes más centrado y estable. Recuerda mantener esta conexión con la tierra mientras sigues con tu rutina. ¡Harás mucho bien! Cuando cuente desde tres, volverás sintiéndote mejor que nunca. Tres, anclado, centrado y equilibrado; dos, conectado a la tierra; y uno, ¡has vuelto!

Apuntes de diario: Estabilidad y conexión

Tómate un momento para anotar las respuestas a lo siguiente:

1. ¿Cómo te has sentido?
2. ¿Qué has sentido al llamar a las direcciones y al cielo?
3. ¿Esa energía te ha sanado?
4. ¿Qué ánimos te ha dado tu guía?
5. ¿Te ha confirmado que lo tienes todo bajo control?
6. ¿Te ha especificado algo que te haya permitido arrojar luz sobre algún problema?
7. Escribe cualquier otro detalle que creas importante mientras te regodeas en esa nueva sensación de seguridad y confianza.

¡Conectar con la Tierra es importantísimo! Estos ejercicios pueden resultar bastante útiles si te sientes abrumado o inseguro. De vez en cuando, conectar con los elementos de la naturaleza mientras te evaden de una época complicada y te transportan a un espacio lleno de paz puede resultar increíblemente beneficioso. ¡Buen trabajo!

. . . .

Centroamérica

A pesar de que la civilización olmeca se considera la madre del resto de habitantes de Yucatán y Centroamérica[68], no es tan popular como los mayas, y jamás los he oído mencionar en las regresiones que he llevado a cabo. Para muchos clientes, los mayas encabezan la lista. Como eran expertos astrónomos, los mayas desarrollaron el calendario maya, que comenzó el 11 de agosto del 3114 a. C. y acabó el 21 de diciembre de 2012. Jamás olvidaré la expectación que se creó al final de aquel año, ¡pero aquí seguimos! Últimamente, hay gente que cree que se malinterpretó el calendario y que el verdadero final es el 21 de junio de 2020[69]. Supongo que, dado que todos sobrevivimos a la primera fecha, la gente no ha sentido tanta expectación con la segunda, pero sí que ha habido cambios en la cultura popular. En realidad, estas fechas y calendarios deberían considerarse de forma más metafórica (más como un modo de aumentar la conciencia global que como presagio de un desastre natural), pero no me cabe duda de que la publicidad en torno al fin del mundo ha instigado a algunas

68. National Geographic Society (2020, 11 de agosto). «Olmec Civilization: The Role of the Olmec in Mesoamerican Society Is a Matter of Hot Debate between Archaeologists and Anthropologists». *National Geographic*. Recuperado de https://education. nationalgeographic.org/resource/olmec-civilization/

69. Osborne, H. (2020, 15 de junio). «Maya Calendar Does Not Predict World Will End This Week». *Newsweek*. Recuperado de https://www.newsweek.com/maya-calendar-doomsday-world-end-1510926

personas a experimentar recuerdos de sus vidas pasadas como mayas:

Me encuentro en una pista de piedra jugando a la pelota. A nuestro equipo le va bien. Somos como hermanos y jugar es un gran honor. Nos eligen para ello y creemos que es un gran privilegio. Debemos apartar las preocupaciones individuales para dar prioridad a las del equipo, porque ganar significa que hemos satisfecho a los dioses y estos nos concederán comida y prosperidad. Por eso jugué al fútbol de adolescente, a pesar de que aquí en Estados Unidos no es un deporte tan popular. Mis padres me animaron a que practicara fútbol americano o incluso baloncesto, pero yo no quería. Siempre elegía el fútbol. Mi alma debió de saber que era lo más parecido a lo de aquel entonces y por eso me conecta con esa parte. He aprendido a creer en algo superior a mí en esta vida, y que no todo se centra en mí. Me irá mejor cuando priorice a los demás antes que a mí mismo. He tenido que hacerlo en el trabajo y por eso me han ascendido hace poco. Uno de los otros solicitantes se cabreó mucho cuando me dieron el puesto a mí. Lo veo en uno de los equipos contrarios cuando jugamos juntos. No me extraña. Llevamos mucho tiempo compitiendo el uno contra el otro. Por aquel entonces, su equipo perdió contra el mío y ahora la historia se repite. Pero no es nada personal. Es la vida. No le deseo nada malo, ni entonces ni ahora.

· · · · · · · · · · · · ·

La otra razón por la que los casos tal vez sean más prevalentes es porque es posible acceder fácilmente a esta preciosísima parte del mundo mediante cruceros u otro tipo de vacaciones. Sin duda, visitar lugares puede ayudarte a recordar:

Mi marido y yo decidimos tener una especie de segunda luna de miel en Cancún y Cozumel. Nos bajamos del autobús del tour y empezamos a caminar por Tulum, y yo empecé a marearme. No sé muy bien cómo describirlo, y no he vuelto a acordarme hasta que te escuché hablar sobre recordar vidas pasadas.

_____

Tulum es una espectacular ciudad amurallada en el mar y una de las últimas zonas en las que los mayas habitaron antes de desaparecer[70]. Durante su regresión, descubrió que su marido y ella ya habían vivido por la zona en otra vida:

Soy una mujer joven y estoy casándome en la playa. (Llora). ¡Es mi marido! ¡Está aquí conmigo! En esta vida, nuestra luna de miel en Cozumel fue preciosa, pero en cuanto llegamos a Tulum, lo que sentí fue tan fuerte que hasta pareció reforzar nuestra relación más aún. Ahora ya sé por qué. Por aquel entonces vivimos felices y ahora tenemos un matrimonio maravilloso.

_____

Encontrarle el sentido y hallar información que refuerce el sentimiento de felicidad en la actualidad son el objetivo principal de las regresiones, y esa historia demuestra que es posible.

Mientras tanto, seguimos sin descubrir el gran misterio de los mayas. ¿Qué le pasó a esa civilización tan poderosa? Hay nuevos indicios que desmontan las teorías que dicen que la gente se esfumó sin más. Los científicos creen que, al igual que muchos otros, las sequías y las duras condiciones medioambientales obligaron a los mayas a echarse

_____

70. Tulum Ruins (s. f.). *Tulum Ruins*. Consultado el 2 de enero de 2022 y recuperado de https://tulumruins.net/

al mar en canoas. Se cree que hay lugares cerca del río Cristal (Florida)[71] y una zona enorme de mil cien años descubierta en las montañas cerca de Blairsville (Georgia)[72] donde podrían haber migrado para vivir en cuanto su zona se volvió inhabitable. Debido a que el misterio maya resulta tan atractivo, en el siguiente ejercicio viajarás a un espacio para hablar directamente con ellos y buscar respuestas sobre adónde fueron y qué les pasó, así como para recibir información que te ayude en tu camino.

EJERCICIO:
Charla con los mayas

Toma asiento en tu espacio sacro, relájate y cierra los ojos. Imagina que sientes el haz de esa familiar luz pura y blanca descendiendo a través de tu coronilla. Baja por el cuello, hombros, brazos y manos, y sigue hacia tu pecho, recorre tu cuerpo y baja hasta las piernas y los pies. Permite que la luz te bañe y se lleve cualquier tensión de hoy hacia la tierra, donde toda energía se convierte en luz curativa para el planeta. La luz se vuelve más intensa y te rodea en un abrazo dorado. Siéntete envuelto en una burbuja de luz y recuerda que dentro estás a salvo, seguro.

Fíjate en tu puerta. Camina o flota hacia ella y entra en tu preciosa sala. Tu guía te está esperando y se alegra mucho de verte. Cuéntale que te gustaría reunirte con los antiguos mayas para aprender sobre su viaje y recibir información y orientación. Hay una puerta al otro lado de la sala que se abre, y por ella entran los mayas. Puede que haya uno o

---

71. *Crystal River Archaeological State Park* (s. f.). Florida State Parks. Recuperado de https://www.floridastateparks.org/parks-and-trails/crystal-river-archaeological-state-park

72. Archaeology World Team (2020, 10 agosto). «Massive 1.100 Year Old Maya Site Discovered In Georgia's Mountains?» | ARCHAEOLOGY WORLD | *All In One Magazine*. Recuperado de https://archaeology-world.com/massive-1100-year-old-maya-site-discovered-in-georgias-mountains/

más. Permite que caminen o floten hacia ti y te saluden. Tómate tu tiempo presentándote y pregúntales adónde fueron hace tanto tiempo o si tienen algún consejo útil para tu camino.

(Haz una pausa).

Dales las gracias por su ayuda y su energía. Ahora, tu guía y tú arrojaréis luz curativa a todos aquellos que hayan ido a visitarte hoy. Repara en que es la misma luz sanadora que has sentido y que ahora recorre a tus nuevos amigos. Se sienten más radiantes y ligeros, y te agradecen haber compartido tu luz.

Cuando estés listo, agradece a los mayas que se hayan reunido contigo hoy. Caminan o flotan por la puerta por la que han llegado y ahora podrás despedirte de tu guía y cruzar la puerta hacia el espacio donde empezaste. Sigues rodeado de luz dorada y curativa, y te marchas con la nueva energía e información que has recibido hoy. Cuando cuente desde tres, volverás sintiéndote mejor que nunca. Tres, anclado, centrado y equilibrado; dos, procesa lo aprendido en sueños esta noche para que mañana por la mañana lo hayas asimilado todo; y uno, ¡has vuelto!

Apuntes de diario: Charla con los mayas

Saca tu diario y responde a las siguientes preguntas sobre el viaje de hoy:

1. ¿Te has reunido con los mayas?
2. Si es así, ¿cuántas personas han acudido?
3. ¿Qué les pediste que te respondieran?
4. Si sabes adónde se fueron cuando abandonaron sus antiguos hogares, ¿dónde fue? ¿Por qué?
5. ¿Qué información valiosa te contaron para ayudarte en tu camino?
6. ¿Has sentido que conocías a los mayas de otra vida o te han parecido amigos nuevos?
7. ¿Cómo usarás la información y energía que te han brindado en el futuro?

8. Al igual que en otros ejercicios en los que nos reunimos con gente, puede que no se haya presentado ninguno. Si es así, ¿quién
ha aparecido en su lugar? ¿Qué te ha dicho?

Si las personas que te han visitado te han contado lo que les sucedió
a los mayas, será interesante ver cómo los científicos y arqueólogos descubren en el futuro más y más información acerca de la misteriosa
desaparición de esta gran cultura. No obstante, los mayas permanecen
intactos en parte, prueba de lo cual son sus descendientes, que viven actualmente en México y Yucatán.

....

Sudamérica

Hemos hablado del norte y ahora es el turno del sur. A continuación,
exploraremos casos intrigantes de Sudamérica.

Perú

Tengo una historia de amor con la preciosa Perú. Visité el país en 2006
y ahora ocupa un lugar especial en mi corazón. Posee algo fascinante.
Su gente maravillosa, la cultura y la belleza natural en conjunto hacen
de Perú uno de los lugares más increíbles del mundo. Por lo visto, mis
clientes están de acuerdo. Es el país de Sudamérica más mencionado
cuando llevo a cabo regresiones.

*Vivo en una ciudad enorme de Sudamérica. Escucho «Perú». No
somos incas. Es mucho antes. Somos una comunidad muy unida.
Todos trabajamos juntos y aportamos algo. Soy una mujer joven,
de unos veintipocos años. Hay niños y yo me ocupo de cuidarlos.
No veo que ninguno sea mío, pero todos nos ayudamos los unos
a los otros. Somos como una gran familia. También estoy preparando*

la comida y trabajando en lo que haga falta. Cuando la comunidad deja de trabajar, a la misma hora, nos reunimos brevemente antes del anochecer en un edificio piramidal para pedirle a los dioses que nos sigan bendiciendo con lluvia, comida y fertilidad. Cuando el sol se pone, salimos y observamos las estrellas. Recibimos mensajes e inspiración de ellas.

Ojalá pudiera decirte quiénes somos, pero no tengo palabras sobre estas personas. Creo que nadie de la era moderna nos conoce. Nuestra cultura es muy avanzada. Observamos los cielos y las estrellas. Los ancianos dicen que la gente de los cielos nos ayudó en el pasado, que se reunieron con los dioses del cielo antes de mi tiempo. Yo no lo viví, pero creo que lo que dice es cierto. Nuestra estructura urbana es compleja y creo que alguien del más allá nos enseñó a vivir y a prosperar a pesar de estar en tiempos remotos.

Visitar esta vida es importante para mí. Quería esta sesión porque últimamente me he sentido triste y deprimida. Me he dado cuenta de que no tiene tanto que ver con mi vida personal, sino con lo que está pasando en el mundo hoy día. Todos estamos tan separados y alejados. Mi guía espiritual dice que por eso tenía que volver a visitar mi vida en Perú. Esta vida me enseñó que la comunidad y la comprensión mutua son posibles. Se supone que tengo que hacer todo lo posible por insuflar esa sensación de unidad a todo lo que hago en mi vida actual con la esperanza de que la gente deje atrás lo que nos separa y podamos trabajar juntos por un bien común. He aprendido a formar parte de un todo en esta vida y sé que la felicidad se puede lograr viviendo en una gran comunidad. Si pudimos crear este tipo de sociedad en el pasado, podemos volver a hacerlo. Debo tener fe y creer.

Uno de los descubrimientos más recientes y emocionantes de Perú es Caral, un complejo de edificios de piedra y pirámides enormes. La datación por carbono 14 de los juncos encontrados en ese lugar señala que tienen 4600 años, por lo que los científicos han llegado a la conclusión de que Caral es uno de los centros de ciudad más antiguos del mundo[73]. ¿Podría ser Caral el lugar que se describe en el caso anterior? Podría ser.

El lugar más querido de Perú, Machu Picchu, aparece en muchos recuerdos de vidas pasadas. Prosperó durante la cumbre del Imperio inca, pero se esfumó un siglo después. Los eruditos se siguen preguntando si sucedió debido a la conquista española de la zona o si un brote de viruela provocó el fin de esta era. También quieren saber si los primeros habitantes usaron esta zona con fines religiosos[74], tal y como explicó una persona:

Soy un sacerdote y estoy viviendo y trabajando en Machu Picchu. Tengo varios alumnos a los que les enseño astronomía, astrología y las estaciones. Debemos permanecer en paz con el medioambiente, por lo que les enseño a trabajar con los ciclos naturales en lugar de contra ellos. Lo hago lo mejor que puedo en cuanto al uso de esas habilidades en mi vida actual, aunque me queda mucho camino por delante. Esta experiencia me inspira a seguir trabajando en mí mismo.

———————

No cabe duda de que las regresiones ayudan a la gente a conectar con los talentos de esta vida o a descubrir de dónde proceden y en qué emplear la información del pasado para mejorar el futuro. Al fin y al cabo, la vida es un camino.

———————

73. Smithsonian Magazine (2002, 1 de agosto). «First City in the New World?» *Smithsonian Magazine*. Recuperado de https://www.smithsonianmag.com/history/first-city-in-the-new-world-66643778/

74. Editores de History.com (2018, 21 de agosto). «Machu Picchu». *History*. Recuperado de https://www.history.com/topics/south-america/machu-picchu

La Isla de Pascua

Los misterios de la Antigüedad engloban una gran parte de lo que estamos explorando juntos en este libro. Uno de los mayores misterios sudamericanos son las estatuas moai, enormes y con rostros tallados creados por el pueblo rapanui de la Isla de Pascua entre los años 1250 y 1500 d. C. Los eruditos se preguntan cómo pudieron mover las rocas, o tallarlas siquiera. Durante una regresión, alguien compartió cómo sucedió:

> *Soy un artista que talla la gran estatua moai. Es mi destino. Me he preparado toda la vida para este honor. Cuando acabamos, celebramos un festival y rodeamos la roca, alzándola a los dioses usando nuestro maná, a través de la levitación. Por aquel entonces éramos mucho más fuertes que la gente de hoy día. Más fuertes mentalmente. Empleábamos el poder del silencio y permitíamos a las fuerzas de la naturaleza que nos ayudasen con nuestras vidas. La gratitud, la armonía y la unidad son lo que la gente necesita actualmente. Espero que logremos encontrarlas, de verdad.*

Un gran beneficio que obtenemos de explorar nuestras vidas pasadas es el de descubrir dones o talentos de los que tal vez no fuéramos conscientes para así poder darles uso en nuestra vida actual. En el siguiente ejercicio obtendrás la oportunidad de recordar talentos ocultos en la música, las artes u otros ámbitos.

EJERCICIO:
Manualidades y talentos

Relájate en tu espacio cómodo y cierra los ojos. Inspira amor, luz y alegría y exhala las tensiones mientras te rodeas de una burbuja de luz dorada y protectora. Repara en la puerta familiar y camina o flota a través de ella. Te encuentras de vuelta en tu espacio sacro, donde tu guía te está esperando. Recuerda que lo sabe todo sobre ti, sobre tu alma y su viaje. Pídele que te comparta dones o talentos que traes contigo desde tiempos remotos. Puede que esos talentos sean en el campo de las artes o la música, o tal vez tengas buena mano en otras áreas. Haz que tu guía te muestre qué son o que comparta contigo herramientas o instrumentos que te ayuden a rememorar fácilmente.

(Haz una pausa).

Ahora que eres más consciente de estos talentos, ¿cómo los vas a usar en esta vida? Si aún no los vas a usar, ¿cómo piensas incorporarlos a tu vida? ¿Cómo te ayudará eso en tu camino? Agradece a tu guía que te haya ayudado hoy y, cuando estés listo, cruza la puerta hacia el espacio desde donde empezaste. Cuando cuente desde tres, volverás. ¿Preparado? Tres, anclado, centrado y equilibrado; dos, procesa lo aprendido en sueños esta noche para que mañana por la mañana lo hayas asimilado todo; y uno, ¡has vuelto!

Apuntes de diario: Manualidades y talentos

Escribe la información que has recibido y responde a estas preguntas:

1. ¿Qué talentos te ha mostrado tu guía hoy?
2. ¿Sabías de alguno antes o son todos nuevos?
3. ¿Cómo usaste estos talentos en el pasado?
4. ¿Cómo puedes integrar esta información en tu vida para que te sirva de ayuda?
5. Anota la fecha de hoy y recuerda que tal vez recibas más información que quieras dejar por escrito más tarde.

Todas las almas tienen su propio talento. Somos únicos y cada uno aporta algo al mundo. Espero que hayas descubierto algo nuevo de ti mismo o que el ejercicio te haya recordado un don que podrás usar más en el futuro.

• • • • • • • • • • • • •

Lugares de interés

Belice

Un lugar al que ir en avión o visitar durante un crucero. Belice cuenta con muchísimas ruinas mayas increíbles, incluidas las de Lubaantún, donde supuestamente Mitchell-Hedges descubrió la famosa calavera de cristal en 1924[75]. Ese es otro misterio con el que nadie está de acuerdo. ¿Hedges descubrió la calavera en las ruinas como manifestó o la compró en una galería de Nueva York y la puso en ese lugar para causar revuelo? ¡Cada uno que crea lo que quiera! Vi la calavera en una exhibición del Museo de Londres hace unos años. ¡Menuda pieza! No visité Lubaantún durante mi crucero por Belice, pero fui a Nim Li Punit, que está cerca y tiene una estela espectacular salvaguardada en el interior de un edificio[76].

Cahokia (Illinois)

Hay antiguos montículos increíbles que datan del 700 d. C. y que pudieron acoger a veinte mil personas entre el 1100 y 1200 d. C. El más grande de Norteamérica es el Montículo del Monje[77].

Cañón del Chaco

Unas ruinas antiguas espectaculares de los anasazis que se pueden visitar en coche. No hay mucho, así que, cuando vayas, prepárate para deambular y marcharte antes del anochecer. Verás kivas fantásticos y casas enormes que alojaron a los primeros americanos.

---

75. Walker, R. (2008, 22 de noviembre). «"Skull of Doom" Goes on Show». *The Guardian*. Recuperado de https://www.theguardian.com/artanddesign/2008/nov/23/exhibition

76. Southern Belize (s. f.). *Nim Li Punit*. Southern Belize. Consultado el 2 de enero de 2022 y recuperado de https://www.southernbelize.com/nimli.html

77. Sociedad del Museo Cahokia Mounds (s. f.). *Explore Cahokia Mounds*. Cahokia Mounds. Consultado el 2 de enero de 2022. Recuperado de https://cahokiamounds.org/explore

Chichen Itzá

Una ciudad maya fantástica en Yucatán situada cerca de Cancún y fundada en el siglo x por los Itzá, los hechiceros del agua[78].

Ciudad de México (México)

Una de mis ciudades favoritas cuenta con el segundo centro de ciudad más grande del mundo, justo después de la Plaza Roja de Moscú. Allí encontrarás un museo maravilloso lleno de arte de la famosa mexicana Frida Kahlo[79], y también podrás echarle un vistazo a El Templo Mayor, el antiguo templo mexicano de cuando Ciudad de México se conocía como Tenochtitlan[80]. Visita su excavación arqueológica y la Catedral Metropolitana de la Ciudad de México, construida sobre un antiguo y sagrado templo azteca[81]. ¡La ciudad es fantástica!

Colinas Negras (Dakota del Sur)

Cualquier aventura en Colinas Negras es genial, ya sea conduciendo por el norte de Wyoming o por el sur de Montana, pero a mí me flipa Dakota del Sur, hogar del fantástico monumento a Caballo Loco y de un museo maravilloso lleno de fotos antiguas y recuerdos del Antiguo Oeste. ¡El ambiente en esta parte del mundo es increíble!

78. Chichen Itzá (s. f.). *Chichen Itza: Wonder of the World.* Chichenitza.com. Consultado el 2 de enero de 2022 y recuperado de https://www.chichenitza.com/

79. *Frida Kahlo: 100 Paintings. Analysis, Biography, Quotes & Art.* (s. f.). Recuperado de https://www.fridakahlo.org/

80. Templo Mayor Museum (s. f.). *Templo Mayor Museum.* Consultado el 2 de enero de 2022 y recuperado de https://www.templomayor.inah.gob.mx/english

81. The City (s. f.). *The Metropolitan Cathedral of Mexico City.* The City. Consultado el 2 de enero de 2022 y recuperado de https://thecity.mx/venues/metropolitan-cathedral

Costa Maya (México)

Algunos cruceros tienen parada en la bonita Costa Maya, en México, en la que podrás acceder a varias ruinas mayas incluyendo Dzibanché, que data del año 300 a. C. hasta el 1450 d. C., ubicado en el bosque tropical[82]. Kohunlich tiene más de doscientos montículos[83]; la zona data del año 300 a. C. hasta el 900 d. C.[84].

Mesa Verde

Cerca de las Cuatro Esquinas, donde se juntan Colorado, Utah, Arizona y Nuevo México. Es uno de los lugares más increíbles de América[85].

Nuevo México (Estados Unidos)

Con veintitrés tribus nativas, una gastronomía increíble y una cultura única, recomiendo un viaje a la tierra del encanto. Visita Albuquerque, Santa Fe y demás[86].

Perú

Uno de mis lugares favoritos. Si viajas a Perú, asegúrate de echar un vistazo a la preciosa ciudad de Lima y al Museo de Oro, en el que encontrarás

---

82. The Mayans Ruins (s. f.). *Dzibanche*. The Mayan Ruins Website. Recuperado de https://www.themayanruinswebsite.com/dzibanche.html

83. The Mayans Website (s. f.). *Kohunlich*. The Mayan Ruins Website. Recuperado de https://www.themayanruins-website.com/kohunlich.html

84. Roy, T. (2018, 29 de enero). «What Is the Closest Mayan Temple to Costa Maya?» *USA Today*. Recuperado de https://traveltips.usatoday.com/closest-mayan-temple-costa-maya-110495.html

85. Navajo Nation Parks (s. f.). *Four Corners Monument Navajo Tribal Park*. Consultado el 2 de enero de 2022 y recuperado de https://navajonationparks.org/tribal-parks/four-corners-monument/

86. NewMexico.org (s. f.). *New Mexico's Unique Native American Communities*. NewMexico.org. Consultado el 2 de enero de 2022 y recuperado de https://www.newmexico.org/native-culture/native-communities/

increíbles calaveras con dientes de oro y amatista, una gran colección de joyería dorada y herramientas tribales; y la Catedral de San Francisco, un monasterio benedictino en el que creo que viví en una vida pasada. Es obligatorio ir en avión a Cuzco y en tren a Machu Picchu. Si te gustan mucho las aventuras, también podrías sobrevolar las Líneas de Nazca, los misteriosos círculos en los cultivos de Perú. Disfruta de los mercados artesanales de este maravilloso país.

Ruinas aztecas (Nuevo México)

Un lugar de novecientos años de antigüedad ubicado en el noroeste de Nuevo México. Es uno de los muchos ejemplos de los primeros habitantes de América[87].

Teotihuacán

¿He dicho ya que me encanta México? Una de las cosas más maravillosas que puedes hacer es emprender una pequeña caminata desde Ciudad de México y visitar este sitio sacro. Caminar por la Calzada de los Muertos y explorar los complejos piramidales, incluyendo las Pirámides del Sol y la Luna y el Templo de Quetzalcoatl, construido entre los siglos I y VII[88]. Si no puedes ir, seguro que hay documentales o *tours* virtuales geniales con los que podrías verlo todo de cerca.

Tulum

Unas ruinas costeras y preciosas que se pueden visitar con excursiones durante un crucero o cuando viajes a Cancún.

---

87. National Park Service (s. f.). *Footprint of Ancestral Pueblo Society.* Aztec Ruins National Monument New Mexico. Consultado el 2 de enero de 2022 y recuperado de https://www.nps.gov/azru/index.htm

88. UNESCO World Heritage Centre (s. f.). *Pre-Hispanic City of Teotihuacan.* Recuperado de https://whc.unesco.org/en/list/414/

Conclusión

América es el hogar de muchísimos tesoros del mundo antiguo. Adoro vivir en Norteamérica y doy las gracias por tener tan cerca los mayores tesoros del mundo. Hay tantos que ni siquiera podemos visitarlos todos, pero espero que este capítulo te haya inspirado para indagar en áreas que te interesen y te gusten.

9

El Imperio romano

753 A. C. HASTA 476 D. C.

Según la mitología, los hermanos gemelos y huérfanos Rómulo y Remo fundaron Roma el 21 de abril de 753 a. C.[89], aunque el inicio oficial de lo que ahora denominamos «Imperio romano» no fue hasta el 27 a. C y continuó hasta el 476 d. C.[90]. Debido a la rica historia que posee Roma, los relatos de vidas pasadas en o alrededor del Imperio romano son relativamente comunes. En este capítulo, trataremos los siguientes temas:

1. Guerras, conquista y Julio César.
2. Gladiadores, prisioneros y esclavos.
3. Entretenimiento romano.
4. Destrucción de Pompeya.

Como ciudadanos globales que somos, no podemos restar importancia al vasto impacto que tuvo el Imperio romano y la gran influencia

---

89. Editores de History.com (2009, 24 de noviembre). *Rome Founded*. Recuperado de https://www.history.com/this-day-in-history/rome-founded

90. Editores de Britannica (2021, 17 de septiembre). *Roman Empire*. Encyclopedia Britannica. Recuperado de https://www.britannica.com/place/Roman-Empire

que aún tienen sus antiguas costumbres, nombres y tradiciones en la vida moderna. De una forma u otra, muchas almas convivieron o trataron con los romanos en encarnaciones anteriores.

Guerras, conquista y Julio César

Durante las regresiones, dejar clara la intención de recibir lo mejor siempre te asegura conseguir lo que necesitas en cualquier momento del viaje de tu alma. Lo mismo me pasa a mí. Mientras instruía a algunos profesionales de las regresiones, ellos me embarcaron en una regresión a vidas pasadas y yo me dispuse a contemplar algo para mi mayor bien. Me vi a mí misma como un hombre grande vestido con armadura. Ese hombre formaba parte de una poderosa fuerza militar a punto de saquear un pueblo. Se catapultaban piedras sobre mi cabeza; mientras que los hombres ensartaban a la gente con sus lanzas, otros quemaban el lugar hasta los cimientos. No era la escena de amor y luz que estaba esperando precisamente y, aun así, el alma ha experimentado muchos tipos de realidad distintos a lo largo del tiempo. Me vi a mí misma como un soldado romano. Nadie famoso o notable, sino uno de los miles encargados de expandir el territorio. No pude localizar el sitio exacto por aquel entonces, pero en un sueño posterior, seguí recibiendo información sobre los galos, a quien me referí brevemente en el capítulo sobre Europa. Recordarás que fueron las personas originarias de lo que hoy día conocemos como «Francia» y «Bélgica», y a quienes Julio César hizo todo lo que pudo por conquistar durante la Guerra de las Galias, que duró desde el 58 hasta el 50 a. C.[91].

Por alguna razón, aunque no tenía ni la más remota idea de dónde había vivido durante mi época como soldado romano, creo que podría haber sido uno de los miles que lucharon en la Guerra de las Galias. No me creía esa sensación extraña que tuve durante lo que terminó siendo

---

91. Editores de Britannica (2018, 2 de abril). *Gallic Wars*. Encyclopedia Britannica. Recuperado de https://www.britannica.com/event/Gallic-Wars

una recurrencia de un minuto de duración; las acciones que hice me parecieron bien y las tenía completamente normalizadas. Yo solo hacía mi trabajo. No sentía culpa. Obviamente, en mi consciencia actual, ni siquiera me imagino haciendo tal cosa. Tengo otros recuerdos de vidas pasadas donde viví en total paz y armonía y seguí una vida de contemplación y oración. Esto demuestra, otra vez, que el alma está aquí para experimentar todo tipo de cosas durante la eternidad, todo con el objetivo optimista de evolucionar y desarrollar una conciencia total. Ya lo hemos visto a lo largo del libro, en secciones como la de los vikingos, donde las almas hacían cosas casi por obligación social; cosas que hoy día ni siquiera soñarían con hacer.

Los individuos que regresan a vidas donde fueron soldados romanos relatan que sentían como si no tuvieran elección. Los romanos podían alistarse en el ejército y recibir un pago por sus servicios, pero en algunos casos, la gente se sentía obligada a alistarse porque las expectativas de empleo eran limitadas.

Uno de mis mejores amigos asiste a una de esas recreaciones romanas un par de veces al año y me invitó a ir con él. Cuando regresé a casa, empecé a tener sueños sobre batallas cruentas. La experiencia me cambió y abrió mi mente a algo que no sabía ni que existía.

———————

Por increíble que parezca, hay muchísimas recreaciones del Imperio romano por todo el mundo donde los participantes pueden unirse a legiones y seleccionar qué puesto quieren experimentar[92]. Durante su regresión, un cliente relató detalles sobre su vida como un centurión romano, un término que muchos de nosotros hemos oído a lo largo de

———————

92. Roman Empire (s. f.). *Roman Military*. RomanEmpire.net. Consultado el 2 de enero de 2022. Recuperado de http://www.romanempire.net/romepage/CmnCht/Main_command_structure.htm

los años y que significa literalmente «comandante de un grupo de unos ochenta hombres»[93]. De él dependía el destino de su grupo, lo que sin duda era una pesada carga que llevar sobre sus hombros:

Nos quedamos en nuestro grupo día sí y día también, marchando en condiciones horribles. Tengo que mantener una expresión seria y valiente, aunque caigan durante la batalla, enfermen o mueran de hambre. Por muy mal que se pongan las cosas, siempre buscan en mí la fuerza para seguir adelante. Tengo suerte de creer en la causa, que es la razón por la que el emperador me ha ascendido a este puesto, pero no es fácil. En mi vida actual, soy el jefe de una empresa y he tenido que despedir a varios empleados. Fue duro de un modo distinto, pero tuve que ser fuerte. Espero poder volver a contratarlos pronto. Eso es lo bueno de mi vida actual. Las decisiones que tomo son difíciles, pero nadie muere como consecuencia de lo que hago. Aunque he de decir que mi vida como centurión me fortaleció. Siempre me han encomendado tareas de líder o jefe. Ahora ya sé por qué.

Aunque este hombre no especificó el nombre del emperador a quien servía, un gobernador romano, Julio César, sí que terminó convirtiéndose en un personaje famoso. Por esa razón, Julio César aparece de forma periódica en las regresiones. ¿Se debe eso a la popularidad e influencia de la cultura popular en lo concerniente al asesinato de César en los idus de marzo (15 de marzo) en el 44 a. C.? Nunca lo sabremos. Una mujer relató el asesinato desde una perspectiva distinta:

Soy una mujer romana bastante adinerada. Mi marido y yo nos amamos, aunque nuestro matrimonio fue concertado. Él me

---

93. Editores de Britannica (1998, 20 de julio). *Centurion*. Encyclopedia Britannica. Recuperado de https://www.britannica.com/topic/centurion-Roman-military-officer

cuenta cosas, confía en mí, y me ha confesado algo horrible. Van a asesinar a Julio César. Le pregunto que cómo lo sabe y él me dice que es porque él estará allí, aunque no forme parte de ello directamente. Piensa proteger a la gente que está planeando todo esto. Tengo miedo. No quiero que le pase nada. Más tarde, cuando ya está hecho, vuelve a casa con una expresión horrible en el rostro. Dice que está hecho y esperamos. Nos quedamos en casa y rezamos por que no vengan a por mi marido. Si lo hacen, no sé qué voy a hacer. Nos echarán, a mí y a mis hijos, y no sobreviviremos. Esperamos y seguimos con nuestra vida, siempre mirando por encima del hombro, pero nadie viene a por él. Me alegro, pero ese secreto nos arruinó la vida. Me causó muchísimo estrés. Tanto que terminé enfermando. Aunque, bueno, supongo que eso podría ocurrirle a cualquiera, así que no podría afirmarlo con total seguridad, pero el secreto era horrible. Por eso en mi vida actual estoy tan obsesionada con la verdad. Pese a lo mala que sea la situación o las cosas, siempre prefiero saber la verdad. Y tampoco le oculto nada a nadie. Tiendo a ser directa con la gente, lo cual hace que muchas veces se enfaden, pero, en mi opinión, es mejor ser completamente abierta y sincera que esconder tus sentimientos. No pienso permitir que esa clase de estrés me vuelva a destrozar la vida.

Según los historiadores, unos cuarenta senadores apuñalaron a Julio César hasta matarlo en el suelo del senado. El hijo de Julio César, Octavio, eliminó a todos los conspiradores y enemigos conocidos para ejercer el poder, y al final se dio por finalizada la República romana y dio comienzo el Imperio romano[94]. Con tantísima gente conspirando,

94. Scheinman, T. (2020, 2 de noviembre). «The Hunt for Julius Caesar's Assassins Marked the Lat Days of the Roman Republic: A New Page-Turning History Details the Events that Led to the Deaths of Many of the Conspirators». *National Geographic.* Recuperado de https://www.smithsonianmag.com/history/hunt-julius-caesars-assassins-marked-last-days-roman-republic-1-180976185/

seguro que alguno se libró de recibir su castigo, lo cual hace que el caso anterior sea plausible. Vivir con secretos profundos puede llegar a ser muy difícil. Embarquémonos en un viaje para ver si guardaste secretos en vidas anteriores.

EJERCICIO:
Explora la verdad y los secretos

Toma asiento con los pies en el suelo y las manos en el regazo y cierra los ojos. Imagina un precioso haz de luz blanca que te baña desde arriba y que te atraviesa la cabeza, el cuello, los hombros, que se desliza por tus brazos, por tu corazón y tus pulmones antes de descender hasta tus piernas y pies. Permite que esa luz te sane y te relaje mientras emana de tu corazón y crea un escudo protector de luz dorada que te envuelve. Ten presente que dentro de esta luz estarás siempre protegido. Fíjate en la puerta que hay delante de ti. Ábrela y flota hasta tu preciosa sala especial. Entra y fíjate en que tu guía ya está allí esperándote con un monitor.

Dile a tu guía que te gustaría ser consciente de cualquier momento en la historia de tu alma en el que tuviste que guardar un secreto o que tomar decisiones difíciles en cuanto a seguir tu verdad. Mientras se lo explicas, tu guía reproduce un vídeo y podrás ver, oír o sentir si esto te ha ocurrido alguna vez. Tómate tu tiempo para observar y escuchar.

(Haz una pausa).

Pídele a tu guía que te explique más sobre lo que sucedió exactamente. Fíjate en cómo se desarrollaron los acontecimientos y cómo te afecta eso en tu vida actual.

(Haz una pausa).

Muy bien. Si hay energías que ya no te sirven, imagina que te sale un cordón de energía del plexo solar o estómago que te conecta con los sucesos del vídeo. Cuando cuente hasta tres, tu guía cortará ese cordón con un par de tijeras doradas y grandes, y te liberará de esas influencias.

¿Preparado? Uno, dos y tres, ¡lo corta! Una luz curativa te está atravesando y liberando de esas influencias. ¡Muy bien!

Ahora imagina que tu guía apaga el monitor y puedes hacerle preguntas. Cuando estés preparado, dale las gracias y míralo mientras se marcha antes de darte la vuelta y regresar por la puerta por la que comenzaste este viaje. Cierra la puerta y, rodeado de luz, vuelve a donde empezaste. Dentro de un momento, cuando cuente desde tres, regresarás. ¿Preparado? Tres, anclado, centrado y equilibrado; dos, obtén más información durante tus sueños para que mañana por la mañana puedas ser plenamente consciente de todo lo que necesitas comprender; y uno, ¡has vuelto!

Apuntes de diario: Explora la verdad y los secretos

Haz una nueva entrada:

1. Anota la fecha de hoy.
2. ¿Has visto en el monitor una época en la que estuviste dividido entre la verdad y los secretos?
3. ¿En qué año fue?
4. ¿En qué parte del mundo estabas?
5. Escribe cualquier información relevante relacionada con esos sucesos.
6. ¿Qué lecciones aprendió tu alma allí?
7. ¿Hay algún impacto que recibiera tu alma que aún te afecte en tu vida actual?
8. Anota cualquier otra cosa que creas importante.

Casi todas las almas se han enfrentado alguna vez al dilema de guardar secretos. ¡Espero que te haya servido!

•••••••••••••

Gladiadores, prisioneros y esclavos

El Imperio romano se volvió notorio por conquistar a gente de todos los rincones del mundo conocido y convertirlos en esclavos. Esta es una fea verdad sobre el mundo antiguo. La realidad es que miles de personas se vieron subyugadas y puestas al servicio de otros. Algunos de los recuerdos de vidas pasadas más comunes sobre la esclavitud en Roma proceden de aquellos que creen que fueron gladiadores:

Me veo a mí mismo en un anfiteatro. Cientos de personas están allí, jaleando y gritando. Soy luchador. No es el Coliseo romano, sino otro lugar. Aún no he demostrado mi valía. Si sobrevivo, tal vez llegue a pelear en Roma. Llevo huciéndolo... ¿semanas? ¿Un mes, tal vez? No sabría decirlo con seguridad. Los romanos asolaron mi pueblo. No sé dónde vivía. Al norte de donde sea que me encuentre ahora. Mataron a muchísima gente, pero yo soy joven, estoy en la veintena, creo, y soy bastante más grande que mucha otra gente, así que me han capturado y ahora tengo que luchar o morir. Sí que comemos bien. No tan bien como los que luchan en Roma, por lo que he oído, pero cada minuto es una lucha por sobrevivir. Es matar o morir. Esto se relaciona de un modo metafórico a mi vida actual. Trabajo en ventas para una empresa de tecnología con muchísima competencia. Estas compañías luchan por hacerse con el mercado y mandan a personas como yo ahí fuera a hacerles el trabajo sucio, a levantarles el negocio a la competencia si podemos, e incluso a hacer lo que tengamos que hacer para sobrevivir de un modo distinto. Veo que algunas de las personas de mi vida actual fueron las mismas con las que interactué por aquel entonces. Cada uno mira por su propia supervivencia. Menos mal que esta vez, al menos, eso no va a matarme. En el último día de mi vida en tiempos romanos me encuentro en ese mismo estadio pequeño y no consigo salir vivo. Alguien me clava una lanza. Lo mismo que he tenido que hacerle yo a otros para llegar hasta donde he llegado. No viví mucho después de que me trajeran aquí. Unas pocas semanas, tal vez. Matar a gente me hizo pasarlo mal. Sabía que no estaba bien, pero tampoco me resistí lo suficiente. Es lo que es. Nunca llegué a mi apogeo. Algunos de los hombres que conocí eran asesinos curtidos y matones que los romanos llevaron allí, pero yo no. Yo era inocente. Tenían a muchísima gente esclavizada a la que obligaban a pelear en los anfiteatros. No solo a mí. Aprendí que hay cosas con las que es mejor no comprometerse. Si hubiera empezado a matar, habría podido sobrevivir, pero no merecía la pena hacerlo para conseguir fama y fortuna. Aunque la empresa para la que trabajo hoy día no sea tan grande como otras, me siento bien aquí. No tengo que ponerle la zancadilla a nadie como hacen otras. Y no pienso hacerlo nunca. No merece la pena.

Este caso aborda un tema interesante sobre aquellos que sirvieron como gladiadores. Primero, había combates en anfiteatros más pequeños además de aquellos que tenían lugar en el Coliseo de Roma. Los primeros reclutas, por así decirlo, fueron víctimas de conquista o acusados de haber cometido crímenes por los que la sociedad los consideraba prescindibles. Ya en el año 1 d. C., algunos luchadores hasta se ofrecían voluntarios, tentados por la promesa de conseguir fama y popularidad[95]. A algunas personas les encanta recibir atención:

El gentío me jalea. Saludo a las gradas y me inclino ante el César. Estoy en el anfiteatro, matándome a luchar, y vuelvo a ganar. Esta noche la cena será copiosa.

---

95. Andrews, E. (2014, 4 de marzo). «10 Things You May Not Know About Roman Gladiators: Get the Facts on the Enigmatic Men-at-Arms behind Ancient Rome's Most Notorious Form of Entertainment». *History.* Recuperado de https://www.history.com/news/10-things-you-may-not-know-about-roman-gladiators

La idea de verse obligado a luchar para sobrevivir ha debido de ocurrir en numerosas ocasiones a lo largo de la historia. Ya te llamasen a filas para un ejército o te obligaran a hacer el trabajo sucio para cualquier nuevo invasor extranjero, hay mucho lugar para la sanación de tales circunstancias. Embarquémonos en un viaje que podría venirte bien.

EJERCICIO:
Lucha por sobrevivir

Retírate a tu espacio sacro. Cierra los ojos y respira. Arroja una luz curativa desde tu cabeza a los pies y siéntete completamente relajado y tranquilo. Siente cómo esa luz cariñosa atraviesa tu cuerpo y te envuelve con un escudo de luz protectora. No olvides que, dentro de esa luz, siempre estarás a salvo y seguro.

Cruza la puerta hasta tu lugar especial y saluda a tu guía. Hoy tu guía compartirá brevemente contigo situaciones donde tu alma tuvo que luchar por sobrevivir. Observarás estos sucesos en un vídeo que te mostrará para así no sentir estrés. Simplemente los verás y comprenderás que ya no estás vinculado a ningún acontecimiento del pasado.

Tu guía saca el mismo monitor que usaste antes y reproduce un vídeo. Fíjate en él. ¿Qué está ocurriendo? ¿Dónde es? ¿Quién eras y qué relación tenías con esos acontecimientos? Percibe todo aquello que necesites.

(Haz una pausa).

Muy bien. Tu guía apaga el monitor y ahora te baña en una luz curativa y cariñosa. Permite que esa luz elimine cualquier influencia residual que pudieras seguir experimentando en tu vida actual. Repara en el cordón de energía que te conecta al monitor. Tu guía va a sacar unas tijeras doradas y grandes, y va a cortar ese cordón por ti. ¿Preparado? Tres, dos, uno... ¡córtalo! Ya estás libre de esa lucha por la supervivencia. Una luz curativa penetra en todas y cada una de las células de tu ser. ¡Muy bien! Agradece a tu guía haberte ayudado hoy y regresa por la puerta por la que entraste. Cuando cuente desde tres, volverás sintiéndote más ligero que nunca. Tres, anclado, centrado y equilibrado; dos, sigue sintiendo esa luz curativa tanto como necesites; y uno, ¡has vuelto!

Apuntes de diario: Lucha por sobrevivir

Responde a las siguientes preguntas:

1. ¿Viste una época en la que tu alma tuvo que luchar por sobrevivir?
2. De ser así, ¿cuándo y dónde?
3. ¿Cómo te afectó esa situación?
4. ¿Qué energía, de haber alguna, has acarreado desde entonces hasta tu vida actual?
5. ¿Has podido liberarte de esas influencias y arrojar más luz a tu conciencia?

Espero que el ejercicio te haya liberado de cualquier molestia. Recuerda que si sigues necesitando más sanación de este o cualquiera de los otros ejercicios, siempre puedes imaginarte que la luz y la curación que recibes puede alargarse tanto como sea preciso. Si has cortado algún cordón, siempre puedes volver a cortarlo tantas veces como sea necesario, o incluso repetir el ejercicio. Cada vez que lo hagas, verás que te sentirás mejor.

. . . .

Entretenimiento romano

Se dice que los espectáculos masivos y el entretenimiento general están diseñados para mantener a las masas bajo control. La idea gira en torno a que, si la gente está entretenida, es menos probable que te causen un alboroto. Pero ¿qué dice eso de los romanos que creían que los combates sangrientos entre humanos y animales eran la mejor forma de apaciguar a esas masas? Los combates entre gladiadores llegaron a ser la mayor fuente de entretenimiento para los romanos, pero, por fortuna, también contaban con otras formas de divertirse. Los romanos también disfrutaban de los baños públicos. Yo fui durante años a un gimnasio donde había piscina, así como saunas y baños de vapor, y entrar en la sauna se convirtió en una de mis prácticas diarias saludables. Cuando me iba de crucero, pasaba mucho tiempo en los *spa*, tanto que algunas de mis amigas todavía me lo siguen echando en cara. Yo siempre bromeaba diciendo que me encantaban esas cosas porque antiguamente también me daba el lujo de ir a los baños públicos romanos. Aunque nunca se me ha revelado esa vida en una regresión, tal vez solo se trate de una simple broma, o del reflejo de lo que el filósofo griego Platón hacía referencia en su teoría de la reminiscencia, o conocimiento del alma. Yo parezco compartir un vínculo profundo con los *spa* que resulta inexplicable. Hace poco fui a uno en Dallas cerca de mi casa, donde la gente lleva bañador y es obligatorio llevar albornoz para moverte entre las distintas saunas y piscinas. Hasta se podía ir al restaurante en albornoz y comer entre baño y baño. Lo creas o no, así es como solían ser los baños romanos, así que me imagino que esta actividad me resulta familiar porque es algo que lleve posiblemente varias vidas haciendo. Aunque parece que no soy la única que disfrutaba de los baños:

Vivo en la ciudad. Soy romano. Una vez a la semana, cuando termino de trabajar quedo con mis compañeros de trabajo en los baños públicos. Muchos empiezan con la sala más fría, pero a mí me gusta el calor. Comemos y bebemos allí, y, aunque es relajante, también voy para hacer contactos. Soy comerciante. Vendo alguna especie de tela y, si quiero que la gente me compre, compartir un baño relajante es beneficioso para el negocio.

———

Durante mi último viaje a Roma, visité las ruinas del Circo Máximo, donde tenían lugar las antiguas carreras de carros[96]. Aunque las carreras no eran tan sangrientas como los espectáculos de gladiadores, también podían llegar a ser igual de mortales:

Estoy sentado en las gradas viendo las carreras de carros. Solo puedo verlas una vez al año porque no soy pudiente. Tengo la sensación de que alguien ha pagado para que venga aquí. Un político de alguna clase, y ahora va a querer que vote por él. No debería aceptar estos regalos, pero mi vida es tan complicada que quiero poder darme el capricho. Sin esta invitación, jamás viviría algo tan increíble como las carreras. Esto se relaciona con mi vida actual porque antes trabajaba para políticos locales como voluntario en sus campañas. Al principio lo disfrutaba, pero cuando empezaron a pedirme que hiciera cosas a un nivel más estatal, me di cuenta de que mis valores podían entrar en conflicto si continuaba adelante. Siempre buscaban algo a cambio, ¿sabes? No podía hacerlo. En cambio, decidí hacerme voluntario en albergues para indigentes y lugares así. Lugares donde realmente podía ayudar a los demás sin necesidad de traicionar mis ideales. Ahora sé que este es el origen de ese sentimiento. Nunca me gustó recibir regalos en Roma. Entonces cometí un error en el que ya no volveré a caer más.

Últimamente me he visto en la situación de tener que recordarle a la gente que no todas las vidas pasadas fueron siempre horribles. Sin duda, nuestros antepasados y ancestros tuvieron que enfrentarse a la ardua tarea de seguir vivos, pero también hubo épocas en las que la sociedad gozaba de tiempo libre y de disfrute. En el siguiente

96. Editores de Britannica (2011, 25 de noviembre). *Circus Maximus*. Encyclopedia Britannica. Recuperado de https://www.britannica.com/topic/Circus-Maximus

ejercicio, tendrás la oportunidad de averiguar en qué lugares se benefició tu alma de un ratito de descanso, de relajación y de ocio.

EJERCICIO:
Tiempo de descanso

Siéntate en tu maravilloso espacio con los pies en el suelo y las manos en el regazo y cierra los ojos. Respira paz, felicidad y sanación, y exhala todas las tensiones. ¡Muy bien! Permite que esa luz blanca, preciosa y familiar te bañe de la cabeza a los pies. Siente cómo esa luz desplaza cualquier tensión de tu cuerpo y la saca por la suela de tus pies, vertiéndola a la tierra. Fíjate en que al instante se transforman en energía positiva para la Tierra. Permite que esa luz se vuelva más y más brillante y te rodee con una burbuja de luz dorada. Sabes que allí dentro solo lo que te haga mejor bien podrá alcanzarte.

Abre la puerta a tu espacio sagrado y ve a saludar a tu guía. Hoy compartirá contigo momentos agradables de cuando tu alma tuvo la oportunidad de relajarse o disfrutar incluso en épocas complicadas de la historia.

Tómate un momento y permite que tu guía envíe a tu imaginación cualquier sensación, pensamiento, sonido o imagen relacionados con estos recuerdos agradables. Déjate llevar por lo que ves o sientas. ¿En qué parte del mundo estás? ¿A quién más ves ahí y cómo te hicieron sentir esos acontecimientos? Deja que tu mente se inunde de recuerdos agradables. Tómate un momento para pedirle a tu guía que te aclare cualquier información que hayas recibido.

(Haz una pausa).

Cuando estés listo, da las gracias a tu guía por la ayuda, date la vuelta y regresa adonde empezaste. Cuando cuente desde tres, volverás. Tres, disfruta de todos esos pensamientos agradables en tu día a día; dos, anclado y centrado; y uno, ¡has vuelto!

Apuntes de diario: Tiempo de descanso

Coge tu diario y escribe.

1. ¿Qué recuerdos agradables has visto?
2. ¿Cuándo y dónde ocurrieron?
3. Pensando en ese momento agradable, ¿en qué contexto histórico te encontrabas y qué circunstancias complejas viviste, incluso en mitad de ese momento feliz?
4. ¿Cómo beneficia a tu vida actual haber contemplado esto ahora?

Siempre hay momentos de mayor felicidad incluso durante épocas de gran dificultad. Esto me recuerda una importante constante del ser humano: no todo es blanco o negro. Normalmente suele ser una mezcla de ambos, y cuando nos tomamos un momento para pensar en los mejores aspectos de cualquier instante que hayamos vivido, ya sea en nuestra vida actual o en cualquier encarnación anterior, estamos creando más espacio para la alegría en el presente.

....

Destrucción de Pompeya

Pompeya fue la joya de la corona de los territorios ocupados por los romanos hasta que la catastrófica erupción del monte Vesubio destruyó la ciudad en el año 79 d. C. Durante mis viajes, en ocasiones sufro visiones premonitorias antes de llegar a un sitio nuevo. Eso es justo lo que sucedió antes de que visitara las extraordinarias ruinas de Pompeya. Visité el lugar durante un crucero que hice en 2017, y la noche previa a que llegáramos a Nápoles soñé con una larga pared de ladrillo con una cruz grande en ella. Cuando me desperté a la mañana siguiente, sentí que ese sueño albergaba algún significado, pero no le di más vueltas hasta que deambulé por las ruinas. Las calzadas romanas en Pompeya tienen gigantescas piedras irregulares por las que es difícil caminar en algunas zonas. Nunca olvidaré la sorpresa que sentí cuando me aproximé a una larga pared de ladrillo y la vi: una cruz en mitad de la pared. Tomé varias fotos y presupuse que ya había estado allí en una de mis vidas anteriores.

Parte de la intriga de Pompeya gira en torno a los restos cenizos de las víctimas congeladas en el tiempo por culpa de la destrucción volcánica. Durante una sesión, una mujer relató lo absolutamente espantoso que debió de ser pasar por eso:

> *Soy una mujer con varios hijos pequeños. Nos encontramos en el mercado cuando sentimos los temblores. Suele ocurrir mucho, así que no le damos mayor importancia. Luego oímos los primeros estruendos del Vesubio a kilómetros de distancia. Ya los hemos oído antes, así que seguimos a lo nuestro. Un poquito después, el sonido empeora. El humo empieza a llenar el aire y la gente echa a correr. Veo que la lava ardiente viene hacia nosotros. Yo cojo en brazos a mis hijos más pequeños y grito a los mayores que me sigan. Ahora estamos huyendo de la lava, pero no conseguimos llegar muy lejos. En cuestión de un momento, se acabó. Estoy flotando por encima de mi cuerpo. No he sentido nada; todo ha ocurrido muy deprisa. No lo vimos venir. Ahora estoy flotando por encima de la zona y no soy capaz de distinguir nada de la ciudad. Ya ni siquiera veo mi cuerpo. Se ha ido. Nos ha tragado. Quiero encontrar a mis hijos, asegurarme de que están bien, pero siento que me muevo muy rápido hacia la luz. Me marcho con una horrible sensación de miedo por mis hijos. Creo que esto me afecta en mi vida actual. Mis hijos piensan que estoy demasiado encima de ellos. ¿Y puedes culparme? No son los mismos hijos que tuve entonces, salvo por la más pequeña. Es mi hija en mi vida actual. Está emocionalmente equilibrada. Dudo que mis hijos crean en vidas pasadas como yo, pero estoy segura de que ella no arrastra ninguno de esos recuerdos porque, cuando estuvimos en Pompeya, era demasiado pequeña para saber qué le ocurrió. Y me alegro por eso.*

Es curioso que, cuando decidí escribir Vidas pasadas en tierras ancestrales y otros mundos, Pompeya encabezaba la lista de lugares
que incluir. Me sometí a una regresión para ver por qué sentía ese deseo. A diferencia de las pobres almas que perecieron, me vi a mí misma
como una comerciante que deambulaba por las calles de un mercado
concurrido, intercambiando artículos y pasándomelo medianamente
bien, teniendo en cuenta las duras condiciones en las que se vivía por
aquel entonces.

Me inclino a creer que esa clase de sufrimiento traumático procede
de lo más hondo del alma y que necesita sanación. En el siguiente ejercicio, tendrás la oportunidad de volver a tales lugares, independientemente de si los acontecimientos ocurrieron en Pompeya o en cualquier
otro sitio, para arrojar luz y sanación sobre algunos momentos duros
del pasado.

EJERCICIO:
Sana traumas del pasado provocados por catástrofes

Ve a tu espacio sacro, llama a tus guías, manifiesta tus intenciones y
oraciones, toma asiento y cierra los ojos. Respira paz, amor y luz, y exhala todas las tensiones. Arroja un impresionante haz de luz pura y blanca
sobre tu cabeza y cuerpo e imagina que esa luz te envuelve en un escudo dorado de energía protectora y cariñosa que podrás llevar contigo
ahora y siempre.

Fíjate en la puerta que tienes delante. Mírala o siente que está ahí. Abre
la puerta y entra caminando o flotando a tu lugar especial. Mientras lo haces, tu querido guía aparece, preparado para ayudarte con esta sanación.

Hazle a tu guía la siguiente pregunta: ¿He experimentado algún trauma provocado por catástrofes como terremotos, tsunamis, guerras u
otros cambios durante la historia de mi alma? Permite a tu guía responder sí o no y fíjate en lo primero que se te viene a la mente. Muy bien.

Si has recibido una respuesta afirmativa, deja que tu guía comparta contigo cuándo pudo haber sucedido. Puedes recibir la información a través de una imagen, un pensamiento o una sensación. Si la respuesta es no, agradece a tu guía por haberte dado esa valiosísima información.

Ahora, independientemente de la respuesta, permite que tu guía extienda el brazo y te toque la parte superior de la cabeza. Tu guía te está enviando una luz curativa y transformadora que fluye a través de ti por tu cabeza, cuello, hombros, brazos, manos y dedos, y la luz continúa por toda la longitud de la espalda y penetra en tu corazón. Deja que esta luz te cure y elimine cualquier energía indeseada o pesada mientras desciende por la columna hacia tus piernas, rodillas, tobillos, talones, los dedos y la planta de los pies. ¡El brillo de la luz es tan luminoso! Cada vez brilla más y más y más, tanto que te sientes completamente sanado y transformado por dentro. Ya no sientes que acarrees nada negativo del pasado.

Dale las gracias a tu querido guía por ayudarte a sanar hoy. Despídete por ahora y camina o flota de vuelta a través de la puerta, cerrándola tras de ti. Regresa a donde comenzaste el viaje y fíjate en lo muchísimo más ligero que te sientes ahora en comparación con antes. Dentro de un momento, cuando cuentes desde tres, regresarás sintiéndote despierto, renovado y mejor que nunca. Tres, anclado, centrado y equilibrado; dos, en paz y relajado; y uno, ¡has vuelto!

Apuntes de diario: Sana traumas del pasado provocados por catástrofes

Coge tu diario, anota la fecha de hoy y escribe cualquier información que hayas obtenido durante este último viaje.

1. ¿Has recibido información sobre alguna antigua catástrofe?
2. Si no has vivido nada tan grave, ¿has podido obtener una maravillosa sanación por parte de tu guía?
3. Creo que es más probable que un alma haya vivido un incidente catastrófico en alguna vida pasada a que no lo haya hecho, así que no dudes en anotar cualquier cosa que hayas visto o sentido.

4. Si nunca has vivido algo así, tal vez puedas escribir sobre por qué crees que ha sido así. ¿Qué ha aprendido tu alma al no sufrir ninguna catástrofe?

¿Cómo ha ido? ¡Espero que hayas recibido una sanación increíble y que puedas llevar contigo esa energía extra ahora y siempre! Todas las cosas que experimenta el alma son para que aprendamos lecciones y avancemos en el propósito de nuestra alma. Cualquier detalle, por pequeño que parezca, es importante, porque nunca se sabe qué podría resultarte útil más adelante.

....

Lugares de interés

Pompeya

Una verdadera maravilla del mundo llena de ruinas y a rebosar de una increíble energía. Si estás por la zona, la recomiendo encarecidamente. Si no te atrae la idea de viajar, hay muchos documentales sobre Pompeya, y estoy segura de que incluso podrías encontrar *tours* de realidad virtual con los que ver esos sitios más de cerca.

Roma

Obviamente, si quieres indagar sobre el Imperio romano, visitar Roma es una idea fantástica. Hoy día, hay muchos vuelos directos desde las ciudades más importantes del mundo. Si vas justo de tiempo, yo recomiendo pasar un mínimo de cuatro días enteros explorando esta gigantesca ciudad. Hay muchísimos lugares increíbles que visitar. Yo siempre he apostado por subirme a los autobuses turísticos en Roma y otras ciudades importantes. Siempre traen mapas gratis y auriculares, y puedes subirte cerca del hotel y recorrer toda la ruta antes de decidir dónde te quieres parar para indagar más. No te pierdas el Coliseo, la Fontana di Trevi, el Circo Máximo, el Foro Romano, la Ciudad del Vaticano y más. También hay un montón de catacumbas bajo tierra llenas de huesos de antiguos romanos que resultan un pelín espeluznantes, pero que son de lo más interesantes. ¡Será por lugares! Solo tienes que seguir tu intuición y ver qué te depara la ciudad.

Conclusión

Roma y el Imperio romano están entre los aspectos más fascinantes de la historia antigua. Si te interesa descubrir cómo encajas en esa época, puedes dejarte una nota para explorar Roma durante la regresión a vidas pasadas al final del libro.

10

Asia y Australia

11 000 A. C. HASTA EL PRESENTE

A continuación, exploraremos los amplios continentes de Asia y Australia. En este capítulo, los clientes describirán algunas de las antiguas civilizaciones de la Tierra:

1. **China:** Está entre las civilizaciones más antiguas de la Tierra. Los arqueólogos creen que la producción de arroz comenzó en el 6500 a. C. junto a la cuenca del río Yangtsé. Posteriormente, la gente construyó pueblos cerca del río Amarillo[97]. Echaremos un vistazo a las vidas de la gente en esta región.
2. **Japón:** Exploraremos el sintoísmo en recuerdos de vidas pasadas.
3. **India:** Ubicada en Asia Menor, algunas personas informan de vidas pasadas en la antigua India, donde incluso creían en la reencarnación.
4. **Tíbet:** Un lugar relativamente popular mencionado en regresiones a vidas pasadas. Indagaremos en el porqué.

---

97. World History Encyclopedia (s. f.). *China Timeline.* World History. Consultado el 2 de enero de 2022 y recuperado de https://www.worldhistory.org/timeline/china/

5. *Australia:* Hablaremos de los indígenas y de ejemplos de regresiones a vidas pasadas que conectaron a la gente a la tierra y a las estrellas.

La mayoría de estos casos involucran a personas que experimentaron una espiritualidad arraigada durante sus vidas pasadas; tú también tendrás la oportunidad de ver si encajas en alguna de estas increíbles culturas.

China

Durante años soñé con ir a China y lo consideré como una prioridad en mi lista. Por fin visité este maravilloso lugar en 2016. Cuando la gente describe sus encarnaciones en China, mencionan vidas estrictas y disciplinadas que seguían las enseñanzas de Confucio, que vivió del 551 al 479 a. C.

Estoy en China en una época muy temprana, el 200 a. C. Eso es de lo que me entero. No soy pobre, estoy entre la clase media y baja. Vivo en una estancia pequeña con mi familia. Soy una chica joven, así que me quedo en casa y cuido de mis hermanos pequeños. Nuestra familia estudia a Confucio. El emperador y la gente creen en acatar las enseñanzas de Confucio en cuanto a la disciplina y el respeto para poder vivir una vida próspera. Hoy por hoy sigo siendo disciplinada. Siempre me he esforzado con mi educación y creo que se debe a esta experiencia.

———

Los ideales de Confucio tuvieron un gran impacto en la filosofía durante el periodo que comprende la dinastía Han[98]. Como en el ejemplo

---

98. Csikszentmihalyi, M. (2020, 31 de marzo). *Confucius*. Stanford Encyclopedia of Philosophy/Summer 2020 Edition. Recuperado de https://plato.stanford.edu/archives/sum2020/entries/confucius/

que hemos visto antes, la mayoría de los clientes con los que he llevado a cabo regresiones en China describen vidas muy minimalistas en las que vivían en la pobreza o en monasterios en los que el budismo era recurrente. Los eruditos creen que la influencia de la Ruta de la Seda ayudó a difundir el budismo a China en el siglo I[99].

En el capítulo de la prehistoria llevamos a cabo un ejercicio para reclamar la prosperidad. Después, en la sección de Grecia, mencioné a clientes que creían haber paseado con algunos de los pensadores y filósofos más famosos de todos los tiempos, como Sócrates o Pitágoras. Al igual que con estas sectas y órdenes religiosas antiguas alrededor de todo el mundo, he oído decir a muchos clientes que vivieron austeramente en monasterios budistas en vidas pasadas y que parecían llevar consigo esas creencias en la actualidad, incluyendo la necesidad de hacer un voto de pobreza para encajar en esas comunidades espirituales. De vez en cuando, durante las regresiones, los clientes comparten conmigo detalles de la vida austera que eligieron llevar:

Vivo en una comunidad en China. Lo compartimos todo. No poseemos nada. Es por elección. Aspiramos a lograr la pureza mental y espiritual.

Tales votos están bien si durante nuestro ciclo vital esa es la vida que elegimos conscientemente, pero a menudo estas antiguas energías se trasladan a las encarnaciones del presente y dificultan la acumulación de dinero, la prosperidad o la estabilidad física. La sanación de vidas pasadas suele necesitarse para remediar estas antiguas energías y que así la gente pueda superar con facilidad las distintas situaciones de su vida actual. Un cliente me contó lo siguiente:

---

99. O'Brien, B. (2021, 8 de septiembre). *History of Buddhism in China: The First Thousand Years*. Learn Religions. Recuperado de https://www.learnreligions.com/buddhism-in-china-the-first-thousand-years-450147

Soy budista. Vivo en un templo en China en tiempos remotos.
Renunciamos a los bienes terrenales de buena gana. Tenemos
todo lo que necesitamos incluso cuando la comida escasea y hace
demasiado calor o frío en nuestro refugio.

Renunciar a un voto de pobreza puede resultar muy importante
y afecta a muchos seguidores del camino espiritual. A continuación,
compartiré contigo un viaje que te ayudará a descubrir si tu alma
hizo un voto así para que, si quieres, puedas librarte de esas influencias del pasado.

EJERCICIO:
Renuncia a un voto de pobreza

Siéntate en tu espacio cómodo, cierra los ojos y conecta con tu espíritu
arrojando una luz blanca y pura por tu cuerpo y dejando que esta te
rodee. Atraviesa la puerta que conduce a tu espacio sacro y ve a tu
cariñoso y alentador guía esperándote para saludarte. Salúdale y hazle
la siguiente pregunta: «¿Ha hecho mi alma voto de pobreza alguna vez
en el pasado?». Espera a ver qué te dice o muestra o si sientes la respuesta.

Si la respuesta es no, permite que tu guía te arroje una luz curativa
y revitalizadora. Si la respuesta es sí, imagina un símbolo que representa ese voto que hiciste hace mucho tiempo. Fíjate en la imagen frente
a ti. Tu guía cortará el cordón entre ese voto y tú para que puedas
proseguir con una mayor prosperidad y abundancia. ¿Preparado? Tres,
dos, uno, ¡córtalo! Una luz acogedora te baña desde arriba y te brinda
alegría, paz, luz y amor. Te has liberado de las limitaciones de los votos
de tu pasado, así que ahora eres libre para generar abundancia. Dale
las gracias a tu guía por acompañarte hoy. Despídete y vuelve a través
de la puerta por la que has entrado. Tres, te sientes más colmado que
antes; dos, procesa esta nueva energía en sueños para que mañana
por la mañana la hayas integrado por completo; y uno, ¡has vuelto!

Apuntes de diario: Renuncia a un voto de pobreza

Documenta tu último viaje en el diario usando las siguientes preguntas o escribiendo cualquier cosa que quieras rememorar:

1. ¿Has descubierto si hiciste algún voto de pobreza?
2. Si es así, ¿has descubierto dónde vivías cuando lo hiciste?
3. ¿Por qué lo hiciste?
4. ¿Era obligatorio por tus creencias o te presentaste voluntario?
5. ¿Estabas listo para renunciar ahora?
6. ¿Alguna vez has tenido problemas de abundancia?
7. ¿Cómo crees que te ayudará en la vida?
8. Anota cualquier cosa que creas que pueda serte de utilidad.

En cuanto lleves a cabo este ejercicio, fíjate en cómo tu experiencia vital cambia y se transforma acorde a esto. Puede que sientas una abundancia mayor fluyendo hacia ti, y con más facilidad que nunca. Al menos, ¡eso espero!

•••••••••••••

Japón

Los primeros colonos de la isla norteña de Hokkaidō (Japón), los olvidados ainu, fueron los primeros indígenas de la era Jomon en el 11 000 a. C.[100]. Como son tan poco conocidos, los relatos de clientes sobre Japón raramente hacen referencia a ellos y, al igual que sucede en otras regresiones en Asia, normalmente se ambientan en monasterios:

---

100. Tahara, K. (2009, de octubre). *The saga of the Ainu language.* UNESCO. Recuperado de https://en.unesco.org/courier/numero-especial-octubre-2009/saga-ainu-language

Vivo en Japón. Rendimos tributo a los dioses y diosas de todas las cosas. Dejamos flores y ofrendas para ellos. Todo forma parte del creador divino. Todo está conectado. No hay separación.

———————

En el sintoísmo, los devotos creen que *kami* o los espíritus están presentes en todo. Durante mi viaje a Japón, visité varios santuarios sintoístas, incluido el de Nezu en Tokio[101]. Los visitantes atraviesan los preciosos portones que sirven como umbral entre el mundo terrenal y el espiritual y dejan algunas monedas como ofrenda. Adoro Japón y, cuando camino por estos santuarios sagrados, tengo la sensación de que ya he estado aquí antes.

India

La civilización india es una de las más antiguas e influyentes del mundo, ubicada en la región que antes se conocía como «valle del Indo», en el que la gente vivió desde el 2500 a. C.[102]. La civilización del valle del Indo está entre las más antiguas del mundo junto con Mesopotamia y Egipto[103]. Identifiqué casos que provenían de esta parte de la historia basándome en las fechas que me dieron los clientes; entre el 2500 y 1700 a. C.

Soy agricultor hace muchísimo tiempo. ¿El 2000 a. C.? En Oriente Medio. No es India, pero cerca. Aunque aquí no hay ninguna

———————

101. Dayman, L. (2022, 1 de julio). *15 Best Shinto Shrines You Have to Visit.* Japan Objects. Recuperado de https://japanobjects.com/features/shinto-shrines

102. Allchin, F. R. (2022, 16 de agosto). *Indus civilization | History, Location, Map, Artifacts, Language & Facts.* Encyclopedia Britannica. Recuperado de https://www.britannica.com/topic/Indus-civilization

103. Allchin, F. R. (1982). *Antecedents of the Indus Civilization.* British Academy.

*región típica de India. Es mucho antes. Trabajo en el exterior de
una ciudad amurallada.*

¿Podría ser un caso de Mohenjo-Daro[104]? Para aquellos que puedan
viajar a la región, pueden verse actualmente en Pakistán las ruinas de
esta ciudad amurallada. Más común es que durante las regresiones aparezcan vidas pasadas emplazadas en India. En 2006, hablé en una conferencia de vidas pasadas en Nueva Delhi (India). En cuanto me enteré
de esta oportunidad, supe que tenía que acudir. La conferencia duró
una semana y, en cuanto acabó, me fui de viaje por el norte de India
durante algunas semanas más. Fue entonces cuando me di cuenta de
que tuve muchas vidas pasadas en esa zona.

Uno de mis lugares favoritos de toda India es la ciudad sagrada de
Benarés, ubicada en el río Ganges. Se considera una de las siete ciudades sagradas del hinduismo[105], sacra para el dios Shiva[106]. Al llegar a la
orilla del Ganga, otro nombre para el Ganges, me emocioné tanto que
lloré. Cuando visité Benarés, me fascinaron los rituales funerarios que
llevaban a cabo en el río sagrado. A lo largo de la historia, los rituales
con agua siempre han sido muy recurrentes. En este ejercicio, descubrirás si, o cuando, tu alma se conectó con el agua bendita en el pasado.
Al hablar de agua bendita, me refiero a cualquier cosa, desde un río o
lago sagrado hasta bendiciones por parte de un cura, monje u otra figura religiosa.

---

104. Editores de Britannica (2021, 16 de mayo). *Mohenjo-daro | Archaeological site, Pakistan.* Encyclopedia Britannica. Recuperado de https://www.britannica.com/place/Mohenjo-daro

105. Editores de Britannica (2015, 27 de febrero). *Tirtha | Hindu sacred place.* Encyclopedia Britannica. Recuperado de https://www.britannica.com/topic/tirtha

106. Doniger, W. (2022, 17 de agosto). *Shiva | Definition, Forms, God, Symbols, Meaning & Facts.* Encyclopedia Britannica. Recuperado de https://www.britannica.com/topic/Shiva

EJERCICIO:
Conecta con el agua bendita

Siéntate en tu espacio cómodo con los pies en el suelo y las manos en el regazo y cierra los ojos. Respira. Permite que la luz curativa recorra tu cuerpo desde la cabeza hasta los pies. Mientras lo hace, imagina que la luz se transforma en agua, agua bendita, que te purifica y eleva tus frecuencias. Permite que el agua se transforme en tu burbuja de luz protectora y dorada. Abre la puerta y entra en tu preciosa sala. Encontrarás a tu guía con un monitor. Se está reproduciendo un vídeo, por lo que ahora podrás ver cuándo, durante todo el viaje de tu alma, has tenido contacto con agua bendita. Deja que emerja cualquier imagen, pensamiento o sensación.

(Haz una pausa).

Muy bien. Pídele a tu guía que te aclare aquello que necesites. Agradécele haberte ayudado, date la vuelta, sal por la puerta y regresa a donde has empezado. Sigues rodeado de luz curativa y, cuando cuente desde tres, volverás. Tres, dos, uno, ¡has vuelto!

Apuntes de diario: Conecta con el agua bendita

Anota las respuestas en tu diario:

1. ¿Cómo te has sentido cuando el agua ha bañado tu cuerpo al principio del ejercicio?
2. ¿Te ha informado tu guía sobre los cambios que ha sufrido tu alma a través del tiempo gracias al agua bendita?
3. Describe cualquiera de esas veces.
4. ¿Cuándo y dónde sucedieron?
5. ¿Cómo te hizo sentir el agua?

Anota la fecha y otros datos importantes que tengas sobre el viaje.

Hablando de Benarés, esta ciudad sagrada ha formado parte de muchos sermones de grandes profesores a lo largo de los años. Hay muchísimos relatos sobre el viaje de Buda a la ciudad de Sarnath, ubicada al noreste de Benarés[107].

Un eminente profesor viene a dar una charla. Nos reunimos en el sitio sagrado para escucharlo y me embarga la emoción. Debo dejar a mi familia y seguirlo. Nadie lo entiende, pero este gran maestro es el más sabio que he conocido nunca. Lo adoro por lo simple que es, pero otras personas creen que no merece la pena. Debo irme, y lo hago, a pesar de la presión de quedarme. Viajo solo durante años, enseñando, caminando por el campo, difundiendo la verdad. En mi vida actual he crecido en una religión complicada y que nunca me ha gustado. Ahora veo por qué. Mi guía dice que necesito empezar a seguir la doctrina budista, o al menos leer sobre ella. A través de esas enseñanzas, encontraré lo que he estado buscando: una paz proveniente únicamente de mi interior. Me siento tremendamente agradecido.

Soy una mujer muy pobre en India. No tenemos nada. Estoy lavando la ropa en el río. El agua me reconforta a pesar de estar pasándolo mal. Me viene a la mente el año 600 a. C. Tengo varios hijos, niños y niñas, y siempre intento buscar comida para ellos, pero nunca hay suficiente. En esta vida he aprendido lo que son las penurias, sobrevivir. Esa energía ha afectado a mi vida actual y me ha resultado difícil atraer al dinero y la estabilidad profesional. Ahora puedo liberar esa energía y avanzar, ya que he aprendido la lección. Sin embargo, nunca debo olvidar lo que es querer prosperar y no dar el éxito por sentado. Todos deberíamos

---

107. Shah, A. (2020, 4 de mayo). *Sarnath: Where Buddha Spoke*. Recuperado de https://www.livehistoryindia.com/story/monuments/sarnath

mostrarnos humildes y agradecidos por lo bueno que tenemos. En este mundo no tenemos derecho a nada a menos que trabajemos para conseguirlo. En cuanto a las lecciones, aprendí a sentir gratitud y a cómo ser fuerte para sobrevivir en los tiempos complicados. Siempre y cuando dé gracias por lo que tengo, podré avanzar y mejorar en la vida.

Estos sentimientos son maravillosos y algo que creo que todo el mundo debería recordar de vez en cuando. Todos nos enfrentamos a retos en la vida y, sin embargo, a través de la conexión con la naturaleza y lo divino podemos encontrar, incluso en el lugar más recóndito, algo por lo que sentirnos agradecidos. Si tienes guía, consulta el ejercicio sobre la gratitud en el capítulo sobre Mesopotamia.

Tíbet

A pesar de que el budismo se creó en India y se expandió por toda Asia en diferentes momentos de la historia, el budismo tibetano se ha convertido en una de las iteraciones más populares de esta antigua filosofía en el mundo moderno. Le atribuyo gran parte de su popularidad al trabajo increíble del Dalai Lama, Tenzin Gyatso, que ganó el Nobel de la Paz en 1989[108]. Su extraordinario trabajo para promover la paz en el mundo, sus maravillosos libros y sus ganas de conversar con los líderes mundiales y países han conseguido que miles de personas adquieran la sabiduría de estas antiguas lecciones. He tenido muchos encuentros con personas que creo haber conocido y con las que he conectado debido a nuestros vínculos con el Tíbet, a pesar de no haber estado allí nunca en esta vida. Hace años, conseguí unas reliquias y tesoros tibetanos que enseñé a algunos amigos. Los objetos parecieron despertar

---

108. Frängsmyr, T. (1990). *Les Prix Nobel: The Nobel Prizes 1989*. Nobel Foundation.

sus recuerdos latentes de esos tiempos remotos y afianzaron nuestra amistad mediante esa conexión.

Además de lo anterior, parece que atraigo a personas con recuerdos de vidas pasadas en el Tíbet, como se puede ver a continuación:

Estoy en el Tíbet. Vivo en lo alto de las montañas con un grupo de monjes. ¿Cuándo? Hace muchísimo. Todos llevamos túnicas, cantamos, rezamos. Algunos son escribas; yo, cocinero. Nos adherimos a un horario estricto. Aquí todos somos iguales.

———

Sabemos que el budismo se extendió hacia el Tíbet desde India en torno al 700 d. C., que es algo tarde en comparación con el resto de Asia[109]. Esto significa que podemos asumir que la vida pasada de esta persona en el Tíbet se ubica antes de ese periodo.

Todo es transitorio, todo cambia. Trabajamos para mantener el Camino Medio del equilibrio y la paz.

———

El Camino Medio, o la Vía Media, es un ideal filosófico para los practicantes del budismo. Para lograr la iluminación, el practicante debe aceptar que todo cambia y, al hacerlo, debemos evitar los lujos y la evasión[110].

Dicho de otro modo, no pegamos botes de felicidad, pero tampoco pataleamos cabreados ni nos desquitamos con el mundo para desahogarnos.

109. Gray, D. (2010, 13 de septiembre). *Buddhism in Tibet*. Oxford Bibliographies. Recuperado de https://www.oxfordbibliographies.com/display/document/obo-9780195393521/obo-9780195393521-0166.xml

110. Editores de Britannica (1998, 20 de julio). *Middle Way | Buddhism*. Encyclopedia Britannica. Recuperado de https://www.britannica.com/topic/Middle-Way

El concepto es que lo mejor es no emocionarse demasiado y hacer lo que pide el cliente anterior: permanecer relajado y en paz durante tales extremos.

Hace años, asistí a un retiro de diez días en un monasterio budista en el que hicimos voto de silencio y meditábamos entre ocho y diez horas al día. Durante ese periodo, nos centrábamos en nuestra respiración y en las sensaciones de nuestro cuerpo sin juicio ninguno. Suena fácil, ¿a que sí? Pues te aseguro que resultó más complicado de lo que pensaba. Casi toda la gente se siente condicionada a arreglar o cambiar aquello que supuestamente está mal, pero el ejercicio nos enseñó que, a pesar de la incomodidad, debíamos ceñirnos a esa sensación y reparar en que, con el tiempo, el cuerpo cambia y esa incomodidad desaparece. La lección más importante que aprendí es que cuando no evitamos que las cosas sucedan es cuando más felices somos. Embarquémonos ahora en un viaje para descubrir el Camino Medio. Recuerda que esta práctica será breve y que se realiza únicamente con el fin de ayudarte a percatarte de tu forma de respirar y de conectarte con los sentimientos de tu cuerpo. No lo veas como un ejercicio budista tradicional, sino como un símil que solo durará un par de minutos para hacerte una idea de cómo es. ¿Preparado? ¡Genial!

EJERCICIO:
El Camino Medio

Siéntate en tu espacio cómodo y seguro. Cierra los ojos y respira. Sin visualizar nada, tómate un momento para centrarte en tu respiración. Cierra la boca con cuidado e inspira y espira por la nariz. Siente el aire entrando y saliendo por tus fosas nasales. Tal vez notes que solo pasa por una fosa o las dos. No trates de arreglar o cambiar nada. Simplemente fíjate en ello y toma conciencia de tu respiración sin tratar de regularla o cambiarla. Ten presente que este momento es perfecto tal y como es.

Mientras prosigues respirando sentado, puede que empieces a notar tensiones en el cuerpo. Recuerda que no debes arreglar o cambiar nada. Simplemente toma nota de cómo te sientes. Examina tu cuerpo desde la cabeza hasta los pies, prestando atención a cada detalle sobre cómo se siente tu cuerpo: tu cabeza, rostro, ojos, nariz, mandíbula, cuello, hombros, brazos, manos y dedos. Prosigue analizando tu cuerpo mientras prestas atención a tu estómago, espalda, piernas, rodillas, tobillos y pies. Si alguna parte te hace sentir incómodo, acéptalo y prosigue el examen. Fíjate en que tu energía se transforma mientras respiras y te examinas y recuerda que estas sensaciones cambiarán.

Quédate sentado sin moverte durante todo el tiempo que puedas. Céntrate en tu respiración y en tu cuerpo. Cuando estés listo, podrás regresar a la sala y abrir los ojos.

Apuntes de diario: El Camino Medio

Escribe qué piensas acerca de esta experiencia:

1. ¿Cómo te has sentido al permanecer sentado sin moverte?
2. ¿Cómo has notado tu respiración? ¿Regular o con una fosa nasal más abierta que la otra?
3. ¿Has sentido la necesidad de cambiar tu respiración?
4. ¿Cómo te has sentido al examinar tu cuerpo?
5. ¿Has notado algo de incomodidad que has tratado de cambiar?
6. ¿Has sido capaz de permanecer sentado el tiempo suficiente como para sentir que parte de esa incomodidad desaparecía?

Recuerda, por favor, que esto es solo una breve muestra de un ejercicio que para muchos se convierte en un esfuerzo para toda la vida. A mí personalmente estos ejercicios me brindan mucho equilibrio interno y paz. ¡Ojalá sientas lo mismo! Todo el mundo es distinto, y eso es algo bueno.

. . . .

Australia

Normalmente, la gente que busca llevar a cabo regresiones sigue un camino espiritual. Por esa razón, la mayoría de las regresiones que he guiado con clientes que han mencionado el continente australiano involucran a los aborígenes de dicho continente, que son de los habitantes más antiguos de la Tierra, ya que han vivido allí durante más de cincuenta mil años[111]. Seguro que has oído ese término que ya no se acepta hoy día, dado que estas maravillosas personas prefieren que se los denomine «indígenas australianos[112]». Las personas familiarizadas con ellos los conocen por ser los mejores narradores y trovadores de la historia:

Estamos en el desierto, reunidos, cantando como una sola persona. Las estrellas son nuestros dioses y la tierra, nuestra madre. Cuando cantamos, le agradecemos lo que nos provee y lo que aún debemos recibir. Llamamos a nuestros antepasados para agradecerles lo que hacen por nosotros. Es precioso... (Llora) Tan emotivo... Solo espero poder transmitir este sentimiento a mi vida más a menudo. Ser tan consciente de lo bueno que tenemos en la vida es un regalo que necesitaba recordar.

El reconocimiento y la veneración ancestrales jugaron un papel crucial en las sociedades indígenas de todo el mundo desde el principio de los tiempos. Hace algunos años, creé un proceso llamado «regresión transgeneracional». Se les pide a los clientes que se reúnan con sus padres y

111. Blakemore, E. (2021, 4 de mayo). «Aboriginal Australians». *Culture*. Recuperado de https://www.nationalgeographic.com/culture/article/aboriginal-australians

112. Amnesty International (2021, 18 de junio). *Why saying «Aborigine» isn't OK: 8 facts about indigenous people in Australia*. Recuperado de https://www.amnesty.org/en/latest/campaigns/2015/08/why-saying-aborigine-isnt-ok-8-facts-about-indigenous-people-in-australia/

después viajen en el tiempo para arrojar luz y amor directamente a los sucesos traumáticos que afectaron a sus antepasados. El proceso es muy efectivo y puede crear cambios energéticos reales en nuestras vidas. Los científicos admiten ahora que podemos acarrear sucesos traumáticos en nuestro ADN[113]. A continuación, inspirados por los indígenas australianos y otras personas espirituales a su vez, tendrás la oportunidad de reunirte con tus propios antepasados para recibir sabiduría e información.

EJERCICIO:
Reúnete con tus antepasados

Siéntate en tu espacio cómodo con las manos en el regazo y los pies en el suelo. Cierra los ojos y respira. Siente el aire moverse en tus pulmones. Imagina una preciosa luz blanca flotando a través de ti desde la cabeza hasta los pies. Permite que esa luz llegue a cada célula de tu cuerpo mientras recorre tus brazos, cuerpo, piernas y pies. Fíjate en que la luz te rodea como un escudo dorado y recuerda que en su interior estás a salvo y relajado. Fíjate en la puerta y ábrela. Camina o flota hacia tu espacio sacro. Tu guía te está esperando. Hazle saber que quieres reunirte con los antepasados que más te convengan en este momento.

Repara en la puerta al otro lado de tu sala especial. Se está abriendo y por allí llega uno de tus antepasados. Imagina que camina o flota hacia ti y que puedes verlo, escucharlo o sentirlo. Recuerda que esta forma es su yo superior, que te has reunido con su alma. Salúdala y permite que se presente. ¿De qué parte de la familia proviene? Deja que te cuente cualquier detalle que te ayude en tu camino.

(Haz una pausa).

Repara en que tu guía está mandando una brillante luz sanadora a tu antepasado. Deja que reciba esa luz. Mientras lo hace, se vuelve más

113. Rodríguez, T. (2015, 1 de marzo). *Descendants of Holocaust Survivors Have Altered Stress Hormones*. Scientific American. Recuperado de https://www.scientificamerican.com/article/descendants-of-holocaust-survivors-have-altered-stress-hormones/

ligero y radiante que antes. Puede que lo veas o lo sientas, y recuerda que todo va bien. Cuando acabes de recibir la sanación, permite que te cuente cualquier otra cosa o que responda alguna otra pregunta. También podrías aprovechar el momento para agradecerle todo lo que ha hecho para allanarte el camino.

(Haz una pausa).

Muy bien. Agradécele el tiempo que ha pasado contigo. Fíjate que regresa caminando o flotando por la puerta por la que ha entrado. Da las gracias a tu guía por ayudarte en este encuentro. Date la vuelta y regresa por la puerta. Cuando cuente desde tres, volverás. Tres, anclado, centrado y equilibrado; dos, procesa la sabiduría de tu antepasado; y uno, ¡has vuelto!

Apuntes de diario: Reúnete con tus antepasados

Escribe qué piensas en tu diario y responde a estas preguntas:

1. ¿Con quién te has reunido?
2. ¿De qué parte de la familia era?
3. ¿Qué información te ha dado?
4. ¿Ha recibido tu energía sanadora?
5. Si es así, ¿de qué manera te afectará en el futuro ahora que has extendido esa luz a tus antepasados?
6. ¿Cómo puede ayudar este intercambio de energía e información a tu familia en el futuro?

Tómate unos minutos al día de vez en cuando para acordarte de tus antepasados, de los sacrificios que hicieron y de lo que han hecho para que tú estés aquí en este momento; al hacerlo cosecharás buenos resultados. Cuando sanamos a nuestros antepasados, la huella energética avanza en el tiempo y te afecta de manera positiva tanto a ti como a las generaciones del futuro. ¡Buen trabajo!

••••••••••••

Lugares de interés

Agra (India)

El Taj Mahal seguramente aparezca en muchas listas de lugares pendientes que visitar. Así me sentí yo cuando por fin lo vi. Se puede ir en bus desde Delhi. La mayoría de los *tours* incluyen una parada para comer por el camino antes de llegar a esta maravilla del mundo, construida por el emperador mogol Sha Jahan como muestra de amor a su esposa fallecida Mumtaz Muhal[114].

Bangalore (India)

Esta preciosa área tropical con altas tasas de precipitaciones contrasta de forma significativa con las regiones secas del norte de India cercanas a Nueva Delhi. Bangalore es la sede de muchas empresas internacionales que usan sus recursos humanos como centralitas, soporte técnico y salas de chat. Fui como asesora hace años y la gente es maravillosa, la comida es genial y se pueden visitar templos increíbles, incluido el de Shivoham, sede de la mayor estatua de Shiva del mundo[115].

Benarés (India)

La ciudad sagrada en el río Ganges es uno de mis lugares favoritos. Es una zona especial que se ha venerado durante siglos.

Chongqing (China)

Considerada una de las ciudades más grandes y antiguas del mundo, este increíble lugar está ubicado en el río Yangtsé, donde puedes subirte a un

---

114. UNESCO World Heritage Centre (s. f.-c). *Taj Mahal*. Recuperado de https://whc. unesco.org-/en/list/252/

115. Shivoham Shiva Temple (s. f.). Shivoham Shiva Temple. Consultado el 2 de enero de 2022 y recuperado de https://shivohamshivatemple.org/

crucero para navegar por sus antiguos canales. Los preciosos acantilados y los evocadores jardines colgantes son espectaculares.

Delhi (India)

No hay viaje a India que se precie sin visitar la próspera ciudad de Delhi. Rebosante de vida, esta área abarrotada está llena de negocios, templos, comida increíble y gente maravillosa.

La Gran Muralla China

Súbete a un bus en Pekín y ve a una de las entradas donde accederás a la espectacular Gran Muralla China. Es un lugar que hay que visitar, sin duda, una vez en la vida.

Hong Kong

¡Es una de las mayores ciudades de la Tierra! A una media hora del aeropuerto, viaja por la carretera en dirección a la bahía de Kowloon. Podrás hospedarte en hoteles modernos desde los que ir en ferry a la antigua Hong Kong. Mi hotel tenía unas vistas impresionantes de la ciudad. Hay un tranvía a un lado que te lleva a la cumbre más alta de la ciudad y que tiene unas vistas espectaculares de la bahía.

Jaipur (India)

Esta increíble zona es el origen de algunas de las gemas más preciosas del mundo. Monta en elefante a través de un palacio hindú y observa a los artesanos tallar zafiros, rubíes y más.

Katmandú (Nepal)

El lugar de origen de Buda no está muy lejos, al igual que la entrada al monte Everest, así que hay cosas para todos los gustos en otro de mis lugares favoritos de la Tierra. Puedes usar lo que los lugareños denominan «vuelos de montaña», en los que sales al amanecer y das una vuelta rápida por la cima del monte Everest y ves los pueblos pequeñitos de abajo. Es tan remoto que la gente de allí apenas mantiene contacto con el exterior. Es un lugar increíble con gente maravillosa. La ciudad está llena de estupas budistas y lugares sagrados que tardarás un día en visitar, así como el *ghat* del río Bagmati, donde los dolientes bañan a los difuntos para prepararlos para el más allá. ¡Es brutal!

Melbourne (Australia)

Una ciudad fascinante en la costa sur, sede de la red ferroviaria más antigua de Australia.

Nagano (Japón)

Sede de los Juegos Olímpicos de Invierno. Es una bella ciudad montañosa con muchísimas tiendas preciosas y uno de los templos budistas más increíbles que he visitado.

Pekín (China)

En 2016 y por mi cumpleaños, por fin logré ir a China y visitar la increíble ciudad de Pekín. Hay muchísimos lugares que explorar, incluida la Ciudad Prohibida, los mercados nocturnos y el Parque Olímpico.

Sanghái

Una ciudad divertida y animada llena de edificios modernos y tecnología. Las compras se mezclan con el atractivo del mundo tradicional. Por la noche se puede dar un paseo en barco y ver el cielo desde el agua; una experiencia increíble, desde luego.

Sídney (Australia)

Una ciudad portuaria preciosa y fascinante que visité durante un crucero. La zona del puerto está llena de tiendas divertidas, viajes en barco y la fabulosa Ópera de Sídney.

Tokio (Japón)

No soy capaz de expresar lo mucho que adoro Japón, y sobre todo Tokio. La gente de allí tiene una disposición calmada y valoran la educación a la vez que muestran entusiasmo por la vida.

Conclusión

Con tantos lugares por explorar en Asia y Australia, siento que apenas hemos rozado la punta del iceberg aquí. Sin embargo, espero que este capítulo te haya ayudado a ahondar en las áreas que te generaban curiosidad y que tengas la oportunidad de hacerlo más aún durante tu regresión a vidas pasadas al final del libro.

PARTE 3

Más allá del mundo conocido

En la parte 1, he mencionado que trato de ayudar a la gente a regresar en el tiempo para obtener acceso a la encarnación más beneficiosa posible con tal de recibir la sanación transformadora que desean. Esos tiempos lejanos hacen resurgir recuerdos de lugares remotos más allá de la Tierra a los que hemos acabado aficionándonos.

Tal vez debido a mi actitud con respecto el espacio exterior y al hecho de pensar que no estamos solos en el universo, siempre he trabajado con clientes para ayudarlos a acceder a reinos más allá del mundo conocido. Los que creen en ovnis y en que hay vida en otros planetas se sienten cómodos acudiendo a mí porque saben que no rechazaré sus creencias. Compartan lo que compartan conmigo, jamás menospreciaré lo que están viviendo. No soy Dios; no poseo todas las respuestas. Sin embargo, los que echan un vistazo al universo parecen acceder a menudo a espacios de sabiduría profunda en los que encuentran respuestas sobre los retos de índole espiritual de su vida. Conforme nos adentremos en esta sección, te contaré por qué estos recuerdos pueden resultar tan beneficiosos para aquellos que acceden a ellos.

Quizás te sientas cómodo viajando a estos lugares un tanto extraños, o quizás no, pero no pasa nada. Espero que, al leer estas historias, al menos te entretengas o te abras a las extensas posibilidades que te ofrece una regresión a vidas pasadas.

Ya sea para acceder a una vida en una cueva de la prehistoria o a una nave espacial en una galaxia lejana, el denominador común es que siempre le pido a la gente que describa en qué se relaciona esa experiencia con el problema o desafío en el que están sumidos, o con el don o talento al que intentan acceder para usarlo más en su vida actual. El objetivo es ayudar a la gente a entender el viaje de su alma a lo largo del tiempo, independientemente de dónde o en qué planeta empiece su camino.

Cualquier labor espiritual debería centrarse en el fin de crear más paz y felicidad aquí y ahora. Si no, ¿para qué nos molestamos en llevar a cabo el proceso? Vivimos en este momento porque nuestra alma así lo ha querido y, al acceder a más dimensiones ocultas de esta, adquirimos una mayor comprensión de por qué estamos aquí ahora mismo, o del papel tan importante que jugamos en el esquema general. Eso tal vez signifique rememorar experiencias más allá de lo que tú y yo entendamos como «realidad» aquí en la Tierra.

Nuestras almas son multidimensionales y se conectan a todo y todos en este universo y más allá. Esta sección te abrirá la mente al potencial ilimitado que hay en el campo cuántico. ¡Disfrútalo!

11

El antes del antes y Lemuria

HACE MILLONES DE AÑOS HASTA 50 000 A. C.

Espero que hayas disfrutado del libro hasta ahora. A continuación, comenzaremos a indagar en lo que algunos llamarían el «verdadero» comienzo: el estado de informidad y pura consciencia.

Estoy inmerso en una luz púrpura muy brillante e invitadora. Yo formo parte de esa luz y siento cómo me expando y me alargo por el cosmos, por el tiempo y el espacio. Soy consciente de todo y soy... (Empieza a llorar)... Lo siento, es que es tan bonito...

———————

Como siempre intento regresar a la gente lo más al principio posible de la historia de su alma que tenga relación con cualquier problema que estén intentando superar, de vez en cuando la gente se lo toma muy a pecho y sus yo superiores devuelven su consciencia a un estado original de energía. Cuando esto ocurre, mi interpretación es que la persona ha conseguido volver al mismísimo origen de su alma.

Te preguntarás por qué iba a necesitar alguien reconectar con la pura consciencia y potencialidad. En los tiempos modernos, los humanos

nos enfrentamos a muchos desafíos y gran parte de ellos se deben a nuestras limitaciones físicas y al apego que les tenemos a ciertos resultados en particular. Regresar al nacimiento del mismísimo espíritu puede ser bastante transformacional para el alma. En ese estado, se les pide a los clientes que rememoren sentimientos y sensaciones de cuando eran uno con el todo y se les da pasos que permitan, de forma activa, que esas energías jueguen un papel más importante en su vida actual para que puedan vivir con mayor paz en la Tierra. A un nivel más clínico, aquellos que acceden a la informidad tienden a venir con depresión, ansiedad o traumas. Puede que estén pasando por un cambio drástico en sus vidas, o tal vez se sientan solos y desconectados y necesiten desesperadamente obtener nuevas formas de crear estabilidad interior en sus vivencias actuales. Hay tres formas en las que sucede esta regresión al origen:

1. *Más allá del mundo conocido:* Los clientes ocasionalmente conectan con el mismísimo principio de los tiempos, un reino sagrado donde recuerdan sus vidas como seres informes, bolas de luz y amor, y se ven flotando en el espacio exterior. Dentro de este estado elevado, la gente se percibe como un espacio incorpóreo y se siente reconectada a su divinidad como parte íntegra del universo en su totalidad; conectada a todas las cosas: pasado, presente y futuro.

2. *Antes de tu llegada:* Cuando guío a mis clientes, los llevo a un espacio anterior para descubrir el propósito de su alma y conectar con un dios de su entendimiento, un dios creador, y se sumergen completamente en el Todo para hallar respuestas sobre lo que planeaban hacer en su vida actual.

3. *Lemuria:* Lemuria, también conocida como «Mu», es el nombre que se le da a una civilización perdida y pseudocientífica anterior a la Atlántida. Aunque muchos consideren Lemuria una mera historia de ficción, en regresiones a vidas pasadas los creyentes a menudo conectan con periodos de sus encarnaciones anteriores y sintonizan con una época en la que existieron como

seres incorpóreos dentro de las creaciones físicas de la Tierra. Desde esa fantástica perspectiva, pueden cambiar su consciencia de aislamiento a otra de comunidad y unidad, y llevar ese estado cósmico y nivelado de consciencia a su vida actual.

Da igual cuánta gente sintonice con su creador, cuando experimentan conscientemente un verdadero sentimiento de unidad accediendo al cosmos a ese nivel, son capaces de traerse consigo esa sensación profunda de paz y más amplio estado de consciencia de los sitios más recónditos del universo y conectar con la verdadera esencia de su núcleo interior. Dentro de esos espacios expansivos, el alma se conoce y la gente llega a sentir un amor incondicional de alta frecuencia y un mundo libre de ataduras a las posesiones físicas o a la confusión emocional, que en ocasiones turban hasta a los practicantes espirituales más devotos. Más adelante en este capítulo, tú también tendrás la oportunidad de experimentarlo.

Más allá del mundo conocido

Si crees en la continuidad del alma después de la muerte y estás de acuerdo con la teoría de la reencarnación, entonces, si lo piensas, todos y cada uno de nosotros ha estado en una forma incorpórea en algún momento de su historia, aunque haya ocurrido durante un breve espacio de tiempo antes de elegir reencarnarnos en nuestra vida actual. Una razón por la que siempre he guiado a gente más allá de las regresiones y hacia un espacio precioso entre vidas es porque allí pueden reconectar con su propósito y con un sentimiento real y tangible de lo que es formar parte de algo mayor que nosotros mismos. Todos queremos encajar. No hay mayor expresión de ello que a través de la completa unidad que este tipo de viajes proporciona.

Además, nunca ha habido más necesidad de conectar con el origen a este nivel que ahora. Las tecnologías modernas nos ayudan a mantenernos conectados durante épocas en las que no podemos vernos en persona. Eso puede ser bueno, pero algunas personas se sienten más desconectadas que nunca, y los estudios sugieren que esa gente necesita interacciones cara a cara para ser más felices en su vida[116]. Regresar tanto y conectar con la energía profunda a nivel del cosmos produce una gran sanación en el recipiente. Independientemente de lo que la gente quiera descubrir durante sus regresiones, porque mi objetivo principal es que las personas encuentren lo que mayor bien les haga, no cabe duda de que esta reconexión con la verdadera esencia de uno mismo no es solo beneficiosa y lo mejor para nosotros, sino que también puede ser uno de los momentos más reafirmantes en la vida de alguien pese a que los detalles se desarrollen en el plano de la mente subconsciente. Al igual que los efectos de la realidad virtual de la que hablé anteriormente, una vez que alguien conecta con su verdadera esencia de esta manera, el recuerdo de lo divino permanece con ellos para siempre.

«El antes del antes» es a lo que yo llamo ese espacio incorpóreo y atemporal donde las personas se perciben más allá de cualquier cosa que hayamos llegado a concebir en nuestro mundo físico y tridimensional. No solía escuchar tales experiencias por parte de los clientes en las primeras etapas de mi carrera. Aquellos que se visualizaban como una bola de luz normalmente sufrían depresión o algún trauma. Sus almas anhelaban volver a un estado de ser conectado, y hablarles sobre cómo podían lograr alcanzar este nivel de consciencia mientras seguían vinculados a su vida actual ha resultado valiosísimo para muchos. Mucho ha cambiado durante los últimos años. La vida es complicada, cuanto menos. Por eso, me he percatado de que, cada vez, más y más gente es capaz de acceder a ese espacio del antes del antes. Existen varias buenas razones para ello:

---

116. Katz, L. (2020, 18 de junio). *How Tech and Social Media Are Making Us Feel Lonelier Than Ever: The Loneliness Paradox: All That Time Online Can Connect Us in Amazing Ways, But It Can Also Make Us Feel Isolated.* CNET. Recuperado de https://www.cnet.com/features/how-tech-and-social-media-are-making-us-feel-lonelier-than-ever/

1. El cambio constante de frecuencias alrededor de la Tierra nos está abriendo los ojos a una nueva consciencia del cosmos en general y de nuestro lugar en el universo. Los creyentes de la Nueva Era (incluyéndome a mí a veces) publicitan la idea de que nuestras frecuencias están cambiando y el velo se está estrechando, permitiéndonos conseguir una consciencia frecuente de fenómenos paranormales que no habrían sido tan evidentes hace unos cuantos años.

2. Los numerosos beneficios para la salud de la meditación y otras labores espirituales por fin están obteniendo reconocimiento, por lo que un número mayor de personas siguen prácticas que, por su propia naturaleza, permiten a los creyentes conectar de forma más fácil con lo divino. La gente que conecta con su origen declara sentir una paz más profunda, similar a como otros describen las sensaciones después de haber estado llevando a cabo largas sesiones de meditación.

3. Estudiantes o creyentes de las regresiones a vidas pasadas que practican constantemente el proceso al final se vuelven tan expertos tras haber explorado tantísimas vidas que el siguiente paso lógico es viajar hasta el origen y encontrarse cara a cara con su creador.

Ahora que has leído sobre el potencial que albergan este lugar y esta forma de pensar, embarquémonos en un nuevo viaje.

EJERCICIO:
Viaje más allá del mundo conocido

Toma asiento en tu espacio sacro, llama a tus guías, pronuncia todas las afirmaciones u oraciones que quieras y cierra los ojos. Respira paz, luz y sanación, y exhala todas las tensiones. Imagina que una luz blanca y pura cae por tu cabeza. Esa maravillosa luz te baña el rostro, el cuello, los hombros, los brazos, las manos y la espalda; penetra tu corazón hasta la base de la columna y luego desciende por tus piernas hasta llegar a las plantas de los pies. Imagina que la luz sale despedida desde tu corazón y te rodea con una burbuja de luz dorada. No olvides que, dentro de esta pompa de luz dorada, estás a salvo, seguro y protegido, y que solo lo que más te haga bien puede atravesarla.

Imagina que hay una puerta delante de ti. Dentro de un momento, cuando cuente hasta tres, abrirás la puerta y caminarás o flotarás hasta tu espacio sacro. ¿Preparado? Uno, dos y tres, abre la puerta. Crúzala e intérnate en tu espacio sacro y especial, el mismo lugar en el que ya has estado en otras ocasiones. Siente la maravillosa energía de este lugar mientras miras en derredor y te fijas en lo que ves, sientes u oyes. Ten presente que sigues rodeado por una luz dorada y curativa, así que puedes disfrutar por completo de la energía fabulosa que hay aquí. Mientras lo haces, fíjate en que tu guía personal flota desde arriba para unirse a ti. Salúdalo y siente el amor incondicional y la alta estima en que te tiene. Recuerda que tu guía lleva con tu alma desde el principio de los tiempos y lo sabe todo sobre ti, sobre tu alma y el propósito de esta.

Fíjate ahora en que un haz de luz blanca y pura cae desde arriba y te rodea a la vez que te sana. Imagina que esta luz es tan brillante y cariñosa que la sientes tirar de ti. Mientras ocurre, toma a tu guía de la mano y la luz empieza a elevarte más y más, separándote del suelo. Flotas cada vez más y más alto, hasta mezclarte con las nubes. Estás tan tranquilo, tan relajado... Ahora te mueves rápido y notas que, cuanto más alto flotas, más relajado te sientes. Imagina que estás flotando tan alto en el cielo que sobrepasas las nubes y sales al espacio. Ve allí, ya, y flota en el espacio. Puede que te veas flotando sobre la Tierra, tranquilo y relajado. Mientras prosigues tu viaje hacia el universo, también reparas en planetas, estrellas y otros sistemas solares a la vez que conectas por completo con el universo. Tómate un momento mientras viajas más deprisa que la velocidad de la luz hacia mundos previamente desconocidos. Siente la conexión con todo lo que hay en el universo.

(Haz una pausa).

Muy bien. Mientras sigues flotando en el espacio, te fijas en un precioso ser de luz blanca y pura que se mueve hacia ti. Este ser es el origen, el creador, el Todo, que también lo sabe todo sobre ti y tu alma, al igual que sobre todos los seres y creaciones de todos los universos. Siente el amor incondicional que el origen siente hacia ti. Permite que la luz encantadora de su presencia elimine cualquier energía pesada que puedas haber albergado antes de hoy. Permite que su encantadora presencia se acerque a ti mientras tus frecuencias suben y suben y te sientes más ligero que nunca. Siente que tu consciencia se expande. Percibe tu conexión con todas las cosas; pasado, presente y futuro. Fíjate en lo que ves, notas u oyes. Mientras experimentas esa unidad con todo, también puedes permitir que el origen te dé algún mensaje que en este momento te resulte beneficioso.

(Haz una pausa).

Espléndido. Dale las gracias al creador por haberse reunido contigo. Llévate esa encantadora energía contigo mientras tu guía personal y tú os alejáis flotando, de vuelta a través de las estrellas, más allá de los varios planetas y sistemas solares que viste al principio. Colmado de luz y amor, desciendes más y más y más hacia la Tierra, y de nuevo te hallas entre las nubes. Atraviesa las nubes y sigue sintiendo cómo desciendes y desciendes y desciendes hasta el suelo, hasta aterrizar justo donde comenzaste, dentro de tu precioso lugar seguro y especial. Hazlo ya, aterriza en el suelo. Tómate un momento y agradece a tu guía por acompañarte hoy en este viaje. Despídete por ahora y obsérvalo mientras se aleja flotando, sabiendo que volverás a verlo pronto.

Date la vuelta, camina o flota a través de la puerta por la que accediste al principio y ciérrala detrás de ti. Sigues rodeado por una luz curativa y dorada, y sabes que solo lo que es bueno para ti puede atravesar esa luz. Dentro de un momento, cuando cuente desde tres, regresarás sintiéndote despierto, renovado y mejor que nunca. ¿Preparado? Tres, anclado, centrado y equilibrado; dos, lleva contigo el amor incondicional del creador ahora y siempre; y uno, ¡has vuelto!

Apuntes de diario: Viaje más allá del mundo conocido

Saca tu diario y anota la fecha de hoy.

234 VIDAS PASADAS EN TIERRAS ANCESTRALES Y OTROS MUNDOS

1. ¿Cómo te has sentido al flotar en medio del universo?
2. ¿Has conectado con el cosmos?
3. ¿Has podido percibir a un ser de luz que representaba tu origen o a tu creador?
4. De ser así, ¿qué te ha dicho o cómo te has sentido?
5. Antes de hoy, ¿te atraía la idea de experimentar un estado incorpóreo o anhelabas conectar con una sensación atemporal del Todo?
6. Anota todo lo que se te ocurra. ¡Buen trabajo!

¡Espero que hayas disfrutado del viaje y de haberte reunido con el creador! Acceder al origen a este nivel puede ser realmente transformacional y proporcionar a tu alma una profunda sensación de paz y conectividad que podrás usar a lo largo de tu vida. ¡Buen trabajo!

•••••••••••

Antes de tu llegada

Uno de los viajes más poderosos en los que pueden embarcarse las personas es el que, con ayuda de la imaginación guiada, te lleva al espacio que existe entre vidas, justo antes de encarnarnos en nuestra vida actual. Yo le pido a la gente que se imagine encontrándose con Dios, con el creador, el origen o como sea que perciban ellos la energía del Todo. Encontrarse con esta energía encantadora puede resultar muy abrumador para muchos, ya que dicha energía es de una frecuencia tan alta y profesa tal nivel de amor incondicional y aceptación por la persona que a menudo la gente incluso se emociona, en el buen sentido. Desde ese lugar y perspectiva privilegiados, el alma se reúne con un dios de su entendimiento que le hace una pregunta muy importante: *¿Qué te gustaría experimentar en tu siguiente vida?* La gente percibe la respuesta y a menudo encuentra la información reconfortante y válida según las vivencias que haya tenido hasta el momento en su vida actual.

En mi siguiente vida, quiero aprender a confiar y a serles útil a los demás. Quiero una familia valiente y elegí Brasil y Estados Unidos porque culturalmente son muy distintos. Durante mi vida, un cambio enorme sucederá en nuestro planeta, y he decidido venir aquí en este momento para enseñar, enseñar y enseñar. Sigo percibiendo que estoy aquí para ayudar a los niños. No podemos permitir que la negatividad del mundo nos hunda. Tengo que confiar, hacerlo lo mejor que pueda y no obsesionarme con las cosas pequeñas. Tengo que creer en mí misma.

———————

Una de las mayores razones por las que la gente busca las regresiones es para descubrir el propósito de su alma. Muchas veces, ese propósito es el mismo que en muchísimas otras vidas pasadas, así que siempre puedes descubrir tu propósito llevando a cabo una regresión normal. Aun así, estamos aquí en este momento de la historia y en este cuerpo en particular para hacer ciertas cosas. Por esa razón, es increíblemente poderoso centrar parte del viaje en descubrir los detalles únicos de nuestra vida actual. El ejercicio de «Antes de tu llegada» puede ayudarte a descubrir pistas ocultas sobre cuál es tu propósito en esta época y lugar, como en el caso anterior. En sus últimos años de adolescente, Marta inmigró a Estados Unidos desde Brasil y luchó por encajar allí después de tener que pasar por la difícil transición de dejar tanto su hogar como su cultura atrás para mudarse a un país extranjero. Trabajaba como profesora de primaria y quería saber su propósito, qué había venido a hacer en esta vida, y la razón de sus muchos problemas. Pese a su profesión, se sentía extremadamente insegura de su inglés y esperaba que su vida sirviera para un propósito superior, aunque en el momento de nuestra sesión, no sabía cuál podría ser. Cuando la sesión finalizó, su perspectiva cambió de forma drástica:

He visto a Dios como una luz llena de amor y apoyo. Esa energía cree en mí y me apoya. Sentí cómo Dios me decía: «No te preocupes, ¡lo estás haciendo bien!».

A continuación, podrás adentrarte en ese espacio y descubrir cuál es el propósito de tu vida actual. ¡Disfruta!

EJERCICIO:
Antes de tu llegada

Vuelve a tu espacio cómodo, manifiesta tus intenciones, cierra los ojos y respira. Permite que la energía de amor, luz y relajación se desplace a través de ti a la vez que una luz blanca y pura te cae por la cabeza y penetra todas y cada una de las células de tu cuerpo mientras desciende y sale por las plantas de tus pies. Imagina que la luz mana de tu corazón y te rodea con una burbuja dorada de luz protectora a un metro en todas direcciones. No olvides que solo lo que es mejor para ti puede atravesar esa luz dorada.

Fíjate en la puerta que hay frente a ti. Es la misma que has cruzado en otras ocasiones. Dentro de un momento, cuando cuente hasta tres, la abrirás y caminarás o flotarás hacia tu lugar especial. ¿Preparado? Uno, dos y tres; abre la puerta. Crúzala y entra en tu espacio sacro. En cuanto llegas, obtienes una sensación de sanación y relajación mientras tu guía especial aparece para saludarte, y la preciosa luz blanca empieza a bañaros desde el cielo y a tirar de vosotros hacia arriba, arriba, arriba, hasta las nubes. Flotáis cada vez más y más y más alto, completamente relajados y despreocupados. Cuando mires hacia la Tierra, repara en que hay un rayo de sol preciosísimo debajo de ti. Ese rayo de sol representa el tiempo.

Imagina que flotas por encima del día de hoy. Ahora imagina que puedes seguir ese rayo de sol en dirección al pasado. Visualiza el pasado ahora. Muy bien. En tan solo un momento, volarás hacia el pasado, hacia los momentos previos a tu nacimiento. ¿Preparado? Uno, dos y tres; vuela, vuela más y más hacia atrás, antes de tus primeros años, antes de tu infancia, a ese tiempo en el que eras un bebé, y viaja hasta ese momento justo antes de tu nacimiento. Ve allí, ya. Muy bien.

Fíjate en el invitador ascensor que hay frente a ti. No dudes; flota hacia él y pulsa el botón de subir. Mientras lo haces, las puertas se abren y tú te adentras en el ascensor y miras el panel de control. Pulsas el botón de la planta superior y empieza a subir y a subir y a subir, más allá de tu dimensión actual. El ascensor se detiene y las puertas se abren. Sales y te encuentras en un espacio lleno de una luz blanca y pura de alta frecuencia, las vibraciones más altas que hayas sentido nunca. Siente esa increíble energía mientras flotas en esa luz cariñosa y expansiva. A la vez que lo haces, percibes a un maravilloso ser de luz blanca y pura moverse hacia ti. Es el creador, el origen, el Todo, que lo sabe todo de ti, de tu alma y de todos los seres y creaciones de todos los universos. Siente el amor incondicional que este ser siente por ti. Permite que la luz cariñosa de su presencia sane tu cuerpo, tu mente y tu espíritu.

Dile que estás aquí para descubrir los planes que hiciste antes de tu encarnación actual. ¿Qué viniste a hacer en tu vida actual? ¿Cuál es tu propósito? ¿Por qué elegiste tu camino, familia y amigos actuales? Tómate un momento para preguntarle a esta cariñosa presencia y recibe toda la información que necesites.

(Haz una pausa).

Cuando estés preparado, dale las gracias por estar aquí hoy. Regresa al interior del ascensor y comienza tu viaje de vuelta. Baja y baja y baja llevándote la paz, el conocimiento y la comprensión contigo mientras te mueves hacia el rayo de sol. Ve allí, ya. Las puertas se abren y de nuevo estás flotando entre las nubes por encima de los momentos previos a tu nacimiento. Llévate esta nueva perspectiva contigo mientras vuelas sobre el rayo de luz hacia el día de hoy. Hazlo y flota sobre el día de hoy. Siente cómo desciendes más y más y más de nuevo hacia la Tierra. Para cuando cuente hasta tres, estarás de vuelta en tu sala especial. Uno, desciende a través de las nubes; dos, ve anclándote a la Tierra; y tres, estás de vuelta en tu precioso espacio. Gírate y sal por la puerta por la que entraste al principio. Vuelve a donde comenzaste, rodeado de una luz curativa y dorada. Te embarga una paz superior ahora que sabes el camino que tu alma ha elegido para tu vida actual. Dentro de un momento, cuando cuente desde cinco, regresarás al momento presente sintiéndote despierto, renovado y mejor que nunca. Cinco, anclado, centrado y equilibrado; cuatro, sigue procesando esta información en tus sueños esta noche para que mañana por la mañana hayas integrado este nuevo nivel de autocomprensión; tres, conduce con cuidado y mantente a salvo en todas las actividades; dos, anclado, centrado y equilibrado; y uno, ¡has vuelto!

Apuntes de diario: Antes de tu llegada

Saca tu diario y anota la fecha de hoy antes de responder a las siguientes preguntas:

1. ¿Cuál es tu propósito en esta vida?
2. ¿Qué papel ha jugado el vínculo con tu familia y amigos en tu misión?
3. ¿Hiciste algún plan específico para lo que querías hacer en tu vida actual?
4. ¿Cuántas cosas de tu lista has conseguido hacer ya?
5. ¿En qué otras debes centrarte en el futuro para que tu propósito se vuelva más real?

Espero que este viaje te haya resultado útil y que te tomes el tiempo de apreciar todas las formas en la que ya estás siguiendo tu camino superior y completando la misión de tu alma.

· · · · · · · · · · · · ·

Lemuria

La tercera forma en la que mis clientes se perciben a sí mismos en un estado informe es a través de los vínculos con la antigua Lemuria, una tierra pseudocientífica y benevolente habitada por seres altamente avanzados en lo referente al espíritu. El arqueólogo aficionado y fotógrafo Augustus Le Plongeon afirmaba que los mayas descendían de una antigua civilización que vivió en un continente perdido llamado «Mu», de lo que escribió en su libro sobre la reina atlante Móo[117]. Más tarde, el zoólogo Philip Lutley Sclater utilizó el término «Lemuria» por primera vez mientras investigaba unos restos de lémures hallados en Madagascar[118]. Su idea capturó la imaginación de ocultistas, científicos y soñadores por igual, incluyendo a Madame Blavatsky, que incluyó a Lemuria en su libro *La doctrina secreta* (1888) y la acopló en su religión teosófica[119]. Posteriormente, el coronel James Churchward propuso en su libro *El continente perdido de Mu* (1926) que este antiguo continente gigantesco se extendía desde Hawái hasta Micronesia y hacia abajo hasta la Isla de Pascua antes de hundirse en el Pacífico.

La primera vez que me topé con escritos sobre esta tierra perdida fue mientras investigaba para uno de mis libros sobre Hawái y leía sobre las supuestas leyendas locales, que describían a Lemuria o Mu en tradiciones orales. Dicho eso, no hay prueba escrita fehaciente que mencione a Lemuria específicamente más allá de esas referencias que he dado arriba. Luego, gracias a las lecturas de vida de Edgar Cayce, el psíquico más documentado del siglo xx, me volví a sumergir en la idea de Lemuria.

117. Le Plongeon, A. (1900). *Queen Móo and the Egyptian Sphinx Second Edition*. Press of J. J. Little & Co. Astor Place.

118. Bressan, D. (2013, 10 de mayo). *A Geologist's Dream: The Lost Continent of Lemuria*. Scientific American.com. Recuperado de https://blogs.scientificamerican.com/history-of-geology/a-geologists-dream-the-lost-continent-of-lemuria/

119. Blavatsky, H. P. (2012). *The Secret Doctrine (Complete): The Synthesis of Science, Religion, and Philosophy, Third and Revised Edition*. Library of Alexandria Baker & Taylor.

Cayce hizo lecturas de vidas pasadas a miles de personas mientras vivía, incluidas aquellas de quienes él identificaba como «lemurianos»; seres benevolentes que vivieron en una preciosa utopía anterior a la Atlántida, el otro famoso continente perdido que mencionó por primera vez el filósofo griego Platón y del que hablaremos en el siguiente capítulo. En cuanto a Lemuria, algunos dicen que Cayce estaba influenciado por la teosofía, pero nadie lo sabe con certeza. Cayce entró en trance y les dijo a muchos que eran lemurianos reencarnados y eso es lo que creo que realmente extendió la idea de Lemuria y por qué seguimos hablando de ello hoy por hoy. Ya es decisión tuya creer o no en las ideas aparentemente absurdas sobre Lemuria. Yo siempre he conectado con Lemuria a un nivel más espiritual y, para mis clientes, te lo aseguro, Lemuria es un lugar y un estado de la mente muy real, como se muestra en el siguiente relato:

Estoy flotando en una frondosa jungla tropical, pasando junto a los pájaros, a pequeños animales y criaturas. Los siento a todos; son tan encantadores y puros... Mi alma anhela saber lo que es tener una forma física. Ahora avanzo en el tiempo y mi alma está preparada para experimentar la cualidad física. Estoy en Lemuria, el mismo lugar que antes. Formo parte de los seres originales que eligieron venir y experimentar la forma corpórea para ver si es posible contener nuestra luz en la tercera dimensión. La vida física no es fácil, pero me complace haber podido vivir la experiencia.

Según las lecturas de Edgar Cayce, los lemurianos a menudo existían en un estado de pura consciencia y sin cuerpo físico hasta que les entró la curiosidad por la forma corpórea y decidieron experimentarla[120]. Al

---

120. Van Auken, J. (2016, 17 de junio). *What Was the Language of Atlantis & Lemuria?* EdgarCayce.org. Recuperado de https://www.edgarcayce.org/about-us/blog/blog-posts/what-was-the-language-of-atlantis-lemuria/

igual que en el caso práctico anterior, estos seres incorpóreos existieron como formas de pensamiento dentro del plano físico de la Tierra más que flotando en el espacio exterior, como se describía en la primera parte de este capítulo.

Dada la referencia que hago a las lecturas de Cayce en otros libros que he escrito sobre el tema, he atraído a numerosos seguidores de Cayce que creen en sus descripciones sobre Lemuria. Esas creencias tienden a presentarse durante las regresiones que he llevado a cabo a antiguos lemurianos y poseen varias cosas en común:

1. La creencia de que Lemuria es una utopía ideal llena de seres encantadores e incorpóreos que existían únicamente para difundir amor y luz.
2. Los lemurianos físicos y a menudo no verbales vivieron en un entorno frondoso y tropical donde la sostenibilidad abundaba y dentro del mundo natural todo coexistía en armonía.
3. La Tierra cambió y los cataclismos precipitaron la caída de Lemuria, obligándolos a emigrar al este, hacia América y más allá.
4. Los lemurianos están entre nosotros ahora para despertar a nuestras almas y ayudarnos a recordar esa iluminada forma de ser y difundir amor y luz en los tiempos modernos.

Otro aspecto extraño del acervo popular lemuriano con el que me impliqué en los primeros años de mi carrera comenzó después de que conectara con los llamados «cristales lemurianos». La idea es que los lemurianos, de alguna forma, imbuyeron energía positiva y sanadora en ciertos cristales. Al principio, pensé que la idea parecía una auténtica chorrada, pero no tardé mucho en cambiar de parecer tras uno de mis peregrinajes anuales a la feria de minerales de Tucson. Estando allí, me topé con un vendedor de cristales lemurianos y decidí probar uno. En cuanto lo cogí, me enamoré perdidamente del cristal; tanto que compré un montón, volví a casa y canalicé todo un libro sobre ellos. Los cristales me «contaron» sobre el tiempo de los lemurianos en la Tierra y las energías amorosas que deseaban imbuir a la humanidad. Llegué a entender que, aunque los lemurianos vivieron una vez en la Tierra, ahora hay que verlos como seres interdimensionales parecidos a como eran cuando llegaron a la Tierra tantísimo tiempo atrás. Insertaron vibraciones positivas en cristales que dejaron aquí hace muchísimos años, y solo con el mero hecho de sostenerlos en la mano podemos activar esas vibraciones sanadoras. Tal vez suene un poco exagerado, pero créeme, cuando empecé a trabajar con los cristales lemurianos, mi energía mejoró y me volví una verdadera creyente.

A veces, si no siempre, aquellos que se ven atraídos hacia Lemuria y los cristales lemurianos tuvieron encarnaciones en la región de las islas del Pacífico, incluyendo Polinesia, América Central y del Sur. Después de examinar las lecturas de Cayce y de escuchar relatos de vidas pasadas, mi entendimiento sobre cómo evolucionó Lemuria es que los terremotos, volcanes y tsunamis obligaron a estas personas a emigrar al este desde la zona de Oceanía, que incluye varias islas del Pacífico del sur y del centro, hacia la costa oeste de lo que hoy día es Estados Unidos, América Central y del Sur, a lugares como la Isla de Pascua y Perú. Gracias al libro de Churchward y a su vínculo con los lémures, a menudo se considera Madagascar, frente a la costa de África, una posible ubicación para Lemuria. He vendido cristales de Madagascar en el pasado y sí que es cierto que albergan una energía especial y de otro mundo, así que, ¿quién sabe? Hoy día sería complicado demostrar o desmentir tales relatos con los tantísimos descubrimientos arqueológicos que suceden constantemente en el mundo. Solo tú puedes decidir si esta información te convence o no, y de ser así, ¡tal vez tú también fueras un antiguo lemuriano! En caso afirmativo, tendrás la oportunidad de someterte a una regresión a vidas pasadas enfocada en Lemuria más adelante en el libro. Por ahora, ¡conozcamos a algunos lemurianos, a ver qué te cuentan!

EJERCICIO:
Conecta con los lemurianos

Toma asiento en tu espacio cómodo. Llama a los seres de amor y luz para que te acompañen en este viaje especial. Arroja una luz cariñosa por encima de tu cabeza. Siente cómo esa luz se desplaza por tu espalda, a través de tus brazos, piernas y pies. Una preciosa burbuja de luz dorada te rodea mientras te preparas para adentrarte en tu sala sagrada. Entra flotando y saluda a tu guía personal, que te señala una silla donde puedes sentarte. Relájate. Empieza ahora a sentir la energía de los lemurianos interdimensionales conforme se acercan. Fíjate en que son de una frecuencia altísima. Deja que te transmitan muchísimo amor y luz, y que te llenen de esperanza, energía y alegría. Tómate tu tiempo para bañarte en la fabulosa energía de estos seres tan especiales.

(Haz una pausa).

Cuando estés preparado, levántate de la silla y dales las gracias a los lemurianos por haber compartido su luz curativa hoy contigo. Agradece a tu guía y, si hay algo que necesite comunicarte, permítele que lo haga ahora. Cuando estés listo, regresa al lugar donde comenzaste sintiéndote más ligero y mejor que nunca. Cuando cuente desde tres, volverás sintiéndote despierto y renovado. Tres, anclado, centrado y equilibrado; dos, sigue beneficiándote del amor y la luz que has recibido hoy; y uno, ¡has vuelto!

Apuntes de diario: Conecta con los lemurianos

Saca tu diario, anota la fecha de hoy y describe tu experiencia al conectar con los lemurianos interdimensionales.

1. ¿Has sentido lo cariñosos que son?
2. ¿Has recibido algún mensaje en especial o solo sensaciones y luz curativa?
3. ¿Tu alma recuerda una época en la que todos los seres vivían en armonía y en la que tal vez ya conectaste con lemurianos?

4. ¿Recuerdas haber vivido en la naturaleza y entre animales en un estado pacífico y no verbal?

5. ¿Anhelas alcanzar una época de grandísima paz y de seres cariñosos y vibracionales?

6. ¿Aún sientes un vínculo divino con todos y todo a tu alrededor pese a los muchos conflictos y dificultades del mundo moderno?

7. ¿Te has sentido atraído por las islas del Pacífico, como Hawái?

8. ¿Te sientes atraído por América Central o del Sur?

9. Escribe cualquier otra información que tu guía o los lemurianos hayan compartido contigo y que puedan ser de relevancia luego.

¿Has disfrutado al sentir esa energía tan increíble? Mientras procesas lo que has recibido, presta especial atención a tus sentimientos. La energía lemuriana tiende a inspirar paz y amor dentro de nosotros.

·············

Lugares de interés

Hawái

Las islas hawaianas atraen a gente de todo el mundo por una razón. La energía de alta frecuencia tan inusual que hay allí te hará sentir como si hubieras entrado en un mundo nuevo. Viajar allí podría ayudarte a conectar con el continente perdido de Lemuria.

Monte Shasta

Existe una antigua creencia en la comunidad de la Nueva era que dice que los descendientes de los lemurianos siguen vivos en un laberinto de túneles secreto bajo el increíble monte Shasta, ubicado en el norte de California. Lo visité hace años y experimenté un viaje muy profundo allí. Tal vez disfrutes de esta energía si te sientes atraído por Lemuria.

Suroeste de Estados Unidos

Se dice que el sur de California, Arizona y Nuevo México tienen lazos con los lemurianos que huyeron de los cataclismos en el Pacífico. Sin duda, estas áreas albergan una energía especial que es indescriptible hasta que la sientes por ti mismo.

Yucatán, Centroamérica y Sudamérica

La región maya, México, Costa Rica, Perú, la Isla de Pascua y otras áreas cercanas a estas también se consideraron lugares a los que los lemurianos migraron tras huir de los cataclismos. Yo estoy enamorada de la región, así que recomiendo encarecidamente cualquier viaje aquí, aunque sea a través de la realidad virtual o de la programación.

Conclusión

Muchísimas personas de mi alrededor creen en Lemuria, ese supuesto continente perdido que hoy día aún muchos consideran pura charlatanería. Como seguiremos comentando a lo largo de este libro, gracias a disponer de la mejor tecnología, nuevos descubrimientos científicos revelan a diario mundos que anteriormente estaban ocultos. Por esa razón, es muy posible que algún día pueda demostrarse la existencia de Lemuria más allá de toda duda.

Todos los practicantes que conectan con el origen, independientemente de cómo lo hagan, regresan con herramientas que los ayudan a navegar por las aguas turbulentas de la vida y a centrarse en lo que de verdad importa. Rememorar la sensación de conexión con lo divino ayuda a las personas a evitar abrumarse recordando ese espacio y obteniendo esa energía pacífica con el fin de recargar su batería espiritual durante los tiempos más difíciles.

12

La Atlántida y los reinos perdidos o hundidos

50 700 A. C HASTA 9600 A. C.

Y hablando de continentes perdidos, las historias sobre la Atlántida sorprenden y desconciertan a los investigadores de todo el mundo. El filósofo griego Platón mencionó la Atlántida de pasada en sus diálogos *Timeo* y *Critias* en una mezcla extraña de hechos y ficción[121]. En la historia, el abogado griego Solón, que vivió de verdad, viajó a Egipto y oyó historias sobre un gran continente antiguo de voz de un gran sacerdote egipcio. La información se adereza con grandes dosis de diálogo y es casi secundaria. La ambigüedad en su significado ha vuelto locos a los investigadores y eruditos. ¿Platón creó una magnífica alegoría política y social sobre el estado ideal de Atenas o tuvo acceso de alguna forma a información sobre un *lugar real* que desapareció bajo el mar? Platón trató el papel de la justicia social en su libro *La República*, y tal vez por ello, incluso después de su muerte, algunos eruditos asumieron que Platón narraba una historia aleccionadora sobre cómo la avaricia y los vicios pudieron destruir a una sociedad maravillosa[122].

---

121. Jowett, B. (1869). *Timaeus by Plato 360 BC*. New York: C. Scribner's Sons.

122. Jowett, B. (1869). *The Republic by Plato 360 BC*. New York: C. Scribner's Sons.

La teoría de la Atlántida acarrea otros problemas aparte del reto de preguntarse a qué se refería realmente Platón. Dado los escasos detalles que hay sobre su ubicación, aún no se ha demostrado su existencia, ni tampoco hay consenso de opiniones. En el capítulo de Grecia exploramos la civilización minoica. A lo largo de los años, muchos investigadores creyeron que la Atlántida existió en Creta, dado que Platón describía a los sacerdotes atlantes portando túnicas celestes y como personas que adoraban a los toros, y ambas prácticas formaban parte de las ceremonias minoicas. El problema de esa teoría es que el palacio de Cnosos está muy lejos del mar y no reúne ninguna de las características costeras que describió Platón en sus escritos, e incluso otros asentamientos minoicos, como Palaikastro, no casan con la descripción de Platón. Por esa razón, algunos teóricos sugieren que los minoicos no son los atlantes, pero que sí que pudieron estar relacionados. Podría ser, pero, en fin, nadie lo sabe con certeza. Por eso analizar y estudiar la Atlántida es tan emocionante y frustrante a la vez.

Mi primer recuerdo de la Atlántida apareció sin querer durante una excursión a la feria de minerales de Tucson a principios de los 2000. En el puesto de un comerciante, me topé con una piedra rara llamada «larimar», que solo proviene de una mina ubicada en la República Dominicana. Hoy día es bastante popular, pero por aquel entonces nadie había oído hablar de ella, yo incluida. Cogí la piedra y no sé qué me sobrevino. Me sentí abrumada por un torrente de profundas emociones que jamás había sentido. A pesar de que era cara, tenía que hacerme con alguna, así que compré varias piedras y me las llevé a la habitación del hotel. Había una en particular de la que no me podía separar, así que la dejé encima de la almohada. Esa noche, tuve sueños de lo más vívidos sobre nadar con delfines y una imagen de una niña con un vestido blanco y vaporoso caminando por unas aceras de color blanco entre remansos de agua. Se acercó al borde del agua y, entonces, me convertí en ella y me vi a mí misma metiendo la mano en el agua con algún tipo de premio en ella, y a un delfín ansioso acercarse y tomarlo de mi mano.

Volví al puesto del vendedor de larimar al día siguiente preguntándome qué había pasado y el minero me contó la historia del larimar y la creencia de que está relacionada con la Atlántida. Cuando me llevé varias piedras de larimar a Dallas, celebré una exposición privada en mi casa e invité a gente de la comunidad metafísica. La respuesta fue más entusiasta de lo que imaginaba. Muchos asistieron y, cuando sujetaron las piedras en las manos, incluso varios lloraron. Mis guías me informaron de que había muchos atlantes reencarnados en la zona de Dallas. Es una ciudad tremendamente ostentosa conocida por sus centros comerciales y el materialismo. Quién sabe si los dalasitas nos reencarnamos juntos para unir fuerzas y superar las tentaciones del mundo con el fin de obtener un ideal mejor.

Y volviendo al dilema de la ubicación de la Atlántida, Platón dijo que esta tierra hundida se encontraba en el Atlántico, más allá de las columnas de Hércules, un modo de describir las formaciones rocosas que protegen el puerto de Gibraltar. Ese presunto pequeño detalle ha llevado a numerosos eruditos a buscar la Atlántida en el Caribe. De ahí provino el larimar, así que tiendo a creer que puede ser cierto que las piedras guardan recuerdos holográficos de la Atlántida parecidos a los cristales de Lemuria mencionados en el capítulo anterior. No cabe duda de que las piedras encuentran y avivan los recuerdos olvidados de las vidas pasadas de las personas.

Los que me conocen saben que creo en cosas bastante extravagantes. No siempre necesito pruebas para decidir que algo es posible. Mi propia experiencia con el larimar combinada con los posibles cientos de historias que me han contado atlantes reencarnados sobre sus vivencias en las distintas épocas de la que una vez fue una gran civilización me han convencido de que la gente sí que tiene acceso a algo *más*. Obviamente, mi parte escéptica diría que están repitiendo lo que han escuchado en Discovery Channel o, igual que con los lemurianos a los que he ayudado a regresar, que podrían haber tenido acceso a las lecturas de Edgar Cayce, tantas de las cuales se refieren a la Atlántida. Todo eso es cierto, claro, pero yo sigo creyéndolo.

Cuando hablo de la Atlántida o Lemuria, tal vez no visualices estos lugares como reales, pero para mis clientes te aseguro que sí lo son. En este capítulo analizaremos algunas de las categorías de las regresiones en la Atlántida que he llevado a cabo hasta el momento:

1. *Los principios de la Atlántida:* Estos casos describen los días y sucesos en que los atlantes y lemurianos se reubicaron y se asentaron en sus nuevos hogares debido a los cambios y desastres naturales que los obligaron a migrar. Durante esa época, los lemurianos y los atlantes unieron fuerzas y convergieron de forma pacífica.

2. *Sanación en la Atlántida:* Muchas almas narran sucesos de vidas pasadas donde poseen habilidades de sanación innatas. Describen templos de sanación, rituales y prácticas, y afirman haber regresado a esta vida para ayudar a los demás a traer de vuelta esos dones y talentos y así compensar el pasado. Estas personas hablan no solo de sus habilidades sanadoras, sino también de la *responsabilidad* de seguir sanando en su vida actual. Ese sentido del deber procede de la creencia interna de que deben hacerlo mejor esta vez o de que deben dedicarse a profesiones relacionadas con la sanación o la ayuda a los demás.

3. *Devastación final:* Al igual que muchas de las tierras ancestrales que hemos explorado, las grandes civilizaciones llegan a su fin. Desde que Platón nos contó que la Atlántida se hundió bajo el mar, suponemos que no se debió a la gente en sí, sino a los cambios climáticos. No obstante, como Platón habló del estado ideal, hay gente que prefiere creer que la Atlántica cayó debido al uso indebido de la tecnología por parte de sus habitantes. He conocido a muchos clientes que afirman haber formado parte de la ola del abuso tecnológico. Algunos lo hicieron a propósito y otros se vieron envueltos en situaciones que no pudieron controlar. Han vuelto a esta vida con recuerdos del alma sobre los muchos avances tecnológicos en los que trabajaron en aquellos tiempos remotos. También sienten que hay un ajuste de cuentas

con el pasado y la obligación de enmendar ahora los errores cósmicos, ya sea ayudando a los demás con tecnología sanadora avanzada, construyendo edificios o trabajando en las eléctricas. Visto lo mucho que hemos avanzado en tecnología en los últimos cincuenta años, creo que alguien nos está echando una mano. Un origen claro de todo este conocimiento es la ingeniería inversa de una nave espacial alienígena, pero yo sigo diciendo que hay muchos genios de civilizaciones anteriores, como la Atlántida, que también canalizan a sus yo del pasado para ayudarnos en la ascensión al futuro.

Analizaremos esas áreas en este capítulo y te facilitaré algunos ejercicios útiles que podrás usar para transformar energías y adquirir otra perspectiva más sobre el viaje de tu alma. Más adelante en este capítulo también hablaremos de posibles ubicaciones de la Atlántida y obtendrás la oportunidad de echar un vistazo a ciudades hundidas que podrían tratarse de la antigua Atlántida. Al final, podrás decidir si creer o no en estas historias. Y ahora, ¡empecemos!

Los principios de la Atlántida

Algunas de las primeras historias sobre la Atlántida describen cambios que provocaron enormes migraciones.

Estoy junto al agua. ¿Cuándo? Hace millones y millones de años. Me viene a la mente la Atlántida. Se avecina una tormenta. La marea está subiendo y nuestro sacerdote nos ha avisado de que algo malo va a suceder. No sabemos qué hacer. Al día siguiente el suelo empieza a temblar. La tierra se está abriendo. Se traga a mis familiares. Es horrible... (Llora). Encuentro a otras personas y nos marchamos de nuestra tierra natal. Lo hemos recogido todo y nos dirigimos al este por los puentes de tierra. El viaje lleva su tiempo. Es duro, pero sabemos que debemos permanecer

*con vida. Debemos esforzarnos por avanzar sin importar el dolor
o el sufrimiento. Por eso vine aquí. Este es mi propósito: quedarme, ser. Nuestro sacerdote nos hará saber dónde asentarnos. Somos gente amable, cariñosa, confiada. Tenemos la capacidad de
elevar tanto nuestras frecuencias que no necesitamos mucha comida para sobrevivir. El problema no es ese. La cosa es que hay
fuego por todas partes, volcanes. Escapamos a toda prisa de ellos.
Es tan duro... Espero que lo consigamos.*

Los casos sobre los principios de la Atlántida en la literatura espiritual
y en las regresiones a vidas pasadas que he llevado a cabo son un poco
ambiguos. La gente se hallaba en un estado de integración con otras
personas porque se habían visto obligados a trasladarse de un área a
otra por culpa de los desastres naturales que acontecieron. El relato
anterior suena bastante parecido a otros de personas que dijeron estar
en Lemuria, y estoy convencida de que ambas civilizaciones vivieron al
unísono durante al menos alguno de estos periodos, sobre todo al principio. Entiende, por favor, que nada de esto está demostrado. Simplemente estoy transmitiendo mi opinión tras haberlo analizado durante
muchos años y tras escuchar a mucha gente contar sus historias.

Ocurriesen tales tragedias en una posible civilización ficticia o no,
esta idea del trauma de perder a seres queridos, de tener que esforzarse
por sobrevivir y de evitar desastres naturales es indudablemente similar
a la vivida por nuestros antepasados, los primeros homínidos o, incluso, por los lemurianos más incorpóreos. La diferencia con esos casos es
que los atlantes contaban con más conocimientos tecnológicos, así que
lograron comprender que las cosas podrían mejorar y que podrían usar
su intelecto y conexión con la fuente de todo para sobrevivir a los tiempos más duros. Si crees que fuiste atlante y soportaste desastres naturales, te sugiero que vuelvas al capítulo del Imperio romano y al ejercicio
de Pompeya. Puedes repetir el mismo ejercicio aquí simplemente de-
clarando tu intención de ir a la Atlántida. En realidad, los seres humanos

hemos vivido todo tipo de sucesos abruptos a lo largo de los años que resultarían de lo más estremecedores para el alma. Identificarlos y mandar luz curativa a esas áreas puede resultar muy beneficioso.

Era media y sanación en la Atlántida

Afortunadamente, nuestra sociedad empieza a aceptar más que nunca la sanación energética y los aspectos ocultos del yo, aunque espero y deseo que ese reconocimiento se expanda todavía más en el futuro. Durante las regresiones a vidas pasadas, he tratado con muchísimas personas que afirmaban haber trabajado en algún momento del viaje de su alma como sanadores o ayudantes haciendo uso de remedios naturales y de lo que los practicantes del Reiki denominarían «energía vital universal». Estos casos podrían implicar a personas de diferentes periodos de la historia. Aquí te dejo algunos ejemplos de personas que declararon que la Atlántida era el origen de sus dones de sanación:

Mi objetivo es sanar. Sigo con ese propósito en mi vida actual. Se supone que debo usar las frecuencias del sonido, los cristales y las vibraciones sanadoras para ayudar a la gente a cambiar de frecuencia y elevar sus vibraciones. Esto es lo que aprendí en la Atlántida. Al principio me costaba hacerlo porque nadie me entendía. Encontré a un grupo de gente nuevo que piensa como yo. Muchas personas de esta familia espiritual fueron los mismos sanadores con los que trabajé codo con codo en la Atlántida. Hemos vuelto a reunirnos para ayudar a la comunidad. Ayudar a sanar a los demás es mi objetivo y mi responsabilidad en esta vida, al igual que por aquel entonces. He venido a ayudar a la gente que despierta por primera vez. Los hago sentir que no están solos y que los nuevos pensamientos e ideas que tienen no son malos. Poseo el don de ayudar a los que se sienten abrumados. Todos los que vivimos en su día en la Atlántida y hemos regresado esperamos poder ayudar a cambiar la sociedad. Estamos llegando a un punto de inflexión. Las cosas podrían ir por un lado u otro. Debemos seguir centrándonos en arrojar más luz a nuestra consciencia antes de que la cosa cambie. Albergo mucha esperanza de que eso pase.

———————

Trabajo con delfines. Me enseñan cosas sobre el sonido y los sónar y han accedido a ayudarnos a elevar las frecuencias del planeta con sus dones. Todos trabajamos juntos. El sonido nos ayuda con los proyectos de construcción, la levitación es común, y cualquier problema que sienta alguien en su cuerpo se puede remediar usando el don del sonido. Ojalá pudiéramos aceptar este tipo de pensamientos hoy día. Podríamos llegar a hacer tantísimas cosas si pudiéramos volver a como eran las cosas antes... Ahora somos muchos, así que espero que podamos aunar fuerzas y convertirlo en costumbre.

———————

Estoy en la Atlántida. Llevo un vestido blanco largo y vaporoso y camino por un camino de piedra artificial que conduce al borde del agua. La ciudad tiene forma anillada. En el anillo interior están los templos donde rezamos. Tengo unos veinticinco años según las cuentas de ahora, pero somos una especie diferente y nuestro ADN es distinto. Somos muy altos y vivimos mucho más que la gente de ahora. El templo está lleno de atlantes cantando y rezando al unísono. Los sonidos que cantamos crean luces de todos los colores. Algunos han traído instrumentos, sobre todo arpas de cuerda, flautas y tambores. Los músicos mantienen el mismo ritmo que los latidos del planeta. Esto conecta a algunos a la tierra, mientras que otros trabajan con los delfines para elevar las frecuencias. Debemos hacer ambas cosas. Debemos contener el espacio para conseguir crear los colores que queremos de entre todo el espectro. A todos se nos enseña a hacerlo. Hay otros atlantes que también trabajan con los cristales. Transmitimos nuestras intenciones a través de los sonidos y de los colores en los cristales para así mantenerlas de cara a un uso futuro.

———————

Creo que todas las personas vivas tienen la capacidad innata de sanar. Puede que aún no la hayas activado, pero el siguiente ejercicio tal vez te ayude a hacerlo y también a averiguar de dónde proceden esas habilidades, si de la Atlántida o de otro lado. Tanto yo como otras personas creemos que, en el futuro, los terrícolas empezaremos a llevar a cabo más sanaciones y dependeremos menos de la medicina. Aprender a seguir la intuición, a pensar de manera positiva y a cuidarnos a nosotros mismos se volverá más importante que nunca. Tal vez te consideres un sanador, o puede que no; no pasa nada. Este ejercicio te ayudará a rememorar aquellos momentos en que aceptaste tus dones de sanación. Si todavía no has activado esa habilidad, podrás empezar a hacerlo ahora.

EJERCICIO:
Recuerda tus dones de sanación atlantes

Siéntate, rodéate de tus guías y de la intención de sanar, y cierra los ojos. Arroja una luz blanca a través de tu cuerpo al tiempo que te envuelves en una burbuja de luz dorada y sanadora. Recuerda que en el interior estás a salvo y seguro. Fíjate en la puerta que hay delante de ti y que conduce a tu lugar especial. Ábrela y camina o flota al interior. Siente la energía alentadora de este lugar mientras tu cariñoso guía se acerca a saludarte. Hazle saber que estás aquí para aprender sobre los dones de sanación que tuviste en la Atlántida o en cualquier otro momento de la historia.

Imagina que tu guía está deseoso de ayudarte. Puede que te muestre una visión de esos tiempos, que te lo cuente oralmente o que te envíe una sensación de dichos dones y talentos. Tómate tu tiempo para recibir toda la información necesaria por parte de tu guía. ¿Cómo aprendiste esas habilidades sanadoras? ¿Te las enseñó alguien? ¿Las desarrollaste tú solo? ¿Cómo empezaste a sanar por primera vez? ¿Cómo reflejan tus habilidades de ahora las que tenías en tiempos remotos? ¿Qué debes hacer para desarrollar esas habilidades? ¿Hay algo que recuerdes de entonces que podrías empezar a hacer ahora?

Si no usaste habilidades sanadoras en el pasado o no te consideras un sanador ahora, pregúntale a tu guía cómo podrías usar los dones de tu alma con el fin de ayudar a los demás en tu vida actual. Tómate tu tiempo y permite que tu guía comparta contigo todo lo que debas saber.

(Haz una pausa).

Cuando estés preparado, dale las gracias a tu guía por ayudarte hoy. Despídete sabiendo que volverás a verlo pronto. Date la vuelta, sal por la puerta por la que entraste y regresa al punto de partida. Sigues rodeado por esa luz acogedora y, cuando cuente desde tres, regresarás. Tres, anclado, centrado y equilibrado; dos, permítete recibir más detalles sobre tus habilidades sanadoras esta noche en tus sueños para que mañana por la mañana hayas podido integrarlas por completo; y uno, ¡has vuelto!

Apuntes de diario: Recuerda tus dones de sanación atlantes

Saca tu diario y anota la fecha de hoy.

1. ¿Has rememorado tu papel como sanador?
2. Si no has vivido como sanador, ¿qué te ha contado tu guía sobre cómo puedes ayudar a los demás? Recuerda que sanar puede referirse a algo tan simple como dedicar palabras bonitas a alguien. Nunca sabemos cómo puede afectar un pequeño gesto amable a alguien, así que ten presente que la sanación tiene muchas facetas.

3. ¿Qué has aprendido sobre ti mismo y tus capacidades de sanación en el pasado?

4. ¿Has recibido información de tu guía sobre alguna situación de una vida anterior en la que trabajaste como sanador o usaste esas habilidades?

5. Si no trabajas como sanador o nunca te has considerado uno, ¿cómo puedes ayudar a los demás?

6. Recuerda anotar cualquier cosa que se te acurra que te pueda servirte más adelante.

Espero que hayas recibido información valiosa que te ayude en el camino de la vida. Recordar tus habilidades sanadoras te permitirá, o eso espero, traer esa energía contigo al presente.

· · · · · · · · · · · · ·

Devastación final

Las historias de la Atlántida han formado parte de la cultura popular tanto en la Antigüedad como en tiempos modernos como recordatorio para que la gente se preocupe por el planeta y así evitar sufrir el mismo destino. Antes he mencionado que Platón promovía el estado ideal en Atenas (Grecia) y la idea de que los atlantes abusaron del poder que al final acabó con ellos. El psíquico Edgar Cayce hizo lecturas a muchos atlantes encarnados y difundió que la humanidad se había equivocado muchísimo en el pasado y que tenía la obligación de hacerlo mejor esta vez. Algunos incluso dieron testimonios de sus vidas pasadas sobre épocas en las que trabajaron codo con codo con la avaricia y la destrucción de la humanidad:

Nuestros líderes trabajaban con las frecuencias y usaban la energía para crear el mundo a nuestro alrededor. Aprendimos a estar en paz y armonía hasta que algunos decidieron que querían hacerse con el

poder. Han abusado de las herramientas de las que se nos pro-
veyó. Me da tantísima pena lo que veo... Intento detenerlos,
pero muero en el intento. Me arrepiento mucho de mi muerte por-
que era consciente de los medios y podría haberlos ayudado,
pero ahora todo quedará destruido sin razón. Es tan frustran-
te... Esta situación también ha ocurrido en mi vida actual. El
propietario de la empresa para la que trabajaba era avaro y
terminó hundiéndola. Yo me fui y le advertí varias veces que
estaba haciendo las cosas mal. A él no le importó. Tuve que di-
mitir porque sentí que su comportamiento era completamente
inmoral. Ahora veo que ya lo conocía de antes. Él fue uno de los
que acabó con mi vida en la Atlántida. Algunas personas no
cambian con el paso de los años.

Algunas almas entran en sus encarnaciones actuales para hacer las
cosas de manera distinta a las del pasado, mejor. El camino espiritual y el viaje ayudan a las almas a posicionarse a la hora de elegir
cambiar y mejorar de manera consciente. Otros sienten un gran
arrepentimiento por el papel destructivo que desempeñaron en el
pasado:

Soy sanador y filósofo. La gente me consulta y yo me involucro
en comités de expertos para unir nuestras mentes colectivas con
el fin de desarrollar tecnologías nuevas para la sociedad. Sé bas-
tante acerca de la tecnología de los cristales y soy el guardián de
algunos de los más importantes con los que trabajamos aquí.
Cuando los de arriba se me acercaron para pedirme que los
usara para controlar a la gente, no me negué. Lo hice. Ahora
siento haberlo hecho. Por aquel entonces, me convencieron de
que funcionaría y la avaricia me consumió. Diseñé algunos de los
aparatos que llevaron a nuestra destrucción y estuve allí cuando
todo sucedió. El cristal se volvió demasiado poderoso y se generaron

frecuencias que la Tierra no pudo manejar, por lo que hubo terremotos, incendios y destrucción. Hubo derrubios, tsunamis, terremotos, de todo. Es culpa mía. Mis guías me han repetido que lo hice porque ya estaba decidido antes de que llegara a esa vida. Algunos de los otros me lo pidieron para que nuestra alma creciera. En parte lo entiendo, pero me sigo sintiendo mal. Por eso lo hago lo mejor posible en esta vida, para reparar el daño causado.

Trabajo como profesor de menores en situación de riesgo. Cuando veo cómo actúa la gente en este mundo hacia los demás, me entran escalofríos. Hay tanta codicia, tanta indiferencia patente hacia los demás. Muchos atlantes formamos parte de esta época. Algunos sabemos cómo tratar a los demás; otros, no. Esos, que saben quiénes son, necesitan cambiar y poner de su parte. Solo espero que seamos suficientes para generar un cambio y poder seguir reparando lo que hice por aquel entonces. He aprendido la lección y, debido a ello, jamás he vuelto a acatar las ordenes de la autoridad ciegamente desde entonces. Sé que el dinero y el poder no significan nada si se pierde el alma en el camino.

Las almas son como los personajes de las películas taquilleras. A veces interpretamos el papel protagonista que ayuda a la sociedad, y en otras, somos los villanos. Cuando interpretamos ese papel negativo y los recuerdos emergen en regresiones a vidas pasadas, hay que entender que, a menudo, es nuestra faceta más afectuosa en esa vida. Tal vez elegimos conscientemente interpretar ese papel para que otros diesen un paso adelante, sanasen y creciesen. Perdonarse resulta útil para los momentos complicados de nuestra historia, ya pasaran en la Atlántida o no.

Las ciudades perdidas o hundidas

Asumámoslo, la historia no es lo que era. Nuestra comprensión de nosotros mismos cambia por momentos. Si te tomas el tiempo para mirar, podrías encontrar un programa nuevo en Discovery Channel u otro canal distinto sobre las tantísimas ciudades perdidas o hundidas que los arqueólogos de todo el mundo están descubriendo. Hay tantas que hasta resulta sorprendente, y parece que aún no se han descubierto todas. ¡Están por todas partes! La tecnología moderna (incluyendo el radar de penetración terrestre, los drones, la tecnología moderna de buceo y los bots capaces de sumergirse en el océano a profundidades que jamás hubiéramos pensado) está cambiando nuestra forma de ver quiénes somos y cuánto tiempo llevamos en la Tierra. Algunos de estos descubrimientos consiguen que la idea de encontrar la verdadera Atlántida o Lemuria se vuelvan cada vez más plausibles; sin embargo, ¿y si hubiera muchas ciudades atlantes y Platón solo habló de una? Exploraremos algunas aquí, pero entiende, por favor, que para cuando este libro salga a la venta, o incluso años después de que se publique y releas estas palabras, se habrán descubierto más lugares. La tecnología y nuestra conciencia expandida lo exigirán.

Hay muchos casos de regresiones en torno a lugares que podrían ser buenos candidatos para el continente perdido de la Atlántida. Aquí te dejo algunos ejemplos:

Estoy en una isla. Creo que nunca he oído hablar de este lugar. No existe, o eso dicen. Ahora está enterrada bajo el mar y nadie oirá hablar de nosotros. Estoy en el último día de mi vida, vadeando por el agua. Veo que viene algo. No sé lo que es hasta que se acerca más. Es un barco lleno de personas. Durante todo este tiempo hemos estado solos; nunca habíamos visto a nadie. Intentamos mostrarnos hospitalarios, pero quieren lo que tenemos. Nos hemos vuelto vulnerables y no nos hemos dado cuenta. No tenemos murallas, guardias o nada con lo que defendernos. Nos invaden. Nadie sobrevive. Nos disparan flechas. Yo caigo y muero en la playa.

———

Soy una niña pequeña, seguramente tengo unos cuatro o cinco años. Vivimos en una ciudad de piedra en tiempos remotos. Creo que este lugar ya no existe. No es la Atlántida, ni ninguno de los sitios que conocemos. Veo a mis padres. ¡Oh! También son mis padres en esta vida. Enfermo muy gravemente y me llevan a sanadores que usan frecuencias. Tienen un tipo raro de tecnología, es todo lo que puedo decir. Máquinas supersofisticadas con varillas de metal. Las usan conmigo y mejoro. Entonces vuelvo a sufrir la misma enfermedad y ellos tratan de usar lo mismo, pero muero. Todos se ponen tristes. Veo a mis padres intentando entenderlo porque la mayoría de la gente de aquí vive mucho tiempo. No hay nada que pudieran haber hecho. Creo que tenía una enfermedad subyacente. ¿Qué lecciones aprendí? No lo sé, pero escogí a mis padres porque quería volver con ellos y en esta vida tenemos una relación muy estrecha. Somos buenos amigos, lo cual suena raro, pero tengo mucha suerte de tenerlos, tanto entonces como ahora. La otra lección que me viene a la mente es aceptar lo que suceda y hacerlo lo mejor posible.

———

En el caso anterior, mi clienta estuvo en un lugar que no supo nombrar y no lo identificó con la Atlántida. Uno de mis nuevos intereses radica en el hecho de que últimamente hay muchísimos descubrimientos de lugares que se hundieron bajo el mar. Ciudades y civilizaciones enteras, y los estamos encontrando en tiempo récord. A saber si alguna es la Atlántida que describió Platón. En el siguiente ejercicio, tendrás la oportunidad de ver si viviste en una ciudad de la que nadie ha oído hablar.

EJERCICIO:
Ciudades perdidas o hundidas

Siéntate en tu espacio cómodo, llama a tus guías y ayudantes, y cierra los ojos; inspira paz, amor y alegría, y exhala las tensiones. Permite que la luz blanca te bañe de la cabeza a los pies mientras te rodeas de un escudo protector de luz dorada. Fíjate en la puerta frente a ti y camina o flota a tu preciosa sala. Tu guía está ahí. Salúdalo y cuéntale que quieres saber si exististe en un lugar antiguo que no figure en ninguna crónica histórica y que tal vez se haya perdido. Mientras le pides ayuda a tu guía, este trae un monitor. Dentro de un momento, te mostrará un vídeo que responderá a esta pregunta tan importante que tienes. ¿Preparado? Tu guía enciende el monitor. Imagina que ves una película en la pantalla, o puede que escuches sonidos, tu guía te relate lo que está sucediendo o tal vez sientas una sensación. Permite que el vídeo se reproduzca para que puedas ver las veces que tu alma existió en un lugar que no se ha registrado a lo largo de la historia.

(Haz una pausa).

¿Qué está pasando? ¿En qué parte del mundo estás? ¿Cómo es tu hogar y la gente con la que estás? Fíjate en todo lo que puedas y, mientras tanto, imagina que el vídeo avanza de tu tiempo allí a otra escena en la que podrás ver claramente qué le pasó a tu hogar y por qué ya nadie habla de él. ¿Qué le ocurrió a tu antiguo hogar para que no formara parte de la historia recordada? Deja que el vídeo te lo muestre o que tu guía te lo cuente.

(Haz una pausa).

Muy bien. Imagina que el vídeo se detiene y tu guía se vuelve hacia ti para aclararte todas las dudas que tengas. ¿Qué lecciones aprendió tu alma cuando viviste en esos tiempos remotos? ¿Cómo se podría beneficiar tu alma de esos recuerdos en tu vida actual?

(Haz una pausa).

Maravilloso. Dale las gracias a tu guía por ayudarte con esa información hoy e imagínate que te despides, que te das la vuelta y que sales por la puerta por la que entraste antes de cerrarla detrás de ti. Vuelve a donde empezaste aún rodeado por esa luz dorada. Cuando cuente desde tres, regresarás sintiéndote despierto y renovado. Tres, anclado, centrado y equilibrado; dos, procesa esta información en tus sueños esta noche para que mañana por la mañana la hayas integrado por completo; y uno, ¡has vuelto!

Apuntes de diario: Ciudades perdidas o hundidas

Tómate un momento para reflexionar en tu diario acerca de las ciudades perdidas en las que tal vez viviste.

1. ¿Has sentido que tu alma viviera en un mundo perdido?
2. Si es así, ¿dónde y por qué no figura en la historia?
3. ¿Crees que viviste durante estos tiempos remotos como sanador o que escapaste de un gran desastre natural?
4. ¿Lees historias de lugares como la Atlántida y piensas: ¡Qué interesante! Pero están equivocados» o «Yo no recuerdo que eso pasase así»?
5. ¿Qué series has visto sobre lugares antiguos que te generan interés?
6. ¿Alguna se asemeja a lo que has descubierto en este viaje?
7. ¿Alguna de esas áreas podría ser un lugar donde viviste?

Anota la fecha y escribe cualquier otro pensamiento que se te ocurra.

Esta sección te podría dar ideas y pensamientos mientras duermes, así que te sugiero que dejes el diario cerca de la cama para que puedas escribir cualquier cosa que se te ocurra en el transcurso de la noche acerca de lugares sobre los que jamás has oído hablar.

••••••••••••••

Lugares de interés

Atlit Yam

Un asentamiento neolítico de nueve mil años de antigüedad en la costa de Atlit (Israel), donde los arqueólogos subacuáticos descubrieron restos humanos y un círculo de piedra que se especula que fuera el predecesor de Stonehenge y otros lugares neolíticos en Europa[123]. Los arqueólogos encontraron pozos, manantiales y pruebas de que antaño en esta gran ciudad vivieron los primeros agricultores. Pescaban y comían frutas y grano. Comparados con otros del mundo antiguo, les fue bien en cuanto a la alimentación.

El camino de Bimini

Se descubrieron unas ruinas con bloques de piedra gigantes cerca de la isla de Bimini en 1968 y son de las áreas más prometedoras investigadas por los eruditos[124]. Hay gente que afirma que esta supuesta calzada atlante no es en absoluto lo que parece.

Las islas Canarias

Emergieron como candidatas a la Atlántida debido a su ubicación y a que la descripción de Platón encajaba con esa zona del océano Atlántico y las columnas de Hércules. ¡El misterio prosigue!

---

123. Galili, E. y Horwitz, L. (s. f.). *Excavations at the Submerged Neolithic site of Atlit Yam, off the Carmel Coast of Israel*. The Shelby White and Leon Levy Program for Archaeological Publications. Consultado el 2 de enero de 2022. Recuperado de https://whitelevy.fas.harvard.edu/excavations-submerged-neolithic-site-atlit-yam-carmel-coast-israel

124. EdgarCayce.org (s. f.). *Atlantis and the Edgar Cayce Readings*. EdgarCayce.org. Consultado el 2 de enero de 2022. Recuperado de https://www.edgarcayce.org/the-readings/ancient-mysteries/atlantis/

Cerdeña

En la parte norte de esta isla se han encontrado pruebas de una civilización perdida nurágica que data de la Edad del Bronce[125].

Cuba

Lejos de la costa de La Habana, los investigadores encontraron pirámides sumergidas que algunos especulan que podrían formar parte del continente perdido de la Atlántida[126]. Puede que publicitar esas ideas se deba al interés de generar turismo, porque esa teoría se ha desechado por muchos que dicen que las misteriosas estructuras son en realidad bloques de hormigón que se dejaron allí tras la crisis de los misiles de Cuba.

Gibraltar

La extravagante comunidad inglesa de Gibraltar se ubica entre el monte Hacho y el monte Musa, también denominados las «columnas de Hércules». Es un punto de referencia para el misterio de la Atlántida según Platón. ¡Es un sitio muy chulo de visitar!

Pavlopetri

La ciudad sumergida más antigua del mundo, ubicada cerca de Laconia, en Grecia. Aparece en la lista de la gente que busca la Atlántida[127].

125. Evin, F. (2018, 4 de marzo). «Was Sardinia home to the mythical civilisation of Atlantis?» *The Guardian*. Recuperado de https://www.theguardian.com/science/2015/aug/15/bronze-age-sardinia-archaeology-atlantis

126. VI Free Press (2021, 3 de enero). *Sunken Pyramids Discovered Off Coast Of Cuba Might Be Lost City Of Atlantis, Archaeologists Say*. VI Free Press. Recuperado de https://vifreepress.com/2021/01/sunken-pyramids-discovered-off-coast-of-cuba-might-be-lost-city-of-atlantis-archaeologists-say/

127. Editores de Greek City Times (2021, 19 de marzo). *Pavlopetri, the oldest submerged city*. Greek City Times. Recuperado de https://greekcitytimes.com/2021/03/04/pavlopetri-oldest-submerged-city/

Sicilia

Los arqueólogos encontraron un monolito hundido lejos de la costa italiana junto con partes de oricalco, un mineral raro que Platón afirmaba que se suministraba mucho en la Atlántida[128].

Troya (yacimiento arqueológico en Turquía)

En un campo al este de Troya, los investigadores descubrieron unas ruinas enterradas en un área que ahora se usa para cultivar.

Recuerda que esta lista solo es un mínimo porcentaje de todo lo que existe en cuanto a este fascinante tema. Espero que te haya picado la curiosidad e investigues más. Sea como fuere, estas ideas de quién vivió antes que nosotros y los lugares que se perdieron hasta nuestros recientes descubrimientos son un área de exploración fascinante.

Conclusión

Bueno, ¿qué te parece? ¿La Atlántida fue una poderosa civilización o una alegoría ficticia y una historia aleccionadora sobre el deseo de poder y el precio que se pagó por culpa de la codicia? Ya sea real o no, cualquier esfuerzo por mejorar nuestro comportamiento e interactuar con los demás de manera más afectuosa para intentar sanar el planeta solo puede ser bueno.

---

128. Seidel, J. (2017, 6 de marzo). *Orichalcum, the Lost Metal of Atlantis, May Have Been Found on a Shipwreck off Sicily.* News Corp Australia Network. Recuperado de https://www.news.com.au/technology-/science/archaeology/orichalcum-the-lost-metal-of-atlantis-may-have-been-found-on-a-shipwreck-off-sicily/news-story/e52dfb6ee238fcfd3e583e75e26d6bd8

13

El espacio exterior y otros mundos

INCONMENSURABLE

Antes he mencionado que crecí en Albuquerque (Nuevo México). Tengo familiares que aseguraron haber visto una nave espacial cerca de la central nuclear de Los Álamos a principios de los sesenta. Luego, mientras trabajaba como sanadora, tuve un encuentro extraño con un ser de luz brillante y azul que me enseñó lo que es la sanación de energías, y tras mi viaje a Egipto en los 2000, compré un precioso anillo de piedra lunar en Luxor. Sin ningún esfuerzo especial por mi parte, empecé a ver rostros de personas de todas las eras y periodos de la historia flotando bajo las capas multicolores de la piedra. Les enseñé el anillo a otras personas, que también vieron las imágenes, y después de un tiempo, todas esas visiones desaparecieron y las sustituyó un extraterrestre blanco, que lleva conmigo desde entonces. Le he enseñado la foto de este extraterrestre a expertos, y ninguno de ellos me ha sabido decir de dónde viene, pero a mí me gusta pensar que es uno de mis benevolentes guías especiales.

Dicho esto, la idea de que los alienígenas existan y de que no estamos solos en este salvaje universo no me parece para nada descabellada.

Nunca he comprendido cómo alguien puede salir por la noche, levantar la cabeza al cielo y pensar que somos el principio y el fin de este universo. Es más probable que seamos una mera gotita de agua perdida en el enorme océano que conforma el universo, bastante más pequeños y menos avanzados que nuestros amigos intergalácticos. A lo largo de mi carrera, he regresado a varias personas que afirman empáticamente que una vez vivieron en una tierra muy muy lejana. ¿Quién soy yo para ponerlos en duda? En este capítulo, abordaremos algunos de los fenómenos más comunes con los que me he encontrado:

1. *Abducciones alienígenas:* En ocasiones, algún cliente cree haber sido abducido mientras dormía y sujeto de varios experimentos alienígenas.

2. *Otros mundos y seres de otros mundos:* La gente declara que existen en lugares lejanos y a veces hasta recuerdan sus vidas como seres distintos de sus encarnaciones humanas.

3. *Universos paralelos y mundos futuros:* Debido a mi anterior trabajo, en el que llevaba a clientes a universos paralelos y dimensiones alternativas, aún veo este tipo de casos de vez en cuando. Las personas afirman coexistir actualmente en otra dimensión además de en su encarnación actual.

4. *Vidas pasadas en tierras ancestrales y otros mundos:* ¿Qué ocurre cuando una nave espacial aterriza en la meseta de Guiza o una raza alienígena comparte información con un agricultor del pasado? En esta sección, echaremos un vistazo a algunos relatos extraños y, a la vez, interesantes y divertidos sobre la mezcla entre nuestras nociones preconcebidas de la realidad y la gente que pudo ver más allá de la norma.

Abordaremos todas estas fascinantes áreas en este capítulo. Espero que te entretenga y que puedas descubrir si tus raíces van más allá de lo que nunca te imaginaste.

Abducciones alienígenas

A lo largo de los años, he tenido la oportunidad de regresar a muchas personas que creen haberse topado con seres extraterrestres o que tuvieron vidas pasadas en otros planetas. En ocasiones, alguien recuerda haber sido abducido. La mayoría de esos casos tratan sobre los Grises, esos pequeños seres de ojos grandes procedentes de la estrella Zeta Reticuli. Los Grises se han convertido en un arquetipo cultural normalizado para nuestras visiones colectivas de seres extraterrestres desde que se los asoció al famoso caso de abducción de Barney y Betty Hill en 1961 y los mencionaron en una edición de *Astronomy Magazine* en 1974[129]. Al igual que con Lemuria, la Atlántida y todos los temas inusuales que estamos explorando en este libro, los escépticos dudan de la validez de las afirmaciones de estas supuestas víctimas. Como yo suelo responder, porque hay tantísimos casos descritos por personas aparentemente creíbles, esta información debe de proceder de algún sitio, así que creo que merece la pena abordarlos. Es decir, yo los creo. Los clientes a menudo mencionan el descubrimiento de alguna especie de contrato del alma entre el individuo y el alienígena:

> *El ser con quien estoy hablando dice que él, si es que se lo puede denominar así, es el mismo que vino a verme hace años. Dice que nos conocemos desde hace eones y que tenemos un acuerdo. Yo debo ayudar a crear la nueva raza híbrida.*

La creencia de que usan a los seres humanos con fines de reproducción es bastante común entre aquellos que creen en la vida extraterrestre. En este caso, la clienta describió más detalles de su descendencia alienígena y el propósito de tal experimento:

---

129. Eicher, D. (s. f.). «The Zeta Reticuli (or Ridiculi) Incident». *Astronomy Magazine*. Consultado el 2 de enero de 2022. Recuperado de https://astronomy.com/bonus/zeta

He tenido varios hijos; tres, dice. Todos viven en nuestro planeta origen. Estoy aquí para ayudar a salvar a nuestra especie. Él quiere asegurarse de que entiendo que no son malvados. No quieren hacernos daño. Están intentando sobrevivir a través de los medios necesarios y saben que el único modo de hacerlo es utilizando ADN humano.

Otra temática común en estos casos es la idea de que, en una vida pasada, el individuo que ahora está ayudando a los alienígenas era uno de ellos, ya sea en una encarnación anterior o en una realidad simultánea a la de su vida actual en la Tierra:

Cuando floto hacia atrás en el tiempo, me veo allí. Tengo los ojos con forma de pera, grandes, y manos escamosas. Un cuerpo con pocas curvas. No sentimos emociones como en la Tierra. Somos mucho más clínicos, pero leales, y veo que conozco a este mismo ser desde hace mucho mucho tiempo. Viven muchísimo más que nosotros.

Si durante la regresión se identifica un contrato del alma o juramento, la mayoría de la gente se inquieta por ver qué pueden hacer para completar el acuerdo y remediar el problema:

Le estoy preguntando si me puede liberar de este acuerdo. Él me dice que ya no me está usando con fines reproductivos, y que llevo años libre. El motivo por el que se apareció ante mí hace poco durante mi meditación fue para que viniera y averiguara de qué nos conocemos, para que comprendiese quién soy en realidad y el hecho de que no son malvados ni malos. Dice que es importante que hable de sobre eso, tal vez incluso dar una charla. Aunque lo entendería si no quisiera hacerlo. No es una obligación. Puedo hacerlo más adelante y no habrá repercusiones si decido no compartir mi historia. Le digo que realmente no hay mucho que contar. No recuerdo nada más que varias ocasiones en las que me desperté de lo que pensaba que era un sueño en el que estaba embarazada y luego me desperté y me di cuenta de que no era real. Pero lo sentí muy real. Tuve sueños de mis hijos, criaturas con ojos saltones, pero los amaba igualmente. Ya puedo perdonar lo que ocurrió y seguir adelante con mi vida.

―――――

Para asegurar que han renunciado a tales juramentos o contratos de manera adecuada, yo a veces animo a la gente a que viaje hasta el futuro de su vida actual para ver cómo han cambiado o mejorado las cosas tras liberarse del juramento o cumplir el contrato:

Me veo a mí misma en el futuro, feliz y casada por fin. Tenemos hijos y yo al parecer decido quedarme en casa para criarlos. Trabajo a media jornada fuera de casa, pero nunca le hablo sobre esto a mi marido. Él es bastante normal, y no pasa nada. Decidí que ya no quería seguir con esta misión y me han liberado.

―――――

Si recuerdas el viaje anterior en el que te embarcaste, donde visitaste el espacio previo a tu vida actual, ahí es donde normalmente las personas descubren que han llegado a tales acuerdos con los extraterrestres. Para que la sanación resulte efectiva, la persona tiene que estar dispuesta a aceptar la responsabilidad de sus actos a un nivel más espiritual. No todos están preparados para ello, pero si nos damos cuenta de que incluso en los momentos más difíciles se aprenden poderosas lecciones que nos ayudan en nuestra vida, puede llegar a ser muy motivador. Embarquémonos ahora en otro viaje para ver si estás vinculado a algún contrato extraterrestre y, en caso afirmativo, averiguar cómo renegociarlo en tu mayor beneficio.

EJERCICIO:
Libérate de los contratos del alma con extraterrestres

Encuentra tu espacio seguro y cómodo, donde ya has trabajado tantísimas veces, llama a tus guías y cierra los ojos. Arroja una luz blanca y curativa a través de todas las células de tu cuerpo y rodéate de una luz dorada. Abre la puerta y adéntrate en la sala donde te reunirás con tu guía personal. Dile a tu guía que hoy te gustaría saber varias cosas importantes que ayuden a tu alma en su viaje y hazle unas cuantas preguntas. ¿Estoy conectado a algún ser de otro mundo? Fíjate en si recibes un sí o no como respuesta. Si no, permite que tu guía te mande una luz sanadora. Si la respuesta es sí, imagina que tu guía comparte más detalles contigo. ¿Qué conexión es? ¿Cuánto tiempo ha estado presente? ¿Es beneficiosa para ti hoy día? Si es así, deja que tu guía te revele algunas de las cosas que estás haciendo que son beneficiosas. Y, si no, permite que tu guía te lo explique.

Fíjate ahora en que hay alguien que se aproxima a ti, y que ese alguien es un extraterrestre. Imagina que ese es su yo superior, por lo que habla contigo a nivel espiritual, y que son al menos neutrales, si no provechosos, en este estado. Tómate un momento y deja que se te presenten y te cuenten a qué acuerdos llegaste. ¿Cómo te está ayudando esta situación? ¿O no lo hace? Si este acuerdo ya no es válido ni útil para todos los implicados, ¿sería posible romperlo de forma pacífica? Tómate tu tiempo para recibir toda la información que necesites sobre esta situación.

(Haz una pausa).

Cuando estés preparado, imagina que el ser ha terminado y se despide de ti. Se aleja caminando o flotando y ahora puedes hablar con tu guía. Permite que tu guía comparta contigo cualquier otra información útil que pueda resultarte beneficiosa en este momento y que te ayude a comprender la dinámica de esta situación. Dale las gracias a tu guía por su ayuda, como siempre. Despídete, date la vuelta y sal por la puerta antes de cerrarla. Sigues rodeado de esa luz dorada y cariñosa. Cuando cuente desde tres, regresarás sintiéndote despierto, renovado y mejor que nunca. Tres, procesa esta noche en tus sueños toda la información que has recibido para que mañana por la mañana ya estés completamente liberado de cualquier acuerdo anterior; dos, siéntete más ligero que nunca; y uno, ¡has vuelto!

Apuntes de diario: Libérate de los contratos del alma con extraterrestres

Estoy segura de que querrás dedicar un momento a escribir lo que has recibido.

1. ¿Tenías algún contrato del alma con extraterrestres?
2. De ser así, ¿sobre qué?
3. De ser así, ¿cuánto tiempo llevaba vigente y por qué?
4. ¿Has querido liberarte del contrato o no?
5. Si elegiste liberarte, ¿lo has conseguido?
6. ¿Tuviste que negociar o el proceso ocurrió de manera más automática?
7. ¿Cómo llegaste a ese acuerdo en primer lugar?
8. A veces los contratos permanecen vigentes durante un tiempo, pero pueden anularse en el momento adecuado. ¿Por qué era este el momento adecuado para finalizar tu contrato?
9. ¿Sobre qué eran los contratos o proyectos en los que trabajaste con tus seres?
10. ¿Quiénes eran estos seres?
11. ¿Cuál era el propósito de tu acuerdo?
12. ¿Qué lecciones has aprendido sobre tu alma gracias a esta situación?
13. Si elegiste seguir ayudando a estos seres, ¿por qué has tomado esa decisión?

Ten presente que todas las almas de todos los periodos históricos a menudo llegan a acuerdos y establecen contratos. Decidir si tales compromisos aún te benefician en tu vida actual depende exclusivamente de ti y puede variar dependiendo de la situación. Lo único importante es que sientas que dichos acuerdos sirven al propósito de tu alma y a tu libre voluntad.

·············

Otros mundos y seres de otros mundos

Un aspecto interesante de algunos casos de estudio de alienígenas es que, dentro de la amplia extensión del universo, la gente alcanza una nueva perspectiva sobre la vida que les permite compartir mensajes a largo alcance en beneficio de la humanidad:

Estoy en otra época, en otro mundo donde el tiempo no es relevante. El lugar es helado y montañoso, y aun así no siento frío como la gente de la Tierra. Este es un lugar especial, en una época especial. Todos somos uno aquí. Percibo que eso es lo que los Grandes Planificadores querían que experimentásemos todos los habitantes del universo. Mi vida actual es dura en comparación con la de entonces, pero vine a la Tierra para ayudar a que el planeta abriera los ojos a este conocimiento. Podemos hacerlo; solo necesitamos hacer el esfuerzo, y todos lograremos estar en paz.

―――――――

La idea de que la gente debe esforzarse por tratarse mejor es un tema común en este tipo de regresiones. También existe la creencia prominente de que el alma eligió encarnarse en este momento para difundir esperanza y amor, y que muchos seres cósmicos vienen aquí para ayudar a los humanos:

He hecho lo que me has pedido y he sentido a mi guía espiritual, solo que esta vez no es nadie con quien haya trabajado antes. No es un ángel ni un guía. Procede de otro lugar. No se muestra ante mí, solo percibo su presencia. Dice que lleva tiempo tratando de llamar mi atención. Está aquí junto con muchos otros en otros universos y galaxias porque están intentando salvarnos. Espera que le escuchemos y que aceptemos la ayuda.

Durante el proceso de regresión, algunas personas obtienen información desarrollada sobre otros mundos y describen a seres que no se parecen en nada a los Grises:

Vivo en otro planeta. Civilizado, pero no se parece en nada a la Tierra. Este planeta es mucho más grande. Subterráneo. Lo han construido todo bajo tierra. El planeta en sí mismo es muy dorado. Se usa el calor del núcleo del planeta para proveer de energía a todo y para mantener a todos a salvo del frío clima exterior. El lugar es como estar en una habitación a oscuras. Soy del tamaño de un humano de diez años. Tengo la piel pálida, los ojos grandes y los iris refulgentes. Soy regordete. Nos comunicamos por telepatía. Somos una sociedad basada en la ciencia, sin guerras ni conflictos hasta que otras civilizaciones nos invadieron. Siento pena y desesperación al ser atacados por gente de otro mundo. Han venido porque su mundo fue destruido hace mucho tiempo. Nuestro mundo no pertenece al mismo sistema solar. Este lugar está más lejos que Marte. La gente no evolucionó porque fueron colonizados.

No tenemos gobierno, ni a gente electa. Somos una mente colectiva y nacemos con memoria genética, por lo que estamos muy avanzados y nos reproducimos fuera de la sexualidad. Llevamos aquí desde el origen del universo y no necesitamos dinero. Mantenemos nuestra población al mínimo. Descargamos información.

Solo vivimos en una parte del planeta. Teníamos viajes espacia-
les. Tenemos tres lunas y orbitamos alrededor de dos soles. En
esta galaxia hay un sistema binario; nuestro sistema solar tiene
ocho planetas. Cavamos en busca de recursos y no sentimos nin-
gún deseo de comunicarnos con otros por miedo a su naturaleza
hostil.

En el capítulo sobre Lemuria, mencioné brevemente que tengo la sensación de que esos seres a los que yo denomino «lemurianos» probablemente sean visitantes interdimensionales. Eso podría ser una aproximación acertada o errónea de la fuerza cariñosa que parece residir dentro de algunos cristales, pero yo sí que suscribo la idea de que muchos seres benevolentes del universo vienen a la Tierra para ayudar a la humanidad. Me he topado con ellos en más de un nivel interdimensional y creo que están ansiosos por ayudarnos si decidiéramos abrir nuestros corazones y mentes a ello. El siguiente ejercicio te ayudará a conectar con los cariñosos seres que quieren ayudarnos. Estableceremos la intención de conectar con la vida en otros planetas, pero es posible que aparezca alguien distinto: un ángel, un guía o, incluso, un amigo o familiar especial. Ábrete a quien sea que aparezca y ten por seguro que será perfecto para ti. ¡Averigüemos quién quiere hablar contigo hoy!

EJERCICIO:
Seres de otros mundos

Encuentra tu espacio sacro y acomódate. Arroja una luz curativa desde los cielos que caiga a través de tu coronilla. Permite que esa luz atraviese tu cuerpo y mane desde tu corazón hasta rodearte más o menos a un metro en todas direcciones. Imagina que flotas en el interior de esta luz dorada hacia tu puerta. Adéntrate en tu espacio sagrado, donde tu guía ya te está esperando. Ha traído a algunos amigos de lugares muy lejanos consigo para que los conozcas. Fíjate en quiénes aparecen. Puede que obtengas una imagen o que simplemente los sientas. ¿Qué aspecto tienen? ¿De dónde son? Si son de la Tierra y no de otro planeta, ¿de dónde son y por qué han venido? Si estás con seres de otro planeta, preséntate. ¿Cuál es su misión en la Tierra? ¿Quieren compartir contigo alguna información sobre cómo podrías ayudarlos en su misión? Tómate tu tiempo para recibir toda la información que precises.

(Haz una pausa).

Dales las gracias a estos seres y a tu guía personal por haber estado hoy contigo y despídete de todos antes de girarte y salir caminando o flotando a donde llegaste. Dentro de un momento, regresarás. Tres, procesa todo lo que has aprendido en sueños para que mañana por la mañana tengas claro cómo proceder; dos, anclado, centrado y equilibrado; y uno, ¡has vuelto!

Apuntes de diario: Seres de otros mundos

Seguro que quieres dejar constancia de todo lo que has aprendido sobre esas criaturas.

1. ¿Quién ha aparecido?
2. ¿Qué aspecto tenían? ¿O has percibido más bien una sensación de ellos?
3. ¿De dónde son?
4. Si no eran de otro planeta, asegúrate de saber quiénes han aparecido y por qué.
5. Si has conocido a extraterrestres, ¿cuál es su misión en la Tierra?
6. ¿Qué información han compartido contigo sobre cómo podrías ayudarlos en su misión?
7. ¿Quieren verte otra vez? De ser así, ¿cómo se comunicarán contigo?
8. Añade la fecha de hoy para que, con el tiempo, puedas volver atrás y documentar cualquier información adicional que pueda ser relevante en el futuro.

Espero que la reunión te haya resultado productiva. Si no has conocido a ningún extraterrestre, no te preocupes. Todo el mundo vive experiencias distintas, no solo a lo largo de nuestra vida actual, sino a través del tiempo. Ten presente que a quien hayas conocido y cómo se haya desarrollado la conversación puede resultarte beneficioso ya vengan de algún lugar a varios años luz de distancia o simplemente de la Tierra.

. . . .

Universos paralelos y mundos futuros

Durante los inicios de mi carrera, pasé una cantidad de tiempo considerable hablando con gente sobre los universos donde vivían simultáneamente al nuestro. Algunos creen vivir vidas simultáneas en nuestra realidad presente y en otro mundo paralelo. Uno de los casos más impresionantes tuvo lugar cuando di una charla en una expo de metafísica y guie al grupo hasta un lugar donde pudieran acceder a mundos paralelos. Durante ese viaje guiado, un miembro de la audiencia dijo haber visitado la ciudad de Nueva York en 2005 y ver las Torres Gemelas:

Adonde sea que fuera, el 11-S nunca ocurrió. Aún seguía habiendo mucha tensión, pero todavía no había llegado al punto de ebullición. En nuestro mundo actual, ya lo hemos hecho y hemos aliviado cierta presión. En el mundo paralelo, la presión seguía allí, pero teníamos una oportunidad para cambiar las cosas. No obstante, no quise ir al futuro para tratar de ver si lo habíamos conseguido. Me gustaría decir que la gente se trataba mejor, pero no creo que fuese el caso. Su línea temporal no era mejor que la nuestra; simplemente era distinta.

A menudo, el propósito del alma de la persona que está viviendo en el aquí y ahora es bastante similar a su propósito en el mundo alternativo:

> *No sé cómo, pero he viajado a un lugar alternativo. En plan, yo sigo viviendo aquí, pero es una nueva realidad. Tengo el mismo trabajo. Mi propósito de ayudar a los demás no ha cambiado, aunque ciertas cosas sí son distintas. Aquí ayudo a niños, pero en mi vida real, si es que se la puede llamar así, trabajo con personas mayores.*

————

Una clienta vino para una regresión a vidas pasadas, ya que quería asesoramiento sobre un posible cambio de trabajo, pero en vez de viajar al pasado, lo hizo a una dimensión alternativa y simultánea a su realidad presente. De vez en cuando esto ocurre. Su viaje fue más allá de nuestra comprensión lineal de la realidad y explotó, por así decirlo, en algo más espectacular que nada que hayamos conocido en nuestra vida actual. Experimentó una extraña superposición del pasado de su vida actual combinada con algunos aspectos futuristas:

> *Estoy en una casa. Espera, ¡qué locura! ¡Se parece mucho a la casa en la que crecí! Tendré unos veintipocos años. El timbre suena y abro. Es un chico que viene a recogerme para una cita. Mi madre está allí y lo saluda. Nos subimos a su coche, que parece de lujo, y vamos a un lugar parecido a una base militar. Él viste un mono, y también las demás personas. Aquí es donde vive, como si estuviera en el ejército o algo, solo que, cuando me lleva a través de ese lugar, entramos a un hangar enorme y hay pequeñas aeronaves en las que solo caben dos o tres personas dentro. No recorren una pista como los aviones de hoy día. En cambio, se elevan del suelo directamente, y luego avanzan de golpe y desaparecen.*

En cuanto me lo enseña, vamos a su habitación. Parece como un dormitorio de esos de residencia universitaria. Estamos liándonos cuando uno de sus compañeros de cuarto viene y le dice que es hora de marcharse, así que me lleva consigo hacia un nuevo lugar de almacenamiento donde hay una nave gigantesca. Hay niños amontonados dentro y sentados en bancos. Me recuerda a alguna especie de autobús escolar futurista. Hay tanto chicos como chicas. La nave también despega y se eleva de golpe en el aire. No vamos muy lejos de la Tierra, pero sí que flotamos en el espacio. Veo la Tierra bajo nosotros y la atmósfera de alrededor. Después de un rato, aterrizamos de nuevo en la base. Salgo y voy al baño de mujeres y, cuando salgo, mi madre está ahí esperándome. Está enfadada por que no haya vuelto a casa cuando le dije que lo haría, y yo trato de explicar que hemos debido de curvar el tiempo. Les enseño el sitio a ella y a mi hermana pequeña, y les digo que quiero cambiar y estudiar allí también. Quiero ser astronauta. Esto es como las Fuerzas Aéreas modernas o algo. Lo que me resulta incluso más extraño es que algunos de los detalles son iguales a cuando yo era más joven en mi vida real, y otros son nuevos. Esto está ocurriendo dentro de quinientos años. ¿Cómo puede ser? Es como si tuviera la misma familia y todo, pero en una época distinta, en una dimensión paralela o algo. Gracias por esta experiencia. ¡Me ha hecho sentirme joven! La sensación de volar así ha sido una pasada.

———————

Trabajar pilotando naves espaciales suena fantástico, pero obviamente en su realidad actual no habría sido posible porque tal tecnología aún no existe, así que, en cambio, nos centramos en de qué otra forma podría dedicarse al ámbito de la aviación.

Otro ejemplo de vidas simultáneas surge cuando la gente se ve a sí misma en un algún mundo futuro o en el planeta Tierra dentro de miles de años. En esos casos, la mayoría también afirma ser de un mundo paralelo y, aunque no lo describan así, sí que perciben la idea de que el tiempo no es lineal, por lo que son capaces de reconocer que los acontecimientos de esa Tierra futura están transcurriendo en el tiempo y el espacio a la vez que su vida actual. A menudo esos atisbos del futuro son como la Atlántida: cuentos admonitorios de lo que está por venir si la humanidad no se endereza pronto.

Estoy en una nave dentro de mil años y formo parte del equipo médico que estudia los organismos de los planetas que visitamos mientras viajamos a través del universo. Se parece a lo que solía ver en Star Trek *cuando era más joven. Razas distintas, todas llevándose bien y viajando a través de la galaxia por una causa común. Aunque no estoy segura de cuál es el propósito. Cuando paso a mi siguiente recuerdo, estoy en un planeta más grande. Hay un gobierno organizado allí que quiere controlarlo todo. Yo me enfado cuando me doy cuenta de que el trabajo que he estado llevando a cabo no es el que creía que era; no es por ningún bien común. Están planeando robar los recursos de esos planetas: desde los minerales y metales hasta el ADN e incluso a algunas personas, si quieren. ¿Cuándo lo harán? No sabría decirlo. Estoy enfadada, gritando, chillándoles por qué eso no puede suceder, por qué está mal. Esa clase de arrebato no se ve con buenos ojos aquí, y me arrestan. Me encarcelan y me atan, y me siento dormir. Estoy acabada. Ya no hay nada que pueda hacer sobre lo que están planeando. Las lecciones que aprendí en esa vida me recuerdan a por qué dejé de trabajar en una organización sin ánimo de lucro. No entraré en detalles, pero sí, no eran exactamente lo que todo el mundo creía que eran y me fui después de posicionarme claramente en contra. Esta vez no he muerto, pero sí que he visto que algunas de las mismas personas de mi antiguo trabajo también estaban en ese otro planeta. Me duele mucho porque quería hacer las cosas bien, y aún quiero. En el futuro, me veo a mí misma creando mi propia fundación, gestionando las cosas yo misma del modo en que deberían hacerse. Ayudamos a la gente, hacemos un trabajo bueno y justo para todos. Esa es mi misión esta vez, acabar lo que empecé en tiempos remotos. Tratar de hacer que mi entorno sea mejor para los demás y lo que pueda con el tiempo que se me ha dado. En mi vida actual, tendré el tiempo que necesito. Ahora que estoy por mi cuenta, nadie podrá detenerme, y es una sensación fantástica.*

Siempre me han fascinado las personas que viajan más allá de nuestro planeta mediante la regresión a vidas pasadas. Embarquémonos en un viaje al espacio donde podrás recibir visiones del futuro.

EJERCICIO:
Universos paralelos y mundos futuros

Dirígete a tu espacio especial, llama a tus encantadores guías y cierra los ojos mientras permites que una luz cariñosa te bañe y te rodee. Cruza la puerta hacia tu sala especial y saluda a tu guía. Imagina que tu guía está ahí con una bola de cristal sobre una mesa. Camina o flota hacia esa bola de cristal y permite que se ilumine y se llene de luz, energía e información sobre el futuro de la Tierra. Fíjate en cualquier imagen, pensamiento, sonido o sensación que veas o percibas mientras contemplas esas visiones del mundo futuro.

¿Qué está pasando? ¿Qué año es? ¿Qué información te podría ayudar en tu situación actual? Tómate tu tiempo; fíjate en todo lo que puedas. Cuando estés preparado, sepárate de la bola de cristal. Pídele a tu guía que te aclare la información que has recibido hoy.

(Haz una pausa).

Muy bien. Dale las gracias a tu guía por compartir este conocimiento contigo, gírate y vuelve al punto de partida. A la cuenta de tres, regresarás rodeado de amor, alegría, paz y luz. Tres, dos, uno... y ¡has vuelto!

Apuntes de diario: Universos paralelos y mundos futuros

Saca tu diario y escribe la respuesta a las siguientes preguntas:

1. ¿Has podido ver atisbos del futuro?
2. De ser así, ¿qué año era?
3. ¿Algún dato de lo que está por venir?
4. ¿Has experimentado alguna otra sensación o inspiración importante?

No todos consiguen obtener información sobre sucesos del futuro. Espero que este proceso te haya resultado entretenido y, si te ha parecido fácil, ¡tal vez hayas descubierto un nuevo talento para la adivinación que no sabías que tenías!

....

Vidas pasadas en tierras ancestrales y otros mundos

La vasta popularidad de series de televisión como *Alienígenas* ha traído al frente de la cultura popular la idea de que las antiguas civilizaciones interactuaron con los extraterrestres. A lo largo de los años, he conocido a personas que han compartido relatos de interacciones que tuvieron con tecnología futurista en entornos ancestrales o primitivos. Aquí te dejo algunos de mis favoritos.

Alienígenas en Egipto

Muchos creen que la tecnología alienígena ayudó a construir las pirámides y otras maravillas del mundo en la Tierra. En realidad, los científicos modernos y exploradores han llevado a cabo numerosos experimentos para intentar recrear el movimiento de los grandes bloques de piedra y otras estructuras y han demostrado que algunas de las hazañas que se

llevaron a cabo en tiempos remotos fueron prácticamente un milagro. ¿Quién dice que no tuvieran ayuda extraterrestre? Muchos creen
que así fue y narran haber presenciado sucesos extraños en tiempos
remotos:

*Estoy en la meseta de Guiza durante el reinado de Jufu. Estoy
ayudando a construir las pirámides desde el mismísimo comienzo
del proyecto. Piedras gigantescas flotan en el aire. Veo naves pla-
teadas y escaleras mecánicas parecidas a cintas transportadoras
que elevan piedras, mientras que otras levitan en el aire. Nos dicen que no miremos a aquellos que nos están ayudando. Hacerlo
nos traería mala suerte y enfadaría a los dioses. El faraón ha in-
sistido en que quienes nos están ayudando en este proyecto son
los mismísimos dioses. Esta estructura está diseñada para com-
placerlos, dice el faraón, y lo seguiremos porque él es nuestro dios
en la Tierra. Sí que los miro de reojo, pero repito, si me pillan
mirándolos abiertamente, nos han dicho que podríamos desinte-
grarnos como cualquier cosa que se acerque demasiado al sol. Son
criaturas altas y preciosas. Están llenas de luz y nos facilitan mucho el trabajo, por lo que les estamos agradecidos.*

Anunnaki

Los recuerdos más extraños y a la vez más populares de la vida en
Mesopotamia involucran a los dioses mesopotámicos conocidos como
«anunnaki». Gracias al difunto Zecharia Sitchin (1920-2010) y su libro
El duodécimo planeta, el término obtuvo un nuevo significado. Tras
interpretar las tablillas de barro sumerias y acadias (persas), Sitchin
propuso la teoría de que los anunnaki en realidad eran una raza extraterrestre procedente de Nibiru, un planeta ficticio[130]. Sitchin dijo que
las avaras criaturas espaciales vinieron a la Tierra en busca de oro y

---

130. Tillman, N. T. (2021, 31 de diciembre). *Nibiru: The Nonexistent Planet*. Space.com.
Recuperado de https://www.space.com/15551-nibiru.html

para crear híbridos[131]. Entre el trabajo de Sitchin y la increíble popularidad del libro *Recuerdos del futuro* de Erich von Däniken, espectador habitual de *Alienígenas* y que especuló que los seres de otros planetas ayudaron a las antiguas civilizaciones, la historia de los anunnaki resultó familiar a muchos en la comunidad del Nuevo Pensamiento, y aún lo hace a día de hoy.

Puedes o no coincidir con estas ideas, pero, te repito, en regresiones a vidas pasadas, algunas personas se sienten profundamente conectadas a la versión alienígena de los anunnaki y creen que entraron en contacto con ellos en el pasado:

Estoy en una nave hace muchísimo tiempo. Estamos volviendo a la Tierra de nuestro viaje alrededor del sol. Aterrizamos en nuestra base y procedemos a proseguir con las operaciones mineras en el desierto. Hemos aterrizado en Ur. Los zigurats se construyen para elevar las frecuencias y asegurarnos de encontrar nuestro lugar de aterrizaje siempre que necesitamos reponer nuestras reservas. No deseamos hacerles daño a los humanos, solo ayudarlos, y aun así debemos obtener estos recursos valiosos. ¿Las lecciones de vida que he aprendido? Estoy aquí para ayudar a mi especie a sobrevivir. Debemos conseguir oro y comprendemos que los humanos son sensibles a los ciclos vitales de la Tierra, tal y como deberían, pero si te pusieras en mis zapatos, por llamarlo de alguna manera (aunque debo decir que no llevamos zapatos del mismo modo que lo hacen los humanos), creo que tú también harías lo posible por salvar a tu especie. Los ancestros estaban encantados cuando llegamos a ayudarlos con el riego y las infraestructuras que tan sencillas son para nosotros. Nos denominaron «dioses» y, de hecho, sí que poseemos mucho conocimiento divino. Nos parecemos más a los humanos de lo que uno podría llegar a pensar. Compartimos el mismo deseo de tener cerca a nuestros seres queridos y de protegerlos y proveerlos. En

131. Sitchin, Z. (2007). *The 12th Planet: Book I of the Earth Chronicles.* Harper.

mi vida actual, elegí ser ingeniero eléctrico. Esta es mi segunda vida como ingeniero en los tiempos modernos. Vine a Roswell en el pasado para descifrar la tecnología que se estrelló allí. Lo sé todo sobre aquello y ahora trabajo en el ámbito energético. No obstante, los sistemas de energía que tenéis en la Tierra son muy mundanos. Nosotros podríamos ayudar si estuvierais abiertos a ello.

¿Sientes una conexión con los dioses de lo antiguo, esos dioses del cielo que posiblemente llegaron del espacio exterior? En el siguiente ejercicio averiguaremos si estás asociado a los antiguos dioses del espacio, y en caso afirmativo, averiguaremos quiénes fueron; si no, exploraremos cualquier otra conexión que hayas podido tener con un dios o una diosa en el pasado.

EJERCICIO:
Conecta con los anunnaki

Dirígete a tu lugar cómodo, donde podrás cerrar los ojos y embarcarte en este viaje. Arroja las frecuencias de paz y amor a través de cada célula de tu ser y rodéate de una burbuja de luz antes de caminar o flotar hasta tu espacio sacro personal.

Ve hasta allí y saluda a tu queridísimo guía, que está aguardándote. Mientras le dices «hola», tu guía está guiando tu atención hacia una zona ligeramente alejada donde una figura o figuras se están acercando. Son dioses o diosas que has venerado en una vida anterior. Mientras se te acercan, fíjate en quiénes son y salúdalos. Permite que estas deidades te revelen de dónde son y cuál es tu relación con ellos. ¿Son los anunnaki de Babilonia o de otro lugar? Fíjate en todo lo que puedas, o también puedes pedirles que te expliquen cómo llegaste a conocerlos. ¿De dónde son? ¿Qué representan? ¿Qué mensaje tienen para ti, ya que han aparecido en este espacio sagrado? ¿Cómo puede servirte este mensaje de esperanza en tus días venideros en la Tierra? Puede que también te ofrezcan sanación. Tómate tu tiempo para recibir toda la energía e información que necesites.

(Haz una pausa).

Tómate un momento para agradecer a estas deidades por haber venido e imagina que se marchan flotando. Dale las gracias a tu guía por presentaros. Si tu guía necesita darte más información, imagina que lo hace ahora. Cuando estés preparado, date la vuelta y sal por la puerta antes de cerrarla a tu espalda. Vuelve al punto de partida. Aún rodeado por ese escudo de luz protectora, fíjate en que te sientes mucho más ligero que antes y que ahora estás lleno de inspiración y energía para continuar con tu día. Cuando cuente desde tres, regresarás. Tres, procesa toda esta sanación e información en tus sueños esta noche; dos, conduce y haz todas las actividades con cuidado, estás anclado, centrado y equilibrado; y uno, ¡has vuelto!

Apuntes de diario: Conecta con los anunnaki

Sin duda, tendrás información interesante que anotar en tu diario. Aquí tienes algunas ideas de por dónde empezar:

1. ¿A quién o quiénes has visto en tu espacio sacro?
2. ¿De dónde eran?
3. ¿Los conocías de una vida anterior o de otro planeta?
4. ¿Qué clase de energía te han compartido y qué representaban?
5. ¿Por qué han elegido aparecer ellos de todas las deidades que tu alma ha venerado a través del tiempo?
6. Si te has reunido con los anunnaki, ¿sentiste que eran extraterrestres o más de este mundo?
7. Describe su aspecto y cualquier mensaje o detalles sobre lo que ha conllevado tu sanación y cualquier conocimiento personal que tu guía haya compartido contigo.
8. Apunta cualquier observación adicional que creas conveniente.

¡Vaya! ¡Ha debido de ser un viaje cósmico! Espero que lo hayas disfrutado y hayas recibido energía e información útiles para mejorar tu vida en el futuro.

·············

Lugares de interés

Área 51 (Nevada)

¿Quieres saber dónde guardan todo lo bueno? Podrías viajar hasta Nevada y acercarte al Sitio de Pruebas y a las instalaciones de entrenamiento, la zona alta secreta de la Base de la Fuerza Aérea Edwards, aunque no podrás entrar, claro. Varias personas se dieron cuenta cuando se llevó a cabo la iniciativa mediática Storm Area 51, que en español sería algo así como «Asaltar el Área 51». Varias personas fueron arrestadas.

Carretera de los extraterrestres (Nevada)

Conduce por la carretera estatal de Nevada 375 y obtén la oportunidad de captar avistamientos alienígenas[132].

Centro Nacional de Pruebas Atómicas de Nevada (Nevada)

Se dice que alrededor de las centrales atómicas suele haber avistamientos alienígenas, así que podrías visitar la que hay en Nevada y entrar en su museo.

---

132. Travel Nevada (s. f.). *Blast Off on the Extraterrestrial Highway*. Travel Nevada. Consultado el 2 de enero de 2022. Recuperado de https://travelnevada.com/road-trips/extraterrestrial-highway/

Phoenix (Arizona)

Puede que recuerdes las misteriosas luces que se vieron en Phoenix hace unos años. Algunos dicen que esta área es un hervidero de ovnis.

Roswell (Nuevo México)

Hace años impartí un taller en el festival anual de ovnis de Roswell y participé en el desfile tras la carroza de *Autopsia de un alien* junto al gran mariscal. ¡Un recuerdo que atesoro en mi corazón, por supuesto! Se lo recomiendo encarecidamente a cualquiera que quiera ver el museo de alienígenas y pasárselo en grande.

Conclusión

Siempre he creído en la vida en otros planetas. La idea tiene sentido, sin más. El universo es demasiado grande como para estar solos en él. Además, aprendiendo sobre lo que está ahí fuera, ya sea en el cine de nuestra mente interior, podemos averiguar muchas más cosas acerca de nuestra verdadera naturaleza de lo que nunca creímos posible.

Aunque nunca te hayas planteado la idea, espero que este capítulo te haya abierto los ojos a nuevas posibilidades y te hayas entretenido. Sea como fuere, todo vale.

PARTE 4

Ahonda en la práctica

¡Felicidades! ¡Has conseguido explorar tierras ancestrales y otros mundos! ¿Cómo te sientes? Espero que el material que te he brindado te haya hecho reflexionar y te haya proporcionado un mayor entendimiento sobre tu alma.

Trabajar en un proyecto de este calibre ha supuesto todo un reto. Con tantos lugares increíbles que investigar en nuestro mundo y en el universo en general, me gustaría recordarte que, hasta este punto, este libro se compone de vivencias personales combinadas con la información que he obtenido de otras fuentes a lo largo de toda mi carrera. Ojalá te haya hecho reflexionar. He tratado de crear los mejores ejercicios posibles para que, en caso de no haber conectado con las experiencias, puedas usarlos para recibir otra información útil que te ayude en el camino de tu vida.

Otro derivado de explorar tantos lugares es que tal vez hayas descubierto que algunas de estas tierras ancestrales u otros mundos no fueron lugares donde viviste en vidas pasadas. De ser así, te ayudará haber reducido la lista y haber tachado cosas. A menudo creo que tenemos demasiadas opciones entre las que elegir y que, en ocasiones, eso nos abruma. A veces saber lo que *no* quieres puede resultar tan importante como comprender lo que más deseas en la vida.

En esta sección reflexionaremos sobre lo que has descubierto llegados a este punto. Tendrás la oportunidad de valorar qué partes del mundo te han parecido las más intrigantes y decidir cuáles te interesa explorar más a fondo en la regresión a vidas pasadas.

Te ayudaré a prepararte para llevar a cabo la mejor regresión posible. Recuerda: la búsqueda de nuestro verdadero yo transcurre a lo largo de toda nuestra vida. ¡Disfruta y ábrete el descubrimiento!

14

Regresión a vidas pasadas en tierras ancestrales y otros mundos

Hasta ahora nos hemos embarcado en un viaje maravilloso y ya casi ha llegado el momento de que experimentes una regresión a vidas pasadas para descubrir las conexiones que sientes con las tierras ancestrales y otros mundos de las que ya hemos hablado con anterioridad. Antes de regresar al pasado, hay algunas cosas de las que tenemos que hablar, como del viaje guiado, la relectura de tu diario y tu declaración de intenciones.

Has explorado hasta ahora varias áreas concretas de las tierras ancestrales y otros mundos. Los ejercicios y los apuntes de diario han requerido que indagues y escarbes dentro de tu alma. En cada capítulo te he pedido que sintonices con tu alma y respondas algunas preguntas complejas sobre dónde viviste en el pasado, cómo te sentiste, los seres o personas que conociste, etc. A veces, tal vez incluso hayas obtenido pequeños destellos de vidas pasadas. Debo confesar que he sido un poco pícara al pedirte que me respondieras a cosas que jamás te habrías planteado sobre tus vidas pasadas. ¿Cómo has sido capaz de elaborar esas respuestas e ideas con tanta facilidad? Creo que se debe a la teoría de la reminiscencia. El filósofo Platón defendía en esta teoría que el saber es recordar. Es distinto de la supretrovia, que es cuando un recuerdo de una vida pasada nos llega de forma espontánea. La supretrovia tiene lugar cuando influencias externas que nunca has vivido o percibido te asaltan de repente. En la teoría de la reminiscencia ese conocimiento ya reside en ti; es la idea de que hay hechos y datos sobre ti que nadie necesita explicarte. Simplemente los sabes. En este capítulo, cuando por fin tengas la oportunidad de llevar a cabo la regresión, espero que el tiempo que has invertido en conocer mejor a tu alma te brinde unos resultados fantásticos.

Relee tu diario

Hasta ahora has explorado algunos de los lugares más antiguos del mundo, y es posible que también otras galaxias. Ojalá una mínima parte de todo el material que he incluido en este libro te haya generado curiosidad. Escribiendo en tu diario y practicando los ejercicios deberías haber recabado más información que nunca sobre ti mismo y sobre el viaje de tu alma a través del tiempo. Por esa razón, dedica un tiempo a releer tus anotaciones y pensamientos con el fin de ayudarte a prepararte para la regresión.

EJERCICIO:
Relee tu diario

Siéntate en tu espacio cómodo, donde has estado trabajando hasta ahora. Estar en ese espacio ayudará a tu subconsciente a acceder a lo que has descubierto a lo largo de este libro. Pon música relajante si quieres, tápate con una manta, sírvete tu bebida favorita y prepárate para relajarte y pasar un tiempo reflexionando. Saca tu diario y repasa las entradas. No hace falta que lo leas todo a menos que quieras. En cambio, hojéalo y fíjate en qué te llama más la atención. Marca o subraya lo que te resulte fascinante. Marca también aquello en lo que necesites sanar o sobre lo que te gustaría aprender más. No tengas prisa.

Apuntes de diario: Relee tu diario

En cuanto acabes con el diario, vuelve al material marcado y sigue estos pasos:

1. Elabora una lista de las áreas que has marcado porque te han parecido interesantes.
2. Haz otra de las áreas en las que creas que necesites sanar.
3. Revisa esas listas.
4. Sin pensártelo mucho, de la primera lista, ¿qué área te parece la más interesante?
5. Igual que antes, sin pensártelo mucho, echa un vistazo a la lista de los lugares que necesitan sanación. ¿Cuál te parece más importante en este momento?
6. Apunta la fecha de hoy.

Recuerda que el alma es fluida y que descubrirás detalles nuevos sobre tu esencia durante toda tu vida. Por eso, puedes volver a estas listas e ideas siempre que quieras. Recuerda que los elementos que encabezan tu lista cambiarán y evolucionarán con el paso de los años, al igual que tú.

·············

Declaración de intenciones

La clave para una regresión exitosa es declarar abiertamente qué es lo que quieres experimentar. Lo mejor que podrías desear es que tu alma regrese al lugar que te vaya a brindar el mayor bienestar en este momento de su historia. Esa intención te permitirá viajar a donde necesites y, tranquilo, hallarás la sanación y los descubrimientos que necesites.

Supongo que tu intención se basará en explorar una de las muchas áreas fascinantes que hemos tratado en este libro. Por eso, te ayudaré a centrar la regresión en el lugar más beneficioso para ti que hayas elegido conscientemente. Esa es la razón principal por la que he querido que hicieras el último ejercicio, el de redactar las dos listas en tu diario, porque me gustaría que las usases junto con tu guía interior para decidir qué tierra ancestral u otros mundos vas a explorar en este capítulo.

El resultado de cualquier regresión depende de la declaración de intenciones al inicio del viaje, que harás para decidir el lugar sobre el que preguntarás en un momento concreto del ejercicio. Declararás tu intención de visitar las áreas que le parezcan más importantes a tu alma en ese momento.

La regresión a vidas pasadas está diseñada para que uses el mismo ejercicio las veces que sea necesario con tal de explorar todas las zonas que te interesen del libro. La clave es que todos los viajes resulten originales dependiendo de la intención que tengas para cada uno de ellos. Si hoy sientes curiosidad por descubrir los lazos que compartes con la antigua Grecia, por ejemplo, esa será tu intención por ahora. El año que viene tal vez te inclines por Egipto; después, tal vez la Atlántida emerja en tu conciencia, por lo que podrás repetir el ejercicio y comprobar si has vivido o no en esos periodos.

Libérate de las expectativas

Otro asunto importante que me gustaría tratar es que, aunque preguntes, por ejemplo, sobre la antigua Grecia durante la regresión, tal vez descubras que no has tenido una vida pasada en esa zona del mundo. Si eso sucede, habrás de preguntar por lo que te beneficie más en ese momento. Es posible que la antigua Grecia te atraiga por alguna otra razón, así que te pediré que solo recibas lo que más te beneficie en todo momento. Otra cosa que podría pasar es que tu alma sienta que, a pesar de haber vivido en la antigua Grecia, tal vez ahora no sea el momento de explorarla, así que no recibirás esa información. En cambio, tal vez viajes a otro lugar, como Egipto. Si eso sucede, recuerda que todo va bien y que recibirás lo que más necesites en cualquier momento.

En realidad, gracias a tu yo superior, a tus guías y a tus ayudantes invisibles, cuando quieras centrarte en tu interior, el único tipo de información que recibirás será el que siempre te reporte un mayor beneficio, ya sea de manera consciente o no. Te recomiendo tener tu beneficio máximo como intención subyacente en cualquier viaje que hagas, dado que uno de los mejores regalos que puedes recibir es aprender a liberarte de las nociones preconcebidas y de las expectativas fijadas. El universo es un espacio vasto y, a veces, nos limitamos a nosotros mismos por culpa de las expectativas. Decidimos con antelación lo que vamos a vivir y después nos sentimos decepcionados cuando las cosas no salen como esperamos. Lo cierto es que, cuando nos liberamos de las nociones preconcebidas, a menudo acabamos entendiendo que nos espera una experiencia mucho mejor y más transformadora de lo que hubiéramos imaginado en un principio. Vuelvo a recalcar que hablo por propia experiencia. He aprendido que abrirse a lo posible siempre es lo mejor. Al acoger con el corazón y tener presente que estás viviendo lo que necesitas en cualquier momento concreto, los milagros ocurren, y es verdad. Aceptar el hecho de que tal vez no sepas cómo va a sucederse algo abre la puerta a recibir un beneficio mayor en la vida. ¡Créeme, lo sé! Aprender a librarse de los apegos acabó siendo una gran lección para mí, muy positiva en el camino de mi vida, y sé que para ti también lo será.

Las regresiones son como ejercitar un músculo

Una última reflexión: la vida es un viaje, así que si no recibes mucha información la primera vez que intentes llevar a cabo una regresión, no te preocupes. Espera un tiempo y vuelve a intentarlo. La primera vez que yo me sometí a una, solo vi el destello rápido de unas botas de vaquero en una carretera polvorienta. Nueve años después, al intentarlo por segunda vez, la escena se expandió y vi más. No te preocupes. No esperes tardar nueve años en recibir resultados, pero te lo cuento para hacerte entender que todo precisa de un tiempo concreto. Recuerda que lo que más te beneficia siempre está en juego, así que recibirás lo que se supone que debes recibir en el momento adecuado.

Más concretamente, quiero recordarte algo que hemos tratado antes en el libro acerca de las imágenes, los pensamientos y los sentimientos. Tal vez no seas una persona visual. Yo tampoco lo era, así que eso supuso que mis regresiones fuesen un poco más complejas porque lo que recibía eran, sobre todo, sensaciones sobre cosas o conocimiento en lugar de imágenes. También podría darse la posibilidad de que escuches una voz interior que te cuente quién eras en el pasado. Tu guía puede ayudarte mucho de ese modo. Permítele que te cuente cosas; es tremendamente útil.

También quiero recordarte la conversación que hemos tenido acerca de la imaginación. Cuando vi ese par de botas de vaquero en mi primera regresión, la imagen pasó tan rápido que bien podría haberla ignorado o descartado. Tal vez ni siquiera me hubiera percatado porque apenas apareció durante medio segundo. Normalmente, cuando la gente te habla o te pregunta algo, tu cerebro crea una respuesta a nivel interno. Puede que recibas el destello de un recuerdo de una situación parecida que viviste y que te recuerde a lo que te habla la persona, o un pensamiento sobre algo que tienes que decir relacionado con lo que estás escuchando. Asimismo, en el ejercicio es como si yo hablase contigo, y la conversación y las preguntas que te lanzo deberían sonsacarte una respuesta. ¿No te ha pasado con los ejercicios anteriores? Seguro que sí, o de lo contrario no habrías podido completar los apuntes de diario. Con esto me refiero a que permitas que las ideas aparezcan y nunca las descartes. ¡Todas son importantes! Pasan por algo, así que déjate llevar y a ver qué resultado te generan.

Consulta tu diario

Te has esforzado hasta ahora anotando entradas en tu diario y practicando los ejercicios, así que recuerda mantener el ritmo. El ejemplo de Grecia es bueno. Digamos que decides que tal vez viviste en Grecia en el pasado, llevas a cabo la regresión y descubres cosas fascinantes sobre ti mismo que podrás usar para entender mejor tu situación actual. ¡Sería genial!

Te recomiendo encarecidamente que te tomes tu tiempo tras cada regresión para fijarte en aquello que se te aparece. Tras la regresión en este capítulo he incluido otro apunte. Te animo a que lo rellenes para cada regresión que realices. ¿Por qué? Porque tal vez no recuerdes lo que sucedió con claridad si lo dejas para luego. Te aseguro que valdrá la pena. Podría emerger algo importante o que incluso te cambie la vida. Serás tú quien decida cómo anotar lo que pasó. Puedes usar la lista de preguntas que he escrito para ti o redactar lo que ocurrió, sin más. Espero que lo hagas siendo imparcial. Toma las imágenes igual que la información que obtienes durante tus sueños. Todas tienen valor y significado. Quitar las capas de tu alma te conducirá por un camino de descubrimiento y comprensión que te ayudará muchísimo durante el transcurso de tu vida.

Regresión a vidas pasadas

Has aprendido mucho sobre ti mismo a lo largo de estos últimos capítulos y, tras hacer los ejercicios y seguir los procesos de cada capítulo, llegas a esta regresión sabiendo posiblemente más sobre el marco que quieres explorar. No olvides que aquí estoy yo para animarte mientras tanto. Cuando acabes, espero que sientas que has logrado algo enorme y encomiable, como escalar una montaña y descender por el otro lado sintiendo más amor y compasión por ti mismo y siendo más consciente del camino que ha recorrido tu alma a través del tiempo. Para finalizar, me gustaría decirte una última cosa: recuerda decidir ahora, con antelación, qué tierra ancestral u otro mundo quieres explorar, y sopesa si leer y grabar el guion del ejercicio por adelantado. ¿Preparado para aventurarte en una regresión? ¡Genial!

EJERCICIO:
Regresión a vidas pasadas

Encuentra un espacio cómodo donde sentarte en el que no te molesten. Siéntate con los pies planos en el suelo y las manos en el regazo. Llama a cualquier guía, maestro ascendido o ser de luz que desee acompañarte hoy y pídele que se haga la voluntad superior. Cuando estés listo, cierra los ojos. Toma una bocanada de aire sanador por la nariz, respira paz, sanación y relajación, y exhala cualquier tensión o preocupación. Muy bien. Recuerda que cada vez que respiras te sientes más y más relajado. Ahora imagina que hay un haz de luz pura y blanca que baja desde arriba por tu coronilla. Siente esa luz acogedora descendiendo más y más por tu frente, ojos, nariz, mandíbula y boca. Permite que esta luz acogedora inunde cada vértebra de tu cuello y viaje por tus hombros, brazos, codos, muñecas, manos y dedos.

Permite que la luz blanca siga descendiendo por tu columna, entre tus omoplatos, hasta tu corazón, por tu estómago, tus pulmones y la espalda. Sigue respirando. Inspira amor, paz y alegría, y exhala cualquier tensión. Muy bien. Siente esa luz recorrer tus piernas, muslos, rodillas, pantorrillas, tobillos, talones, dedos de los pies y llegar hasta las plantas de tus pies.

Imagina que esta luz te recorre rápidamente desde la cabeza hasta los pies, relajándote, sanándote y ayudándote a liberarte de las tensiones y las preocupaciones mientras se vuelve cada vez más y más intensa. Fíjate en que ahora es tan intensa que empieza a manar de tu corazón hasta un metro en todas direcciones. Siente que flotas en el interior de esta burbuja de luz dorada y sanadora, a salvo y sin preocupaciones, y recuerda que solo podrá atravesarla aquello que te haga bien.

Ahora imagina que hay una puerta frente a ti. Obsérvala, siéntela o piensa que la puerta está ahí. Cuando cuente hasta tres, la abrirás y entrarás a un precioso espacio en el que te sentirás a salvo y seguro. ¿Preparado? Uno, dos y tres; abre la puerta ahora. Camina o flota al interior de ese espacio sacro, al interior de esa preciosa zona. Puede tratarse del mismo lugar que ya has visitado anteriormente. Tómate un momento para disfrutar de la energía beneficiosa que rebosa en el ambiente. ¿Cómo es? ¿Te has fijado en algo que antes no habías visto? No tengas prisa y siente la energía acogedora y cariñosa de este espacio, en el que te sientes completamente a salvo y sin preocupaciones. Aquí hallarás paz y felicidad. Muy bien.

Mientras continúas disfrutando de las energías cariñosas y acogedoras de tu lugar especial, quiero que imagines un precioso ángel o guía espiritual que aparece flotando desde arriba para acompañarte. Puedes ver a tu guía especial, sentir su presencia o notar que está ahí. Mientras saludas a ese guía que lleva con tu alma desde el principio de los tiempos, recuerda que lo sabe todo sobre ti, sobre tu alma y sobre el camino de esta. Siente el amor incondicional y la estima en que te tiene. Muy bien.

Tómate un momento y habla con tu guía sobre las intenciones de hoy. Hazle saber que has venido para viajar a tus vidas pasadas y qué tierra ancestral u otro mundo te gustaría explorar. Tómate tu tiempo para hablar con él y recibe cualquier aportación por parte de tu guía que te pueda resultar útil antes de comenzar el viaje de hoy.

(Haz una pausa).

Muy bien. Ten presente que tu guía te ha escuchado. Imagina que te informa de que pretende ayudarte a conectar con la ropa que llevabas en otras vidas pasadas. Cuando estés listo, tómalo de la mano y caminad o flotad por la sala. Mientras lo hacéis, verás que hay cinco escalones que conducen a un piso inferior. En breve, tu guía y tú los bajaréis. Con cada escalón, te sentirás más y más relajado y cómodo que nunca. ¿Preparado? Cinco, relajado; cuatro, entra en un estado de relajación total; tres, siéntete tranquilo y calmado; dos, sumérgete más en ti mismo; y uno, has llegado. Estás allí, en ese nivel inferior. Fíjate en que hay una puerta frente a ti y tu guía la está abriendo ahora.

Mientras observas el interior para ver qué hay detrás de la puerta, te descubres mirando una sala enorme. Dentro, reparas al momento en un larguísimo expositor de ropa que empieza cerca de ti y se extiende muy a lo lejos. Tu guía te explica que esta es toda la ropa que has llevado a lo largo de los años, así que tanto esta sala como la ropa te resultan seguras y familiares. Toma a tu guía de la mano. Ambos empezáis a flotar. Fíjate, mientras te acercas flotando a la ropa, que puedes ver o sentir los elementos que componen tu armario actual. Prosigue ahora con tu guía, pasa flotando junto a tu armario y continúa por la hilera de ropa. Cuanto más lejos flotes, más antigua es la ropa. Ahora empiezas a percatarte de qué cosas solían pertenecerte, y sientes los elementos que tenías de niño, de bebé, y cuanto más allá mires, más se extiende la fila de ropa a lo lejos.

Pídele a tu guía que te lleve hasta el periodo más antiguo o importante que vaya a brindarte lo mejor en este momento de la historia de tu alma y que se conecte a la tierra ancestral u otro mundo sobre el que le has preguntado hoy. Tu guía te ayudará a encontrar la ropa apropiada para ese periodo y suceso importante. Aún de la mano de este, sigue flotando más y más lejos. Fíjate en que, cuanto más lejos viajas, más relajado te sientes. Muy bien. Dentro de un momento, cuando cuente hasta tres, llegarás hasta la ropa que tu guía quiere enseñarte. ¿Preparado? Uno, pasas junto a la ropa; dos, más y más lejos en el armario, ya casi estás; y tres, has llegado. Visualízate allí. Algunas prendas se iluminan. Tu guía las saca del expositor y te las entrega. Pruébatelas. Imagina que al final del armario hay un espejo en el que te puedes mirar y fíjate en lo que ves. ¿Qué tipo de ropa llevas? ¿Eres hombre o mujer? ¿A quién te pareces? Imagina que puedes bajar la cabeza y fijarte en los zapatos que calzas. Si no ves nada, imagina que sientes lo que vistes o que tu guía te habla de las prendas. Recibe esta información con total soltura. ¿De qué parte de este mundo u otro provienen? Fíjate en lo primero que se te pase por la cabeza. ¿Cómo te sientes llevándolas? ¿Cuántos años tienes? Repara en todo lo que pueda resultar importante. Pídele a tu guía que te aclare todo lo que sea necesario.

(Haz una pausa).

Fíjate ahora en que el espejo donde te estabas mirando tiene un pomo. Dentro de un momento, cuando cuente hasta tres, abrirás esa puerta y saldrás a esa vida vestido con esa ropa. ¿Preparado? Uno, dos y tres; gira el pomo, atraviesa la puerta y entra en esa vida. Hazlo ya. Observa lo que está sucediendo. ¿Qué año es? Lo primero que se te pase por la cabeza. ¿Dónde estás? ¿Eres de este mundo o de otro? ¿Estás solo o con alguien? ¿Cómo te sientes? ¿Qué está pasando? Fíjate en todo lo que puedas sobre este momento.

(Haz una pausa).

Imagina que avanzas hasta el siguiente momento más importante de esa vida y en el que estás con otras personas. Ve allí, ya. Fíjate en qué pasa a continuación. ¿Dónde estás ahora? ¿Qué está pasando? ¿Por qué son importantes esos sucesos? Mientras sientes la energía de las personas de allí, ¿notas si alguien se parece o te recuerda a alguien que conozcas en tu vida actual? Puede que sí o puede que no, pero si es así, ¿a quién? Di lo primero que se te pasa por la cabeza. ¿En qué se parece la relación con esta persona en esa vida con lo que hacéis juntos en la actual? ¿Qué lecciones estáis aprendiendo como almas tras vivir tantas otras vidas? Muy bien.

Si no hay nadie en este suceso a quien reconozcas de tu vida actual, fíjate en la relación que tienes con las personas con las que estás y en qué estás haciendo. ¿Cómo te sientes con ellos? ¿Cómo afectan esos sucesos a tu vida actual? Muy bien.

A continuación, imagina que puedes viajar por otros acontecimientos importantes de esta vida para comprender mejor por qué es tan importante en este momento concreto de la historia de tu alma. Muy bien. Ten presente las lecciones que estás aprendiendo y que esta información te será de utilidad en el futuro.

(Haz una pausa).

Cuando estés listo, imagina que avanzas al último día de tu vida. Ve allí rodeado aún por una burbuja dorada de luz protectora y repara en cómo te transformas en espíritu. Te elevas más y más fuera de tu cuerpo y llegas flotando hasta ese espacio tranquilo entre vidas. Ahora te internas entre las nubes, y flotas tranquilo y relajado; si has experimentado algo desagradable, imagina que un cordón de luz te conecta con ese pensamiento, imagen o sensación. Tu guía está ahí con un par de tijeras grandes y doradas. Cuando cuente hasta tres, tu guía cortará el cordón entre esa situación incómoda y tú. ¿Preparado? Uno, dos y tres; el cordón se ha cortado y te has liberado de esa energía. Muy bien. Vuélvete hacia tu guía y permítele que te ayude a aprender más sobre esta experiencia respondiendo a algunas preguntas importantes. ¿Qué lecciones aprendiste en la vida que acabas de visitar? ¿Cómo usarás la información que has aprendido hoy en tu vida actual? Tómate tu tiempo y pídele a tu guía que te aclare cualquier otra cosa que necesites comprender mejor.

(Haz una pausa).

Cuando estés seguro de haber recibido aquello por lo que has venido, toma a tu guía de la mano y ambos descenderéis flotando por entre las nubes y os encontraréis de vuelta en la sala con el expositor de ropa. Tu guía tomará las prendas que llevas y las colgará. Ambos caminaréis o flotaréis junto a la ropa que has llevado durante diferentes periodos y junto a la que has llevado en la actual de bebé, de niño. Ahora te desplazas deprisa hasta tu armario actual. Tu guía abre la puerta de la sala y te descubres de vuelta en los escalones. Observa los cinco que bajaste cuando comenzaste este viaje. Súbelos ahora sabiendo que cada uno que subas te acercará más a la realidad del presente y a la vigilia. Cinco, sube un escalón; cuatro, muy relajado; tres, muévete tranquilamente hacia la vida actual; dos, lleno de paz interior; y uno, has vuelto a lo alto de las escaleras. Estás de vuelta en el espacio seguro y tranquilo desde el que comenzaste el viaje. Tómate un momento para sentir la energía alentadora mientras contemplas tu espacio especial y sacro. Dale las gracias a tu guía y pregúntale por aquello que necesites aclarar sobre la experiencia de hoy y sobre lo que quieras recibir más información. Podrías preguntarle acerca del propósito de tu alma y cómo se puso en práctica en la vida que acabas de visitar, o tal vez tengas otras preguntas. Tu guía querrá ayudarte con todo lo que necesites. Adelante, permite que te lo aclare contándotelo, enseñándotelo o haciéndote sentir aquello que quieras averiguar.

(Haz una pausa).

Muy bien. Agradece a tu guía que te haya acompañado hoy. Siente el amor incondicional y la alta estima en que te tiene. Despídete y observa que se marcha flotando. Cuando estés listo, camina o flota hacia la puerta por la que entraste y regresa al punto de partida del viaje.

Ve allí, ya, a donde empezaste. Dentro de un momento, cuando cuente desde cinco, volverás a estar plenamente consciente, sintiéndote despierto, renovado y mejor que nunca. ¿Preparado? Cinco, anclado, centrado y equilibrado; cuatro, procesa la información en sueños esta noche para que mañana por la mañana hayas podido integrar por completo esta nueva energía y conciencia; tres, muévete con seguridad y permanece seguro en todas tus actividades; dos, anclado, centrado y equilibrado; y uno, ¡has vuelto!

Apuntes de diario: Procesa tu regresión a vidas pasadas

Para ayudarte a anotar la información que te resultará útil más adelante y a procesar la que has recibido, aquí te dejo algunas preguntas que puedes responder en tu diario:

1. ¿Qué día es hoy?
2. ¿Sobre qué parte de este mundo u otro querías recibir información hoy durante la regresión?
3. ¿Por qué se te ha guiado a indagar sobre ese lugar en este momento de tu vida?
4. ¿Sobre qué parte de lo que está pasando ahora mismo en tu vida actual necesitas aclaración?
5. ¿Qué expectativas tenías sobre esta regresión en cuanto a la comprensión de ese problema? ¿Ha funcionado? ¿Te sientes mejor ahora?
6. ¿Cómo es tu espacio sacro? ¿Es una zona interior o exterior?

7. ¿Tu espacio sacro es el mismo que estableciste previamente en el libro o es un lugar nuevo?

8. Cuando te has reunido con tu guía, ¿has podido verlo o lo has sentido?

9. Si es así, ¿cómo es? ¿Has trabajado con este guía en el pasado o en alguna ocasión anterior de este libro?

10. ¿Tu guía ha cortado el cordón de alguna influencia indeseada? Si es así, ¿sobre qué? ¿Te has sentido mejor después?

11. ¿Qué ropa has recogido del armario? Si has recibido una imagen, ¿cómo era? ¿Cómo la has sentido, si no?

12. ¿Qué año o época has visitado?

13. Describe todo lo que viste en el viaje.

14. ¿Qué te ha ayudado tu guía a aprender acerca de la importancia de la vida que has visitado?

15. ¿Cómo te ayudará esta información con lo que estás lidiando ahora mismo?

16. ¿Has sentido si la gente de tu vida actual también estaba allí? Si es así, ¿quién? ¿Qué lecciones aprendiste con ellos en el pasado y sigues aprendiendo en esta vida?

17. ¿Tu guía te ha transmitido más información que necesites apuntar?

18. ¿Cómo crees que te ayudará este viaje en el camino de tu vida?

19. ¿Cuál ha sido la información más importante que has recibido gracias a esta regresión?

Al igual que con el resto de las preguntas del libro, las anteriores son solo sugerencias, pero espero que te ayuden a apuntar la información que tan vital resultará en el viaje de tu alma. Recuerda que podrás llevar a cabo este viaje de nuevo en el futuro y obtener resultados totalmente distintos dependiendo de las intenciones que declares al principio. Cada regresión te brindará más pistas sobre la verdadera naturaleza de tu alma. Por eso sugiero encarecidamente que uses las preguntas anteriores con cada regresión a la que te sometas, porque las respuestas siempre serán diferentes y, con el tiempo, tendrás un gran almacén de información sobre ti mismo. ¡Buen trabajo!

. . . .

Corta cordones para sanar influencias indeseadas

Tras completar tu regresión a vidas pasadas, tal vez necesites más tiempo para procesar las energías indeseadas que aparecieron durante la sesión. Uno de los beneficios de trabajar con tu guía especial es el hecho de que puede ayudarte a lidiar con lo que ya no te sirve. Durante el viaje, tal vez recuerdes el lugar donde se te ha pedido que cortes cordones que te unían a ciertas energías pesadas o a influencias indeseadas. Ojalá lo hicieras y funcionara. Si has acabado la regresión y la pesadez persiste, puedes hacer un simple ejercicio de cortar cordones muy rápido y útil.

EJERCICIO:
Corta cordones para sanar influencias indeseadas

Ve a tu espacio sacro especial. Siéntate y relájate. Respira. Cierra los ojos durante un momento. Permite que la luz acogedora del universo te bañe desde la coronilla y te recorra el cuerpo, sanando y relajándote mientras te rodea con su brillo protector. Fíjate en la puerta y vuelve al instante a tu lugar especial, al que vas cuando empiezas tus viajes y te reúnes con tu guía. Imagina que te acompaña ahora. Tómate un momento y comparte los detalles de tu regresión a vidas pasadas con tu guía. Recuerda que te conoce mejor que nadie. Rememora la información que te incomodó o que necesita sanar en este momento. Recuerda que estás rodeado por una luz protectora, así que ten presente que todo va bien. Imagina que reparas en lo que hay delante de ti, como si ocupase un espacio físico. En tu imaginación aparece un cordón de luz que te conecta a esa energía que ya no te sirve. Imagina que tu guía está sujetando un par de tijeras doradas y, cuando cuente hasta tres, cortará el cordón que te ata a esa influencia indeseada. ¿Preparado? Uno, dos y tres, corta el cordón ahora.

Fíjate en que una luz sanadora y brillante que viene desde arriba ilumina ese cordón cortado y te sana arrojando luz y amor a todas las células de tu cuerpo. La luz te sana y te protege además de llevarse consigo toda la influencia indeseada. Permite que la luz derrita esa mala energía a la vez que transmite amor y luz a todos los involucrados. La luz sigue desplazándose a través de ti hasta que te sientes mejor que nunca. Cuando la luz consiga que todos os sintáis mejor, puedes agradecerle a tu guía que te haya acompañado hoy. Cruza la puerta caminando o flotando hacia el punto de partida. Cuando cuente desde tres, volverás. Tres, anclado, centrado y equilibrado; dos, siéntete mejor que nunca; y uno, abre los ojos y recuerda que te has liberado de toda esa energía.

Apuntes de diario: Corta cordones para sanar influencias indeseadas

Saca el diario y responde a varias preguntas:

1. ¿Cómo te has sentido al cortar el cordón?
2. ¿Te ha resultado fácil liberarte de esa energía?
3. ¿Qué lecciones ha aprendido tu alma gracias a esta experiencia?
4. Anota cualquier otra cosa que tu guía compartiese contigo o algún otro pensamiento del que quieras dejar constancia.

Quiero recordarte algo importante: si cortar el cordón no te ha resultado fácil o sigues sin sentirte pleno tras hacerlo, no pasa nada por repetir el ejercicio. A veces, las energías persistentes tardan en liberarse, así que sé amable contigo mismo y ten presente que todo va bien. ¡Buen trabajo!

Cortar cordones es algo que puedes hacer diariamente para liberarte de las influencias indeseadas y para cambiar la carga emocional de las situaciones. Puede que no siempre necesites sanar, pero de vez en cuando ayuda. Yo a veces corto cordones con cosas rutinarias. Es una herramienta maravillosa a tu disposición que, gracias al poder de la imaginación, puedes usar para aligerar la energía pesada que sientes a diario.

•••••••••••••

Identifica patrones y el propósito de tu alma

Otra manera interesante de procesar tu regresión es descubriendo el propósito de tu alma. Lo interesante es que tu propósito y las lecciones de vida suelen ser las mismas en la historia de tu alma, incluso aunque las circunstancias y el escenario cambien.

Antes hemos hablado de la idea de que las almas ya tienen un plan cuando llegan a una vida, y tú has tenido la oportunidad de descubrir los planes que hizo la tuya para la actual. Durante las regresiones a vidas pasadas, a menudo sentirás y conocerás esos planes. Al igual que reparamos en la trama de un buen libro, tu alma se ciñe a ese plan superior con el paso del tiempo. Al comprender esos patrones, puedes obtener mucha información valiosa sobre el camino de tu vida. Tomémonos un momento para explorar esto con más profundidad mientras procesas tu regresión.

Apuntes de diario: Identifica patrones y el propósito de tu alma

Saca tu diario, escribe la fecha de hoy y responde a lo siguiente:

1. ¿Qué propósito tenía tu alma en la regresión que acabas de llevar a cabo?
2. Recuerda las lecciones que elegiste vivir en esta vida y que averiguaste en el ejercicio «Antes de tu llegada». Si lo precisas, vuelve a esa entrada de tu diario y échale un vistazo.
3. ¿Esas lecciones o propósitos de tu alma eran parecidos? Si es así, ¿en qué?

4. Si no, ¿en qué se diferenciaban?

5. ¿Cómo puede ayudarte en tu vida obtener una mayor conciencia del plan de tu alma?

Recuerda que puedes volver a este ejercicio con cada regresión que realices para comprender mejor los planes que traza tu alma a lo largo del tiempo.

. . . .

Conclusión

Ya sea la primera o la décima vez que trabajas con este material, espero que hayas aprendido más sobre ti mismo: tus gustos, aversiones, por qué haces ciertas cosas y, en general, cuál es el propósito y el plan de tu alma. Todo eso y más se puede revelar a través del proceso de las regresiones a vidas pasadas. Vuelve aquí cuando necesites más aclaraciones sobre tu vida y tu mundo. ¡Buen trabajo!

Conclusión

«Conócete a ti mismo», el bien conocido aforismo délfico inscrito en el Templo de Apolo en Delfos (Grecia), sigue siendo fuente de consejo miles de años después de su nacimiento[133]. Si nos suscribimos a la teoría de Platón de la reminiscencia, eso significa que, en el nivel más profundo, nuestras almas ya saben quiénes éramos en el pasado y por qué estamos aquí en nuestras encarnaciones actuales. Breves fogonazos de información bombardean nuestra mente interior mientras viajamos a lo largo del camino de la vida y, aun así, ¿de verdad sabemos quiénes somos? La autocomprensión es una búsqueda para toda la vida y no hay mejor manera de someterse a la cirugía del alma que a través de la regresión a vidas pasadas.

Aceptar nuestra verdadera naturaleza, descubrir nuestro auténtico yo y hallar el espacio al que extender nuestro amor y compasión incondicionales hacia nuestros imperfectos seres queridos, sobre todo entre la miríada de retos y adversidades que soportamos a través del viaje de nuestra vida, son partes importantísimas de nuestro propósito como colectivo. Es mucho más fácil mirar para el otro lado, señalar las imperfecciones y los defectos en los demás, antes que admitir que esos lugares dolorosos reflejan problemas sin resolver que nacen de nuestro

---

133. Jowett, B. (1871). *Charmides, or Temperance by Plato 380 BC.* New York: C. Scribner's Sons.

interior. El camino hacia la iluminación se denomina «autosuperación» por una razón. Cuantas más pistas ofrezcamos a la futura versión de nosotros mismos, más compasivos seremos cuando nos mostremos a los demás.

La agradable consecuencia de hacer esto es que, cuando vuelvas a echarle un vistazo a tu diario, fliparás con las ideas que tú mismo escribiste años antes. Esas epifanías no solo te harán darte cuenta de muchas cosas, sino que, igualmente, podrán redirigir el curso de tu vida e incluso te ayudarán a orientarte cuando hayas perdido el rumbo. Yo siento una inmensa gratitud hacia mi yo más joven por tomarse el momento de escribir en su diario. Espero que este libro te haya inspirado a hacer lo mismo.

A la par que nuestro tiempo juntos llega a su fin, también siento una inmensa gratitud hacia lo increíblemente afortunados que somos de vivir en una sociedad y en un momento de la historia en los que podemos dedicar tiempo a perseguir nuestros ideales espirituales. Nuestros antepasados enfrentaron dificultades hasta para sobrevivir y, aun así, tú y yo tenemos el lujo de disfrutar pensando y reflexionando sobre la naturaleza de nuestra alma. ¡Qué gran oportunidad! Más nos vale recordar que no debemos dar por sentado este regalo.

Otra gran moraleja que estoy considerando es la del significado de nuestro tiempo: la posesión más valiosa que tenemos en la vida. Ser plenamente consciente de lo valioso que es ese lujo puede incluso transformar una vida a mejor. Dedicar un poquito de nuestro tiempo a escuchar los impulsos que proceden de lo divino y luego anotar o grabarlos para nuestro futuro yo puede marcar una enorme diferencia en la calidad de nuestro viaje en los años venideros.

He llegado a creer que elegimos venir aquí, a la Tierra, a este mismísimo momento por una razón. Somos la encarnación de la consciencia y la conciencia, y poseemos el tiempo para concentrarnos en cómo queremos que sea el mundo mediante la meditación y otras prácticas espirituales. Ayudando a todos los seres, incluidos nuestros propios antepasados y antecesores cuando sanamos el pasado, podemos transformar y sanar las energías e influencias indeseadas de las generaciones que vinieron antes que nosotros y extender esa luz hacia todos los seres de los planetas de nuestro universo y más allá. No hay separación. Cuando dedicamos un momento a cuidarnos a nosotros mismos, ayudamos a todos los demás.

La razón por la que cualquiera de nosotros se toma el tiempo de indagar y aprender sobre nosotros mismos es la de encontrar una mayor paz y felicidad en la vida y compartir nuestro amor con los demás. Esa es. No hay más. No importa realmente quiénes fuéramos en vidas anteriores. Sí, es interesante, por supuesto, pero al final, esas experiencias pasadas (ya sean en tu vida actual o hace miles de años en galaxias y sistemas solares muy muy lejanos) solo importan en lo mucho que nos informan de las experiencias de nuestra vida actual y cómo nos ayudan a comprender los papeles que desempeñamos dentro del esquema general. Concentrar temporalmente nuestro tiempo y energías en el pasado para proyectar amor, luz y una consciencia superior sobre las épocas difíciles terminará ayudando a que todas las personas a través de los tiempos experimenten una mayor alegría, paz, felicidad y amor en el aquí y ahora y también en las futuras generaciones. Te deseo un espléndido futuro lleno de encanto y me despido con la promesa de que hagas de tu vida una aventura maravillosa.

Recursos adicionales

¡Gracias por haberte embarcado en este viaje conmigo! Para más información sobre los lugares y las ideas mencionadas a lo largo del libro, te animo a echarle un vistazo a la bibliografía. Aquí te doy otros tantos recursos que podrían resultarte útiles e interesantes conforme exploras tierras ancestrales y otros mundos.

La Atlántida y Lemuria

El libro de Shirley Andrews *Lemuria y Atlantis: Studying the Past to Survive the Future*, también publicado con la fantástica editorial Llewellyn Worldwide, es una fuente invaluable si quieres aprender más sobre estas tierras ancestrales.

Para aquellos que quieran saber más sobre los cristales lemurianos que he mencionado, podéis echarle un vistazo a mi libro *Lemurian Seeds: Hope for Humanity*. También he escrito sobre el larimar en mis libros *Gemstone Journeys*; *Gemstone Companions*; *Edgar Cayce's Sacred Stones*; y *Edgar Cayce's Guide to Gemstones, Minerals, Metals & More*.

Egipto

American Research Center en Egipto: https://www.arce.org/

Programas recomendados

Coast to Coast AM: Un increíble programa de radio presentado por el maravilloso George Noory y que indaga en el mundo de lo desconocido y otros mundos.

Earthfiles: La periodista ganadora de un Emmy Linda Moulton Howe explora los extraterrestres y los fenómenos inexplicables en su página web y canal de YouTube.

El pódcast de Randall Carlson, **Kosmographia:** Disfruto mucho viendo este programa en YouTube. Es fascinante y tremendamente entretenido a la vez que realista y práctico. Carlson guía a neófitos a través de las complejidades de la Atlántida y te ayuda a ver más allá de los pequeños detalles. https://youtu.be/V9gBcwtjGYM

Tomb Hunters *en el canal Smithsonian:* Un programa increíble sobre nuevos descubrimientos: https://www.smithsonianmag. com/videos/category/smithsonian-channel/tomb-hunters-series-promo/

Museos

Me encantan los museos locales de cada ciudad. ¿Sabías que muchos museos de primera categoría ofrecen información asombrosa y a la que se puede acceder en parte de forma virtual? Aquí te dejo algunos de mis favoritos:

Museo de la Acrópolis en Atenas (Grecia): https//www. theacropolismuseum.gr/en

Museo Británico en Londres: https://www.britishmuseum.org/ exhibitions-events

Museo de Historia Natural de Denver: https://www.dmns.org/

Museo del Louvre en París: https://www.louvre.fr/es

Cines y realidad virtual

Oculus: Yo uso la marca Oculus para mis viajes de realidad virtual. Estas son las gafas que yo he usado siempre, pero seguro que hay muchas otras buenas opciones en el mercado. En el caso de Oculus, ellos regalan unos cuantos viajes gratis y juegos. https://www.oculus.com/

Omni Theatre: Para información sobre estas películas, visita su página web: https://www.mos.org/explore/omni

Otros recursos

Sónar: Entra aquí para aprender más sobre la exploración submarina y cómo el sónar ve el suelo marino: https://oceanexplorer.noaa.gov/explorations/lewis_clark01/background/seafloormapping/seafloormapping.html

Sociedad Teosófica: La organización fundada por Madame Blavatsky y otros tiene recursos e información sobre su trabajo en los registros akáshicos y otros temas interesantes que formaron los cimientos del movimiento espiritual de la Nueva Era: https://sociedadteosofica.es/

Patrimonio de la Humanidad de la UNESCO: Aquí hallarás sitios sagrados, junto con información histórica y fotos: https://www.unesco.org/es

Para una lista de recreaciones romanas y equipo: http://www.romanempire.net/

Bibliografía

Allchin, F. R. (2022, 16 de agosto). *Indus civilization | History, Location, Map, Artifacts, Language & Facts*. Encyclopedia Britannica. Recuperado de https://www.britannica.com/topic/Indus-civilization

Amnesty International (2021, 18 de junio). *Why saying «Aborigine» isn't OK: 8 facts about indigenous people in Australia*. Recuperado de https://www.amnesty.org/en/latest/campaigns/2015/08/why-saying-aborigine-isnt-ok-8-facts-about-indigenous-people-in-australia/

Andrews, E. (2014, 4 de marzo). «10 Things You May Not Know About Roman Gladiators: Get the Facts on the Enigmatic Men-at-Arms behind Ancient Rome's Most Notorious Form of Entertainment». *History*. Recuperado de https://www.history.com/news/10-things-you-may-not-know-about-roman-gladiators

Andrews, S. (2009). *Lemuria and Atlantis: Studying the Past to Survive the Future*. Llewellyn Wolrdwide.

Archaeology World Team (2020, 10 de agosto). «Massive 1.100 Year Old Maya Site Discovered In Georgia's Mountains?» | Archaeology World | *All In One Magazine*. Recuperado de https://archaeology-world.com/massive-1100-year-old-maya-site-discovered-in-georgias-mountains/

Bard, K. (2015). *An Introduction to the Archaeolgy of Ancient Egypt.* John Wiley & Sons.

Barnett, M. (1999). *Gods and Myths of Ancient Egypt: The Archeology and Mythology of Ancient Peoples.* Grange Books.

Blakemore, E. (2021, 4 de mayo). «Aboriginal Australians». *Culture.* Recuperado de https://www.nationalgeographic.com/culture/article/aboriginal-australians

Blavatsky, H. P. (2012). *The Secret Doctrine (Complete): The Synthesis of Science, Religion, and Philosophy, Third and Revised Edition.* Library of Alexandria Baker & Taylor.

Breasted, J. H. (1905). *A History of Egypt: From the Earliest Times to the Persian Conquest,* 145-147. C. Scribner's Sons.

Bressan, D. (2013, 10 de mayo). *A Geologist's Dream: The Lost Continent of Lemuria,* Scientific American.com. Recuperado de https://blogs.scientificamerican.com/history-of-geology/a-geologists-dream-the-lost-continent-of-lemuria/

Broekman, G. P. F. (2010). «The leading Theban Priests of Amun and Their Families Under Libyan Rule». *The Journal of Egyptian Archaeology* n° 96, 125-148. Recuperado de https://www.jstor.org/stable/23269760

Budge, E. A. W. (1967). *The Egyptian Book of the Dead: The Papyrus of Ani in the British Museum.* Dover Publications.

Budge, E. A. W. (1969). *The Gods of the Egyptians: Studies in Egyptian Mythology Volume 1.* Dover Publications.

Budge, E. A. W. (1969). *The Gods of the Egyptians: Studies in Egyptian Mythology Volume 2.* Dover Publications.

Burenhult, G. (1994). *Old World Civilizations: The Illustrated History of Mankind the Rose of Cities and States.* Harper Collins.

Burl, A. (2000). *The Stone Circles of Britain, Ireland and Brittany.* Yale University Press.

Butterworth, A. y Laurence, R. (2005). *Pompeii: The Living City.* Yale University Press.

Chichen Itzá. (s. f.). *Chichen Itza: Wonder of the World.* Chichenitza. com. Consultado el 2 de enero de 2022 y recuperado de https:// www.chichenitza.com/

Childs, C. (2005, 3 de octubre). *Anasazi: What's in a Name?* High Country News. Recuperado de https://www.hcn.org/ issues/307/15815

Churchward, J. (1926). *The Lost Continent of Mu.* William Edwin Rudge.

Conger, C. (s. f.). *Were Ancient Egyptians the First Feminists? Women's Rights in Ancient Egypt.* How Stuff Works. Consultado el 22 de enero de 2022. Recuperado de https://history. howstuffworks.com/history-vs-myth/first-feminist.htm

Crystal River Archaeological State Park (s. f.). Florida State Parks. Recuperado de https://www.floridastateparks.org/parks-and- trails/crystal-river-archaeological-state-park

Csikszentmihalyi, M. (2020, 31 de marzo). *Confucius.* Stanford Encyclopedia of Philosophy/Summer 2020 Edition. Recuperado de https://plato.stanford.edu/archives/sum2020/entries/ confucius/

Dayman, L. (2022, 1 de julio). *15 Best Shinto Shrines You Have to Visit.* Japan Objects. Recuperado de https://japanobjects.com/ features/shinto-shrines

Doniger, W. (2022, 17 de agosto). *Shiva | Definition, Forms, God, Symbols, Meaning & Facts.* Encyclopedia Britannica. Recuperado de https://www.britannica.com/topic/Shiva.

Druidry (s. f.). *What Is Druidry?* Druidry.com. Consultado el 2 de enero de 2022. Recuperado de https://druidry.org/druid-way/ what-druidry

Duca, E. (2014, 22 de diciembre). *The Death of the Temple People.* MaltaToday.com. Recuperado de https://www.maltatoday.com. mt/arts/architecture/47313-/the_death_of_the_temple_people#. YctKjGjMK70

EdgarCayce.org (s. f.). *Atlantis and the Edgar Cayce Redings.* EdgarCayce.org. Consultado el 2 de enero de 2022. Recuperado de https://www.edgarcayce.org/the-readings/ancient-mysteries/ atlantis/

Editores de Britannica (2020, 20 de marzo). *Achaemenian Dynasty | Definition, Achievements & Facts.* Encyclopedia Britannica. Recuperado de https://www.britannica.com/topic/Achaemenian-dynasty

Editores de Britannica (2019, 21 de noviembre). *Celta.* Encyclopedia Britannica. Recuperado de https://www.britannica.com/topic/ Celt-people

Editores de Britannica (1998, 20 de julio). *Centurion,* Encyclopedia Britannica. Recuperado de https://www.britannica.com/topic/ centurion-Roman-military-officer

Editores de Britannica (2011, 25 de noviembre). *Circus Maximus.* Encyclopedia Britannica. Recuperado de https://www.britannica. com/topic/Circus-Maximus

Editores de Britannica (2021, 23 de noviembre). *Clovis complex | Ancient North American Culture.* Encyclopedia Britannica. Recuperado de https://www.britannica.com/topic/Clovis-complex

Editores de Britannica (2019, 29 de noviembre). *First Council of Nicaea.* Encyclopedia Britannica. Recuperado de https://www. britannica.com/event/First-Council-of-Nicaea-325

Editores de Britannica (2018, 2 de abril). *Gallic Wars*. Encyclopedia Britannica. Recuperado de https://www.britannica.com/event/Gallic-Wars

Editores de Britannica (1998, 20 de julio). *Middle Way | Buddhism*. Encyclopedia Britannica. Recuperado de https://www.britannica.com/topic/Middle-Way

Editores de Britannica (2021, 16 de mayo). *Mohenjo-daro | Archaeological site, Pakistan*. Encyclopedia Britannica. Recuperado de https://www.britannica.com/place/Mohenjo-daro

Editores de Britannica (2021, 15 de diciembre). *Norman Conquest*. Encyclopedia Britannica. Recuperado de https://www.britannica.com/event/Norman-Conquest

Editores de Britannica (2021, 17 de septiembre). *Roman Empire*. Encyclopedia Britannica. Recuperado de https://www.britannica.com/place/Roman-Empire

Editores de Britannica (2015, 27 de febrero). *Tirtha | Hindu sacred place*. Encyclopedia Britannica. Recuperado de https://www.britannica.com/topic/tirtha

Editores de Greek City Team (2021, 19 de marzo). *Pavlopetri, the oldest submerged city*. Greek City Times. Recuperado de https://greekcitytimes.com/2021/-03/04/pavlopetri-oldest-submerged-city/

Editores de History.com (2021b, 13 de octubre). «Fertile Crescent». *History*. Recuperado de https://www.history.com/topics/pre-history/fertile-crescent

Editores de History.com (2018, 21 de agosto). «Machu Picchu». *History*. Recuperado de https://www.history.com/topics/south-america/machu-picchu

Editores de History.com (2021, 9 de septiembre). «Mesopotamia». *History*. Recuperado de https://www.history.com/topics/ancient-middle-east/mesopotamia

Editores de History.com (2009, 24 de noviembre). *Rome Founded*. Recuperado de https://www.history.com/this-day-in-history/rome-founded

Editores de History.com (2019, 1 de febrero). *Stonehenge*. History. com. Recuperado de https://www.history.com/topics/british-history/stonehenge#section_3

Eicher, D. (s. f.). «The Zeta Reticuli (or Ridiculi) Incident». *Astronomy Magazine*. Consultado el 2 de enero de 2022. Recuperado de https://astronomy.com/bonus/zeta

Ellis, P. B. (1994). *The Druids*, 37. William B. Eerdmans Publishing Company.

English Heritage (s. f.). *History of Stonehenge*. Consultado el 2 de enero de 2022. Recuperado de https://www.english-heritage.org. uk/visit/places/stonehenge-/history-and-stories/history/

Evely, D., Hughes-Brock, H. y Momigliano, N. (1994, 31 de diciembre). *Knossos: A Labyrinth of History (gr-gen)*. British School at Athens.

Evin, F. (2018, 4 de marzo). «Was Sardinia home to the mythical civilisation of Atlantis?» *The Guardian*. Recuperado de https://www.theguardian.com/science/2015/-aug/15/bronze-age-sardinia-archaeology-atlantis

Faulkner, N. (2011, 29 de marzo). *Overview. Roman Britain, 43-410 AD*, BBC. Recuperado de https://www.bbc.co.uk/history/ancient/romans/overview_roman_01.shtml

Frängsmyr, T. (1990). *Les Prix Nobel: The Nobel Prizes 1989*. Nobel Foundation.

Frawley, J. (s. f.). *The Eruption of Thera | Forbes and Fifth | University of Pittsburgh.* Recuperado de https://www.forbes5.pitt.edu/article/eruption-thera

Frida Kahlo: 100 Paintings Analysis, Biography, Quotes & Art. (s. f.). Recuperado de https://www.fridakahlo.org/

Gahlin, L. (2014). *Gods & Myths of Ancient Egypt: An Illustrated Guide to the Mythology, Religion & Culture.* Anness Publishing.

Galili, E. y Horwitz, L. (s. f.). *Excavations at the Submerged Neolithic site of Atlit Yam, off the Carmel Coast of Israel.* The Shelby White and Leon Levy Program for Archaeological Publications. Consultado el 2 de enero de 2022. Recuperado de https://whitelevy.fas.harvard.edu/excavations-submerged-neolithic-site-atlit-yam-carmel-coast-israel

Gibbons, A. (2018, 29 de noviembre). *Strongest Evidence of Early Humans Butchering Animals Discovered in North Africa.* Sciencemag.org. Recuperado de https://www.sciencemag.org/news/2018/11/strongest-evidence-early-humans-butchering-animals-discovered-north-africa

Goodenough, S. (2006). *Egyptian Mythology.* New Line Books.

Google (s. f.). *Keltoi.* Traductor de Google. Consultado el 2 de enero de 2022. Recuperado de https://translate.google.com/?sl=el&tl=en&text=%CE%9A%CE%B5%CE%BB%CF%84%CE%BF%CE%B9%20&op=translate

Goswami A. y Onisor, V. R. (2021). *The Quantum Brain: Understand, Rewire and Optimize Your Brain.* 194–195, Bluerose Publishers.

Grajetzki, W. (2003). *Burial Customs in Ancient Egypt: Life in Death for Rich and Poor.* Gerald Duckworth & Co.

Gray, D. (2010, 13 de septiembre). *Buddhism in Tibet.* Oxford Bibliographies. Recuperado de https://www.oxfordbibliographies.com/

display/document/obo-9780195393521/obo-9780195393521-0166. xml.

Handwerk, B. (s. f.). «Pyramids at Giza: How the Pyramids at Giza Were Built Is One of Egypt's Biggest Mysteries». *National Geographic*. Consultado el 2 de enero de 2022. Recuperado de https://www.nationalgeographic.com/history/article/giza-pyramids

Hansen, J. y Renfrewm, J. (1978, 1 de enero). «Palaeolithic. Neolithic seed remains at Franchthi Cave, Greece». *Nature*. Recuperado de https://www.nature.com/articles/271349a0?75e9a594-4803-44c8-8911-d0485e89b662

Harper, D. (s. f.). *Etymology of Celt*. Online Etymology Dictionary. Consultado el 2 de enero de 2022. Recuperado de https://www.etymonline.com/word/celt

Haywood, J. (1999). *The Ancient World: Earliest Times to 1 BC, Volume 1*. Oxford University Press.

Hendry, L. (s. f.). *First Britons*. Natural History Museum. Consultado el 2 de enero de 2022 y recuperado de https://www.nhm.ac.uk/discover/first-brutons.html

History Learning (2015). *The Druids' Relationship with the Romans*. HistoryLearning.com. Recuperado de https://historylearning.com/a-history-of-ancient-rome/the-druids-relationship-with-the-romans/

Ikram, S. (2015). *Death and Burial in Ancient Egypt*. The American University in Cairo Press.

Johnson, B. (2015, 22 de enero). *Timeline of Roman Britain*. Historic UK. Recuperado de https://www.historic-uk.com/HistoryUK/HistoryofBritain/Timeline-of-Roman-Britain/

Jowett, B. (1869). *The Republic by Plato 360 BC*. C. Scribner's Sons.

Jowett, B. (1869). *Timaeus by Plato 360 BC.* C. Scribner's Sons.

Jowett, B. (1871). *Charmides, or Temperance by Plato 380 BC.* C. Scribner's Sons.

Jowett, B. (1871). *Critias by Plato 360 BC.* C. Scribner's Sons.

Kaehr, S. (2002). *Origins of Hune: Secret Behind the Secret Science.* Out of This World Publishing.

Kaehr, S. (2006). *Lemurian Seeds: Hope for Humanity.* Out of This World Publishing.

Katz, L. (2020, 18 de junio). *How Tech and Social Media Are Making Us Feel Lonelier Than Ever: The Loneliness Paradox: All That Time Online Can Connect Us in Amazing Ways, But It Can Also Make Us Feel Isolated.* CNET. Recuperado de https://www.cnet.com/features/how-tech-and-social-media-are-making-us-feel-lonelier-than-ever/

Kiger, P. J. (2020, 8 de septiembre). «How Ancient Sparta's Harsh Military System Trained Boys Into Fierce Warriors». *History.* Recuperado de https://www.history.com/news/sparta-warriors-training

King, J. (2019, 20 de junio). *The Celtic Invasion of Greece.* WorldHistory.org. Recuperado de https://www.worldhistory.org/article/1401/the-celtic-invasion-of-greece/

King, L. W. (2008). *The Code of Hammurabi.* Lillian Goldman Law Library. Recuperado de https://avalon.law.yale.edu/ancient/hamframe.asp

Laing, L. y Laing, J. (1990). *Celtic Britain and Ireland, AD 200-800:The Myth of the Dark Ages.* Saint Martin's Press.

Lawler, A. (2021, 3 de mayo). *Rare Unlooted Grave of Wealthy Warrior Uncovered in Greece.* Adventure. Recuperado de https://www.nationalgeographic.com-/adventure/article/151027-pylos-greece-warrior-grave-mycenaean-archaeology.

Le Plongeon, A. (1900). *Queen Móo and the Egyptian Sphinx Second Edition*. Press of J. J. Little & Co. Astor Place.

Lovgren, S. (2021, 3 de mayo). «Clovis People Not First Americans. Study Shows». *Science*. Recuperado de https://www.nationalgeographic. com/science/article/native-people-americans-clovis-news

Macaulay, G. C. (2015). *The History of Herodotus*. Van Haren Publishing.

Machemer, T. (2020, 17 de julio). *New Research Reveals Surprising Origins of Egypt's Hyksos Dynasty: An Analysis of Ancient Tooth Enamel Suggests the Enigmatic Ancients Were Immigrants, Not Invaders*. Smithsonianmag.com. Recuperado de https://www. smithsonianmag.com/smart-news/first-foreign-takeover-ancient-egypt-was-uprising-not-invasion-180975354/

Mann, C. C. (2011). *1491: New Revelations of the Americas Before Columbus: Second Edition*, Vintage Books.

Mann, C. C. (2013, 1 de noviembre). «The Clovis Point and the Discovery of America's First Culture». *Smithsonian Magazine*. Recuperado de https://www.smithsonianmag.com/history/the-clovis-point-and-the-discovery-of-americas-first-culture-3825828/

Marchant, J. (2021, de julio). *Inside the Tombs of Saqqara: Dramatic New Discoveries in the Ancient Egyptian Burial Ground*. Smithsonianmag.com. Recuperado de https://www.smithsonian-mag.com/history/inside-tombs-saqqara-180977932/

Mark, J. J. (2016, 12 de octubre). *Late Period of Ancient Egypt*. World History Encyclopedia. Recuperado de https://www.worldhistory. org/-Late_Period_of_Ancient_Egypt/

Mark, J. J. (2022, 9 de octubre). *Alexander the Great & the Burning of Persepolis*. World History Encyclopedia. Recuperado de https:// www.worldhistory.org/-/article/214/alexander-the-great--the-burning-of-persepolis/

Martell, H. M. (1995). *The Kingfisher Book of Ancient World from the Ice Age to the Fall of Rome*, 31. Kingfisher Laurousse Kingfisher Chambers.

Martínez, J. (2021, 1 de junio). *Lindisfarne Raid*. Encyclopedia Britannica. Recuperado de https://www.britannica.com/event/ Lindisfarne-Raid

Merriam-Webster (s. f.). *Sarsen*. Merriam-Webster.com, consultado el 2 de enero de 2022. Recuperado de https://www.merriam-webster.com/dictionary/sarsen

National Geographic Society (2020, 11 de agosto). «Olmec Civilization: The Role of the Olmec in Mesoamerican Society Is a Matter of Hot Debate between Archaeologists and Anthropologists». *National Geographic*. Recuperado de https:// education.nationalgeographic.org/resource/olmec-civilization/

National Park Service (s. f.). *The Center of an Ancient World*. Chaco Culture National Historical Park New Mexico. Consultado el 2 de enero de 2022 y recuperado de https://www.nps.gov/chcu/index. htm

National Park Service (s. f.). *The Center of Chacoan Culture*. Chaco Culture National Historical Park New Mexico. Consultado el 2 de enero de 2022 y recuperado de https://www.nps.gov/chcu/learn/ historyculture/index.htm

National Park Service (s. f.). *Footprint of Ancestral Pueblo Society*. Aztec Ruins National Monument New Mexico. Consultado el 2 de enero de 2022 y recuperado de https://www.nps.gov/azru/ index.htm

Navajo Nation Parks (s. f.). *Four Corners Monument Navajo Tribal Park*. Consultado el 2 de enero de 2022 y recuperado de https://navajonationparks.org/tribal-parks/four-corners-monument/

Nemet-Nejat, K. R. (2002, 1 de febrero). *Daily Life in Ancient Mesopotamia*. Hendrickson Publishers.

Newman, H. y Vieira, J. (2021). *The Giants of Stonehenge and Ancient Britain*. Avalon Rising Publications.

NewMexico.org (s. f.). *New Mexico's Unique Native American Communities*. NewMexico.org. Consultado el 2 de enero de 2022 y recuperado de https://www.newmexico.org/native-culture/ native-communities/

New World Encyclopedia (s. f.). *Seven Wonders of the World*, New World Encyclopedia. Recuperado de https://www. newworldencyclopedia.org/entry/Seven_Wonders-_of_the_ World

O'Brien, B. (2021, 8 de septiembre). *History of Buddhism in China: The First Thousand Years*. Learn Religions. Recuperado de https://www.learnreligions.com/buddhism-in-china-the-first-thousand-years-450147

Osborne, H. (2020, 15 de junio). «Maya Calendar Does Not Predict World Will End This Week». *Newsweek*. Recuperado de https://www.newsweek.com/maya-calendar-doomsday-world-end-1510926

Pinch, G. (2002). *Egyptian Mythology: A Guide to the Gods, Goddesses, and Traditions of Ancient Egypt*. Oxford University Press.

Pitts, M. (2020, 12 de junio). *Aubrey Burl Obituary:* «Archeologist Who Wrote Extensively on Britain's Stone Circles». *The Guardian*. Recuperado de https://www.theguardian.com/ science/2020/jun/12/aubrey-burl-obituary

Redford, D. B. (2002). *The Ancient Gods Speak: A Guide to Egyptian Religion*. Oxford University Press.

Rigby, S. (2020, 12 de mayo). «Ancient Humans Arrived in Europe "Far Earlier Than Previously Thought"». *BBC Science Focus Magazine*. Recuperado de https://www.sciencefocus.com(news/ancient-humans-arrived-in-europe-far-earlier-than-previously-thought/

Rodriguez, T. (2015, 1 de marzo). *Descendants of Holocaust Survivors Have Altered Stress Hormones*. Scientific American. Recuperado de https://www.scientificamerican.com/article/descendants-of-holocaust-survivors-have-altered-stress-hormones/

Roman Empire (s. f.). *Roman Military*. RomanEmpire.net. Consultado el 2 de enero de 2022. Recuperado de http://www.romanempire.net/romepage/CmnCht/Main_command_structure.htm

Roos, D. (2020, 12 de febrero). «How Alexander the Great Conquered the Persian Empire». *History*. Recuperado de https://www.history.com/news/alexander-the-great-defeat-persian-empire

Roy, T. (2018, 29 de enero). «What Is the Closest Mayan Temple to Costa Maya?» *USA Today*. Recuperado de https://traveltips.usatoday.com/closest-mayan-temple-costa-maya-110495.html

Salem Media (2021, 30 de diciembre). *The Normans: Who Were the Normans?* HistoryontheNet. Recuperado de https://www.historyonthenet.com/the-normans-who-were-the-normans

Salgarella, E. (2022, 19 de mayo). *Aegean Linear Script(s): Rethinking the Relationship Between Linear A and Linear B* (New). Cambridge University Press.

Scheinman, T. (2020, 2 de noviembre). «The Hunt for Julius Caesar's Assassins Marked the Lat Days of the Roman Republic: A New Page-Turning History Details the Events that Led to the Deaths of Many of the Conspirators». *National Geographic*. Recuperado de https://www.smithsonianmag.com/history/hunt-julius-caesars-assassins-marked-last-days-roman-republic-1-180976185/

Scott, A. C. (2018, 1 de junio). «When Did Humans Discover Fire? The Answer Depends on What You Mean By "Discover"». *Time Magazine*. Recuperado de https://time.com/5295907/discover-fire/

Seidel, J. (2017, 6 de marzo). *Orichalcum, the Lost Metal of Atlantis, May Have Been Found on a Shipwreck off Sicily*. News Corp Australia Network. Recuperado de https://www.news.com.au/technology-/science/archaeology/orichalcum-the-lost-metal-of-atlantis-may-have-been-found-on-a-shipwreck-off-sicily/news-story/e52dfb6ee238fcfd3e583e75e26d6bd8

Sellar, A. M. (1907). *Bede's Ecclesiastical History of England: A Revised Translation with Introduction, Life and Notes by A. M. Sellar*. George Bell and Sons.

Shah, A. (2020, 4 de mayo). *Sarnath: Where Buddha Spoke*. Recuperado de https://www.livehistoryindia.com/story/monuments/sarnath

Sharer, R. J. (1996). *Daily Life in Maya Civilization*. Greenwood Press.

Shivoham Shiva Temple (s. f.). *Shivoham Shiva Temple*. Consultado el 2 de enero de 2022 y recuperado de https://shivohamshivatemple.org/

Sitchin, Z. (2007). *The 12th Planet: Book I of the Earth Chronicles*. Harper.

Smithsonian Magazine (2002, 1 de agosto). «First City in the New World?», *Smithsonian Magazine*. Recuperado de https://www.smithsonianmag.com/history/first-city-in-the-new-world-66643778/

Snyder, Z. *et al.* (2006). *300*, Warner Brothers. Recuperado de https://www.imbd.com/title/tt0416449/

Sociedad del Museo Cahokia Mounds (s. f.). *Explore Cahokia Mounds*. Cahokia Mounds. Consultado el 2 de enero de 2022. Recuperado de https://cahokiamounds.org/explore

Southern Belize (s. f.). *Nim Li Punit.* Southern Belize. Consultado el 2 de enero de 2022 y recuperado de https://www.southernbelize. com/nimli.html

Tahara, K. (2009, octubre). *The saga of the Ainu language.* UNESCO. Recuperado de https://en.unesco.org/courier/numero-especial-octubre-2009/saga-ainu-language

Templo Mayor Museum (s. f.). *Templo Mayor Museum. Consultado el 2 de enero de 2022* y recuperado de https://www.templomayor. inah.gob.mx/english

The City (s. f.). *The Metropolitan Cathedral of Mexico City.* The City. Consultado el 2 de enero de 2022 y recuperado de https://thecity. mx/venues/metropolitan-cathedral

The Mayans Ruins (s. f.). *Dzibanche.* The Mayan Ruins Website. Recuperado de https://www.themayanruinswebsite.com/ dzibanche.html

The Mayans Website (s. f.). *Kohunlich.* The Mayan Ruins Website. Recuperado de https://www.themayanruins-website.com/ kohunlich.html

Tillman, N. T. (2021, 31 de diciembre). *Nibiru: The Nonexistent Planet.* Space.com. Recuperado de https://www.space.com/15551-nibiru.html

Travel Nevada (s. f.). *Blast Off on the Extraterrestrial Highway.* Travel Nevada. Consultado el 2 de enero de 2022. Recuperado de https:// travelnevada.com/road-trips/extraterrestrial-highway/

Trinity College Dublin (s. f.). *The Book of Kells.* Trinity College Dublin. Consultado el 2 de enero de 2022. Recuperado de https:// www.tcd.ie/library/manuscripts/book-of-kells.php

Tulum Ruins (s. f.). *Tulum Ruins.* Consultado el 2 de enero de 2022 y recuperado de https://tulumruins.net/

UNESCO World Heritage Centre (s. f.). *Delos*. Consultado el 2 de enero de 2022. Recuperado de https://whc.unesco.org/en/list/530/.

UNESCO World Heritage Centre (s. f.). *Göreme National Park and the Rock Sites of Cappadocia*. Consultado el 22 de enero de 2022. Recuperado de https://whc.unesco.org/en/list/357

UNESCO World Heritage Centre (s. f.). *Megalithic Temples of Malta*. Unesco.org. Consultado el 2 de enero de 2022. Recuperado de https://whc.unesco.org/en/list/132/

UNESCO World Heritage Centre (s. f.-b). *Pre-Hispanic City of Teotihuacan*. Recuperado de https://whc.unesco.org/en/list/414/

UNESCO World Heritage Centre (s. f.-c). *Taj Mahal*. Recuperado de https://whc.unesco.org-/en/list/252/

United States Postal Service (s. f.). *No Official Motto*. USPS. Consultado el 2 de enero de 2022 y recuperado de https://facts.usps.com/no-official-motto/

University of Washington Health Sciences (2017, 2 de agosto). *Ancient DNA analysis reveals Minoan and Mycenaean origins*. Phys.org. Recuperado de https://phys.org/news/2017-08-civilizations-greece-revealing-stories-science.html

Van Auken, J. (2016, 17 de junio). *What Was the Language of Atlantis & Lemuria?* EdgarCayce.org. Recuperado de https://www.edgarcayce.org/about-us/blog/blog-posts/what-was-the-language-of-atlantis-lemuria/

VI Free Press (2021, 3 de enero). *Sunken Pyramids Discovered Off Coast Of Cuba Might Be Lost City Of Atlantis, Archaeologists Say*. VI Free Press. Recuperado de https://vifreepress.com/2021/01/sunken-pyramids-discovered-off-coast-of-cuba-might-be-lost-city-of-atlantis-archaeologists-say/

Violatti, C. (2022, 9 de octubre). *Greek Dark Age*. World History Encyclopedia. Recuperado de https://www.worldhistory.org/Greek_Dark_Age/

Von Daniken, E. (2018). *Chariots of the Gods: Unsolved Mysteries of the Past*. Berkley.

Verlag, P. D. (2007). *National Geographic Essential Visual History of the World*. National Geographic Society.

Walker, R. (2008, 22 de noviembre). «"Skull of Doom" Goes on Show». *The Guardian*. Recuperado de https://www.theguardian.com/artanddesign/2008/nov/23/exhibition

Watterson, B. (1999). *The Gods of Ancient Egypt*. Sutton Publishing.

Whipps, H. (2006, 31 de octubre). *New Theory on What Got the Oracle of Delphi High*. livescience.com. Recuperado de https://www.livescience.com/4277-theory-oracle-delphi-high.html

Wilkinson, R. H. (2017). *The Complete Gods and Goddesses of Ancient Egypt: Illustrated Edition*. Thames & Hudson.

World History Encyclopedia (s. f.). *China Timeline*. World History. Consultado el 2 de enero de 2022 y recuperado de https://www.worldhistory.org/timeline/china/